세상 밖으로 다시 배낭을 꾸려라

지은이 | 칸델라리아, 허먼 잽
옮긴이 | 강필운

초판 1쇄 발행 | 2012년 6월 21일

발행처 | 도서출판 작은씨앗
공급처 | 도서출판 보보스
발행인 | 김경용

등록번호 | 제 300-2004-187호   등록일자 | 2003년 6월 24일

주소 | 서울시 서초구 서초동 1355-17 서초대우디오빌 1008호
전화 | (02) 333-3773   팩스 | (02) 735-3779
이메일 | ky5275@hanmail.net

ISBN 978-89-6423-140-1 14950

값은 뒤표지에 있습니다.
잘못된 책은 구입하신 서점에서 바꾸어 드립니다.

이 도서의 국립중앙도서관 출판시도서목록(CIP)은 e-CIP홈페이지(http://www.nl.go.kr/ecip)와
국가자료공동목록시스템(http://www.nl.go.kr/kolisnet)에서 이용하실 수 있습니다.
(CIP제어번호: CIP2012002392)

세상 밖으로
다시 배낭을 꾸려라

파 나 마 에 서   알 래 스 카 까 지

칸델라리아, 허먼 잽 지음
강필운 옮김

작은씨앗

종이에 글을 쓸 때 나는 연필 소리만 듣고 그 글에는 관심이 없다. 글을 쓸 때 내 가슴은 기쁨과 두려움과 슬픔으로 가득 찬다. 글을 쓰다가 그때 그 장소로 다시 돌아가 그 사람들을 만나서 그들의 음악을 듣고, 향기를 맡고, 음식을 맛본다. 이렇게 이 책 안에는 인간의 본성이란 무한히 착하다는 것을 보여준 그 사람들로 가득 차 있다.

8백 가족 이상이 우리를 자기들 집으로 초대해 따뜻하게 맞이해 주었고, 수백만 명의 사람들이 우리에게 손을 내밀고 응원해 주었다. 어느 톨게이트 부스에서 우리 통행료를 대신 내준 젊은이, 우리한테 말린 꽃으로 만든 장식품들을 많이 주면서 팔아서 여행 경비로 쓰라고 하신 아주머니가 떠오른다. 그리고 이 책에서 언급하지는 못했지만 우리 마음속에 있는 분들에게 수천 번도 더 미안하다는 사과의 말을 전한다.

아메리카대륙을 횡단해서 알래스카까지 가는 동안에 얼마나 많은 분들이 도와주셨는가? 그분들 덕분에 우리의 꿈을 이룰 수 있었고, 오늘 이 새로운 책을 쓸 수 있게 되었다. 그분들이 우리를 기억해 주기를 바라서가 아니라 모든 독자들이 자신들이 살아 있고, 자신들의 꿈도 실현될 수 있다는 것을 기억하고 느끼기를 바라면서 이 책을 쓴다.

TRES AMERICAS· UNA HUELLA

차례

Panamá y Costa Rica

파나마와 코스타리카

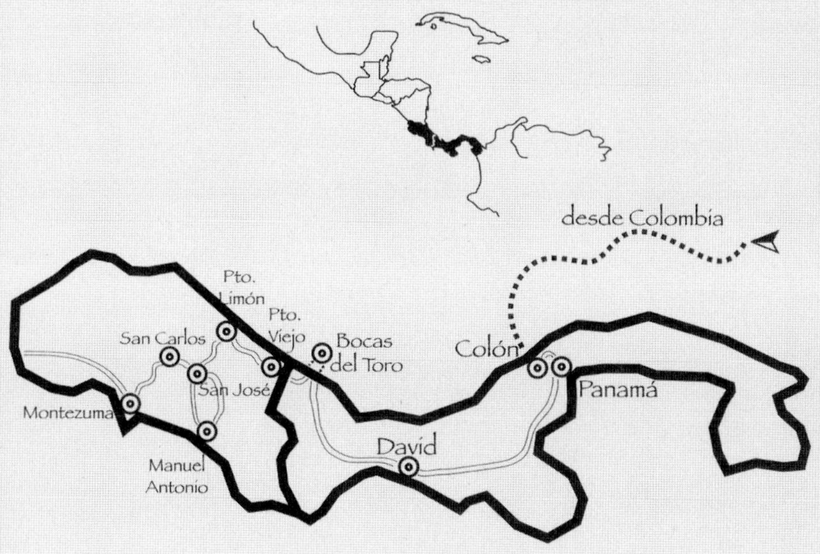

바다들의 연결

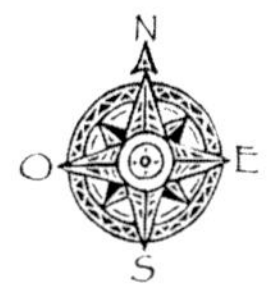

새로운 여정지

엄청난 놀라움으로 가득 차 있는 새로운 여정지인 중앙아메리카에 도착했다. 이렇게 작은 나라들에서 무엇이 우리를 기다리고 있을지 가슴 설레며 기대되었다.

차가 항구에 있으니 뭔가 굉장히 허전했다. 이 대륙은 하나로 연결되어 있는데 왜 우리는 비행기를 타고, 차는 배에다 실어야 했을까? 거대한 선박들이 지나갈 수 있도록 두 바다는 연결시켜 놓았으면서도 왜 조그만 길 하나 만들지 못했을까? 연결되어 있지 않는 것은 연결시켜 놓고, 자연스럽게 연결되어 있는 것은 갈라놓았다. "나누어라, 그러면 너는 지배할 것이다"를 뒤에 감추어 놓은 변명들을 들었다. 다음에는 어떤 일이 있더라도 육로로 올 것이다.

항공사에서 마련해 준 호텔에서 자고 일어나서 아르헨티나 대사관으로 갔다. 우리의 상황을 이야기하고 그레이엄을 하선해야 한다고 말하자 관세사를 연결시켜 주었다. 그들은 우리를 적극 도와주겠다고 했으나 그들이 제시한 가격과 시간이 우리 생각과 너무 차이가 났다. 우리는 차를 운송한 회사에 가서 고맙다는 인사를 하고, 다른 관세사를 소개해 달라고 부탁하였다. 다른 관세사가 제시한 가격은 놀랄 정도로 비쌌다.

저희가 도와 드리겠습니다

우리는 차가 있는 콜론 시로 직접 가기로 했다. 아주 형편없는 호텔에서 묵었다. 술 취한 사람들과 여인들의 떠드는 소리에 잠을 이룰 수가 없어서 겁은 났지만 밖으로 산책하러 나갔다. 여기는 우리가 상상했던 운하, 활발한 상거래 그리고 큰 발전을 이룬 그런 파나마가 아니었다.

아침 햇살이 비치기 시작하자마자 항구로 갔다. 이렇게 쌓여 있는 어느 컨테이너 안에 그레이엄이 있다고 생각하니 기분이 참 좋았다. 그것이 우리 가까이에 있다는 느낌이 들었고, 무엇보다도 그 자유로운 모습을 빨리 보고 싶었다.

아직도 구하지 못한 관세사에 제출하기 위해 필요한 서류를 요청했다. 터미널에서 나와 두 블록을 더 가니 세관 사무실이 보였다.

"우리 저기 들어가서 가장 싸고, 빠른 시간 안에 차를 꺼낼 수 있는 관세사를 연결해 줄 수 없겠느냐고 단도직입적으로 물어보는 게 어때요?"

칸데가 제안했다.

여비서가 관세사를 추천해 줄 수는 없고, 관세사무소들 리스트를 줄 테니 우리보고 하나하나 전화해 보라고 했다. 그녀 뒤에서 문서철을 살펴보고 있던 한 남자가 우리 대화에 끼어들었다. 그는 우리가 하선하려고 하는 것이 뭔지 알고 싶어 했다. 그에게 우리 차와 여행과 꿈에 대해 이야기하니 우리 상황을 충분히 공감하면서 자기 사무실로 들어오라고 한 다음에 말했다.

"관세사 필요 없이 당신들이 직접 처리하면 됩니다. 저희가 도와 드리겠습니다. 저는 라몬이라고 합니다."

우리가 눈이 휘둥그레져서 인사를 하니, 그는 자기 직원들을 부르기 시작했다.

"자네는 저분들을 위해서 무엇을 무슨 목적으로 가져왔는지를 밝히는 소개서를 쓰게."

지시를 기다리는 다른 직원을 가리키며 말했다.

"자네는 서류 찾아서 필요한 사항 적어 나한테 가져오고."

잠시 이야기를 멈추고 우리가 해야 될 일이 뭐가 더 있는지 생각했다.

"허먼과 칸델라리아, 당신들의 여권을 주고 차종도 알려주세요. 복사해서 사본 인증은 제가 할 겁니다."

우리를 도와주겠다며 분주하게 움직이는 모습에 왠지 의심이 갔지만, 그는 적극적으로 일을 진행시켰고 우리한테 말할 기회도 주지 않고 말했다.

"허리 사이즈가 어떻게 되세요?"

칸데의 몸을 보면서 무례한 질문을 했다.

"우리한테는 압수한 옷들이 많이 있어요. 당신들한테 잘 어울릴 것 같은데……."

그가 옷을 가져오라고 시켰다. 가져온 옷들을 입어보고 카페라테를 마시고 있는 동안 직원들은 서류를 작성했다. 서류준비가 다 되고 우리가 옷을 갈아입자 우리를 차에 태워 은행에 데리고 갔다. 거기서는 증지값으로 2달러를 내야 했다.

"이것들이 당신들에게 필요한 것입니다."

세관에서 우리한테 서류철을 주면서 알려줬다.

"뭐라고요? 다 됐다고요? 관세사들은 3일 정도 걸리고 거기다가 비용도 더 든다고……. 그런데 저희는 겨우 증지값만 냈는데요."

"네, 잘 알고 있습니다. 관세사들은 자기들의 비용을 합리화시키기 위해서 더 복잡하고 힘든 것처럼 처리합니다. 자, 야렐리스, 이분들을 에버그린 항구로 모셔다 드리고, 이분들이 차를 찾을 때까지 거기서 기다렸다가 마지막까지 문제가 발생되지 않도록 해."

우리는 다시 돌아오겠다는 약속을 하면서 포옹을 했다.

"당신들을 다시 만나면 좋겠습니다. 기다리겠습니다. 자, 이제 가 보시지요, 항구가 문을 열고 기다리고 있을 겁니다."

어떤 복잡한 절차나 검사 같은 것 하나 없이 그레이엄을 찾았다. 콜롬비아에서 가지고 왔으니까 세관에서 거의 완전히 분해하지 않을까 상상했는데 겨우 소독만 했을 뿐이었다.

우리와 떼려야 뗄 수 없는 동료와 다시 만나니 무척 감동스러웠고 행복했다. 컨테이너 안에서 시동을 걸어 보니 우리 친구는 빛을 보고 새로운 길들을 달리기 위해 나가고 싶은 모양이었다. 칸데는 차에 키스를 했고 나는 손바닥으로 한 번 두들겨 줬다. 우리는 다시 함께 뭉쳤다.

길을 나서 파나마 시티로 갔다. 한 시간 반 만에 대서양에서 태평양으로 건너온 것이다. 도착하자마자 주차할 곳과 잠잘 곳을 구했다. 아주 행복한 어느 아르헨티나인이 우리에게 장소를 제공하고, 무척이나 그리워했던 맛있는 소고기 바비큐를 대접했다.

곤궁함 때문에 성장했다

그 도시는 작았다. 외국 기업들의 화려한 빌딩들이 있는 신시가지는 가난한 동네들이 있는 구시가지와 확연한 대조를 이루고 있었다. 이 도시는 세 단계를 거치면서 이루어졌다. 첫 번째는 해적의 침입으로 완전히 파괴되었다. 두 번째 이루어진 것이 오늘날 파나마 비에하로서 아름다움을 조금씩 되찾아가고 있고, 세 번째는 신시가지다.

파나마 비에하의 광장에서 대사님과 그의 스페인 부인을 기다리면서 엽서를 팔았다. 그분들은 우리를 식사에 초대했다. 그분들은 일 때문에 여행을 하면서도 여행을 즐겼고, 이러한 공통점 때문에 재미있는 대화를 나눌 수 있었다.

"여행에서 가장 좋았던 것이 뭐였어요?"

부인이 질문했다.

"돈이 다 떨어진 것이 제일 좋았습니다."

"진짜로요?"

대사가 놀라며 물었다.

"네, 믿기시지 않겠지만 진짜로 그랬습니다. 전에 돈이 있을 때는 어떤 장소를 둘러보며 지나가는 관광객이었습니다. 이제는 그곳의 풍습과 함께 그 지역을 생생하게 경험합니다. 곤궁함 때문에 우리는 더욱더 사람들에게 마음을 열게 되었고, 그들은 우리에게 문을 열어주면서 자기들의 전통과 문화와 음식을 나누어 주었습니다. 사람들은 자기들 나라뿐만 아니라 자기들 삶에 대해서도 가르쳐 주었습니다. 이런 지속적인 배움을 통해 우리는 성장했고, 그리고 계속해서 알고 싶다는 생각이 더 생겼습니다. 세상과 다른 사람들에게 문을 열어 놓는 사람은 절대로 성장을 멈추지 않습니다.”

칸데가 말했다. 나와 우리의 새 친구들은 그녀를 바라봤다. 나는 칸데가 그동안 바뀌었고 성장했다는 것을 깨닫게 되었다. 나도 내 자신이 칸데와는 다른 식으로 변했고 성장했다는 생각이 들었다.

“가는 곳마다 우리는 돈을 좀 벌어야 했습니다.”

내가 설명했다.

“물건이 잘 팔릴 때도 있고 그렇지 않을 때도 있어서 우리는 계속해서 뭔가 새로운 것을 찾아야 했습니다. 그러다 보니 가는 곳마다 사람들과 사귀면서 배우고 적응하면서 원주민들보다 더 원주민이 되었습니다. 곤궁함 때문에 이제 우리는 우리가 어떤 능력을 가지고 있는지를 알게 되었습니다. 그전에는 우리가 수예품을 만든다거나 그림을 그린다거나 물건을 판다는 것은 상상도 못했습니다. 더군다나 홍보 같은 것은……. 그 외에도 여러 외국어와 다른 종교들을 알게 됐고, 더욱더 사회적이고 인간적이 되었고 신앙심도 더 깊어졌습니다. 또한 우리 스스로를 더 잘 관리하고, 세상을 더 깊이 들여다보고, 글을 쓰고, 계획을 잘 세우고, 돈을 잘 관리할 수 있게 되었습니다. 이제 우리는 더 훌륭한 부부와 남편과 아내가 되었고 더 좋은 동료가 되었습니다. 어려움을 겪을 때마다 그것을 해결하면서 많은 것을 배우게 되었습니다.”

“모두들 우리가 아무 걱정 없이 휴가를 즐기는 사람들이라고 생각해요."

칸데가 말했다.

"길은 최고의 학교이며, 아시다시피 세상은 최고의 대학교입니다."

내가 말을 마쳤다.

초대에 응해 주셔서 고맙습니다

파나마 운하를 구경하고 그 도시를 떠났다. 건설할 당시는 파라오의 무덤을 짓는 것만큼 대공사였으나 지금은 초라하기 짝이 없었다. 운하 건설에 4만 명의 사망자가 발생하였고, 이집트 피라미드 60개를 지을 수 있는 흙이 사용되었다.

아메리카 다리를 건너며 이 대륙이 하나로 합쳐지기를 간절히 바라는 마음으로 남아메리카를 바라보았다. 판아메리카 도로가 몇 킬로미터 안 가서 끊어져 있었다.

중앙아메리카를 알고 싶은 마음에 서둘러 출발했다. 지연된 시간을 회복하기 위해 2백 킬로미터를 더 운전하기로 마음먹었다.

그러나 28킬로미터쯤 가서 가솔린을 넣기 위해 멈췄을 때, 한 부부가 나타나서 엉터리 스페인어로 자기들 집으로 초대하였다. 정중하게 거절하고 우리 갈 길을 가고 싶었으나, 지금은 세상을 배우는 중이라 굳이 거절할 이유가 없어서 초대를 받아들였다.

그들은 밥과 이레네였고 미국에서 목사로 일하고 있었다. 여기에 땅과 집이 있어서 우리를 초대하고 쉴 수 있게 해줬다. 우리에게 수건, 비누, 향수가 비치된 목욕 준비도 해주었다. 우리가 씻고 있는 동안 맛있는 고기 요리를 했고, 밥을 먹고 나서 자기들 방을 쓰라고 내줬다.

그들은 우리가 지나온 길에 대해 많은 질문을 하고 싶어 했지만 우리가 쉴 수 있게 참았다.

아침에 일어나 정성스럽게 준비한 주스, 과일, 빵으로 식사를 하고 나서 자기들의 초대에 응해 준 것에 대해 고맙다고 하면서 작별인사를 했다. 다시 길을 나서면서 거기서 무슨 일이 일어났는지 의아해하며 서로 쳐다봤다.

"우리를 왕과 왕비처럼 대해 주고는 거기다가 고맙다고 했어요."

칸데가 감탄하며 말했다.

꿈을 이루어야 하는 사람을 위해서

몇 킬로미터 안 가서 빗방울이 떨어지기 시작했다.

"비가 올까요?"

칸데가 물었다.

"그냥 지나가는 구름이야."

창밖을 바라보면서 내가 대답했다. 그러나 이 '지나가는 구름'은 물을 잔뜩 머금고 오는 것 같았다. 소낙비가 내리기 시작하면서 길도 제대로 안 보였다.

"여행하던 구름이 여기가 마음에 들었는가 봐요."

칸데가 웃으며 말했다. 와이퍼로 앞유리 물을 닦아낼 때마다 내 몸은 비에 젖었고, 유리는 몇 초간만 잘 보이다 다시 비에 젖었다. 비가 너무 많이 와서 차 안에도 비가 샜다. 칸데는 플라스틱 상자 하나를 비우더니 그것을 비가 새는 곳 밑에다 놓았다.

"어디 차 세울 만한 곳이 있는지 좀 살펴봐."

그녀에게 부탁하고서 우거진 숲과 황무지뿐인 곳에서 길을 찾았다.

"저기 울타리가 쳐진 곳이 있는데 분명히 집이 있을 거예요."

문이 열려 있어서 들어갔다. 좁은 길을 따라가다 보니 큰 기둥이 있는 집이 나왔다. 차에서 내려 기둥까지 겨우 몇 걸음 옮기는데 온몸이 비에 흠뻑 젖었다. 식구들이 전부 우리를 보러 나왔다. 부엌에서 나온 부인이 앞치마로 손을 닦으며 물었다.

"뭐를 도와드릴까요?"

"이 빗속에서 운전할 수가 없습니다. 비가 지나갈 때까지 여기서 있어도 괜찮겠습니까?"

"이 비는 내일까지는 멈추지 않을 겁니다. 괜찮다면 이 차는 헛간에 넣어두고 오늘 밤은 여기서 지내세요."

남편이 인사하러 우리 곁으로 오면서 대답했다.

"네, 그렇게 하세요. 지금 고기 수프를 끓이고 있는데 곧 준비될 거예요. 굉장히 맛있을 겁니다."

우리는 벌써 그러기로 마음먹었는데 부인이 다시 우리를 설득하려고 말했다. 놀랍게도 우리가 비 때문에 어쩔 수 없이 잠시 멈춘 곳은 파나마에서 가장 큰 농장이었고, 거기에 딸린 집이었다.

다음 날 주인은 우리를 데리고 자기들 소유의 넓은 농장을 구경시켜

주었다. 바닷가까지 가서 섬들을 몇 개 가리키면서 자기들 농장에 속해 있는 것들이라고 했다. 그는 농장을 세우자마자 유럽에 있는 동생한테 같이 일하자고 연락을 했는데 그 동생은 도착하자마자 황열병으로 죽었다. 그래서 또 다른 동생을 불렀는데 그 동생도 얼마 안 있어 똑같은 운명을 겪게 되었다. 그래서 이제는 아무도 안 부른다고 했다.

우리는 나무 그늘 아래에서 개와 닭들에 둘러싸여 이제 어느 정도 모습을 갖추어 가는 책을 쓰고 수정하면서 하루의 대부분을 보냈다. 그러나 생각했던 것보다 시간을 많이 빼앗겨 도대체 언제 다 될지 의심이 가기 시작했다.

"뭘 한다고 우리가 책을 쓰고 있지?"

칸데에게 물었다.

"저기 바깥에는 자기 꿈을 이루기 위한 자극제가 필요한 사람이 있으니까요."

칸데가 글 쓰는 데 집중하느라 나한테 눈길도 돌리지 않고 말해서 나도 글을 계속 쓰고 싶다는 생각이 들었다.

"꿈들도 삶이 있을까?"

"그럼요, 꿈들도 시작하는 순간부터 삶을 가지게 돼요."

꿈의 연결고리들

농장에서 아주 가까운 다비드 시에서 차를 세웠다. 우리를 기다리고 있는 그 지역 라디오 방송국에 들러야 했다. 도착하자 방송국 사장은 우리를 취재하기 위해 진행하던 프로그램을 중지했다. 자신이 직접 우리를 인터뷰하고, 청취자들에게 전화로 질문 참여를 해달라고 부탁했다.

"자, 전화가 왔네요, 여보세요?"

"파나마가 어떠셨는지 알고 싶어요. 좋으셨어요?"

자기 나라를 사랑하는 사람들이 하는 전형적인 질문이었다.

"파나마는 두 바다가 합쳐지는 환상적인 나라입니다. 이제 저는 라틴아메리카가 하나로 합쳐지기를 바랍니다."

"어느 나라에서 오셨어요?"

첫 부분을 듣지 못한 다른 청취자가 물었다.

"제 조국 이름은 아르헨티나입니다. 그런데 앞에 성이 붙어 있는 것을 알게 되었습니다. 그것은 바로 라틴아메리카입니다. 당신 조국의 성도 이와 같으니 우리는 형제간입니다. 또한 우리의 '어머니' 땅은 같으니 우리 모두는 형제입니다."

인터뷰는 우리가 하나로 합쳐져서 힘을 갖게 된다면 얼마나 좋을까라는 방향으로 흘러갔다. 모두들 내가 콜롬비아에서부터 품었던 질문으로 모여들었다. 완전히 다른 문화, 인종, 종교, 언어로 이루어진 대륙도 하나로 통일되어 있는데, 왜 모든 것을 같이 공유하고 있는 우리는 계속 분리되어 있는가?

"어릴 때 읽었던 「마르틴 피에로(아르헨티나 시인 호세 에르난데스가 쓴 서사시)」의 일부분을 낭송해 드리겠습니다. '형제들이여, 힘을 합쳐라 / 그것이 첫 번째 법이다 / 진정한 통일을 이루어라 / 그 언제가 되더라도 / 너희들끼리 싸우면 / 밖에 있는 자들이 너희들을 먹어버린다.'"

"맞아요. 뭉치면 힘이 생깁니다."

진행자가 말했다.

"자, 또 다른 전화 받겠습니다. 안녕하세요?"

“이 여행자분들을 집으로 초대할 수 있는지 알고 싶어서 전화했어요.”

아주 부드러운 목소리의 부인이 말했다.

인터뷰가 끝나고 우리는 그 집으로 갔다. 부인은 우리를 사랑하는 손자들처럼 반겨주었다. 다과를 먹자마자 우리를 데리고 가서 자기 딸들과 손자들을 소개해 주었다. 그녀는 자기 보물인 가족을 사랑했고, 가족 한 명 한 명에 대해 이야기를 해줬다.

손녀 알렉산드라를 포옹하더니 칭찬을 하면서 우리한테 말했다.

“이 아이는 파나마에서 최고 수영선수 중 한 명이에요. 벌써 우승도 많이 했어요. 최근엔 치리키 지역 예선에 출전해서 우승 메달을 받았어요.”

그때 열서너 살쯤 된 알렉산드라가 목에 메달을 걸고 웃으며 달려오더니 할머니 옆에서 인사를 했다. 할머니와 손녀는 우리한테 메달에 적힌 글귀를 읽어주었다. 그런 승리를 자랑스럽게 여기는 가족을 보니 가슴이 뭉클해졌다.

다음 날 손자들의 웃음과 재잘대는 소리 때문에 잠에서 깼다. 아직 이른 시간인데 학교 가기 전에 우리한테 작별인사를 하려고 와서는 챔피언 손녀가 포장을 한 조그만 상자를 우리한테 주는 것이었다. 열어 보니 놀랍게도 그녀가 가장 사랑하는 메달이 들어 있었다. 산 것이 아니라 자기가 노력해서 힘들게 획득한 그 우승 메달을 그녀는 사랑스럽게 만지더니 우리보고 메달을 가지고 가서 자기와 자기 가족을 기억해 달라고 말했다. 고마움을 전하려고 사랑스러운 포옹을 하니 우리 마음이 사르르 녹았다. 우리는 아직도 그 메달을 소중한 보물처럼 간직하고 있다.

파나마 할머니와 몇 번이나 손을 잡고 작별인사를 했다.

"할머니 사랑에 감사드려요."

우리가 말했다.

"나는 이 여행에 모래 알갱이만큼의 도움이라도 주고 싶었는데……."

"아니에요, 할머니. 모래 알갱이가 아니라 꿈의 고리가 연결된 거예요. 할머니의 보살핌이 없었더라면 이 고리는 끊어졌을 거예요."

모든 것이 다 있습니다

태평양을 떠나 대서양으로 향했다. 나지막한 산을 지나가니 시원했다. 길 옆 위치 좋은 곳에 노점이 있었는데 이 지역에서 자라는 재료들로 만들었고 벽도 없었으며, 나이 든 남자가 그늘에 앉아서 가게를 보고 있다가 이가 다 빠진 입으로 우리한테 미소를 지었다. 큰 간판이 붙어 있어 읽었는데 상호가 참 길었다.

'S. 피멘텔 시골 시장. 모든 것이 다 있습니다.'

아보카도하고 바나나 몇 개밖에 없었기 때문에 우리는 웃음이 나왔다. 그게 다였고, 다른 것은 아무것도 없었지만 우리는 점심을 먹어야 했기 때문에 멈췄다.

간단하게 점심을 때우고 나서 길을 계속 갔다. 운전하는 동안에 우리가 쓴 글을 수정했다. 칸데는 길을 가면서 쓴 내용을 읽어보고 수정할 시간을 가질 것이라고 생각했다.

"출발할 때 킬로 수 체크했어?"

"네."

"메달 선물 준 손녀와 부인 이름도?"

"네."

"섬들로 가려면 카페리를 어디서 타야 하는지 알아났어?"

너무 지나친 것 같았다.

"내가 다 알아야 해요? 지도도 봐야 하고, 서류도 챙겨야 하고, 일기도 써야 하고, 친구들하고 간 장소들도 다 기록해야 하고, 촬영도 해야 하고……. 당신은 뭐하는 사람이에요?"

"당신의 인생을 사랑하는 사람, 당신은 모든 것을 용서해 주는 사람."

내 대답에 그녀가 가지고 있던 종이를 던졌다, 그러나 사랑스럽게.

오후는 무더웠는데 강으로 가까이 가니 시원해졌다. 다섯 명의 아이들이 나타나더니 우리와 같이 수영을 하려고 가까이 왔다. 처음에는 수줍어해서 장난을 좀 쳤더니 금방 친해졌다.

여자애 한 명이 헤엄을 전혀 못 쳤다. 오른팔이 기형이라 똑바로 움직일 수가 없었다. 남자애들 중의 한 명은 손을 물 밑으로 항상 감추고 양쪽 손가락이 여섯 개라는 사실을 숨기려고 했다. 이곳은 거대한 외국 회사들이 운영하는 바나나 농장 지역이었다. 노동자들은 가족들과 함께 농장 안에서 살았고, 비행기로 항상 소독약을 살포하였기 때문에 임신한 여인네들이 그 화학약품을 들이마시고는 기형아들을 낳는 것이다. 우리는 그렇게 엄청난 피해를 주는 말도 안 되는 부당한 현실을 목격했다.

마음속의 아메리카

코스타리카 국경과 인접해 있는 조그만 항구 알미란테에 도착했다. 우리는 지상낙원이라고 말하는 섬들인 보카스 델 토로에 가고 싶었다. 거기에 가는 카페리는 일주일에 두 번밖에 없었는데 다행히 마지막 배편을 구할 수 있었다.

"운이 좋으시네요. 배는 내일 떠납니다."

선장이 말했다. 주름살이 많고 체격만큼 마음도 큰 사람이었다. 우리한테 배를 호텔로 사용하라고 허락했던 것이다. 우리는 거기서 자고 음식을 해 먹고 텔레비전을 볼 수 있었다.

"여기서 지내면서 전부 다 마음껏 사용하세요. 만일 내일 누가 와서 물어보면 여행 왕복 티켓을 벌써 나한테 다 샀다고 말하세요."

우리한테 눈을 찡긋거리며 말했다.

"오래전에 상상도 못할 여행을 하던 여행객들이 여기를 지나갔는데, 당신들처럼 그렇게……."

"우리는 여행 티켓을 사지 않을 겁니다. 그러지 않으면 콜럼버스가 우리 모두를 이길 거니까요."

내가 그의 말을 잘랐다.

"콜럼버스 때문에 이 지역 이름이 알미란테(스페인어로 '제독'이라는 뜻)가 됐다는 사실을 아세요? 그가 태풍을 피해 이 섬들로 왔다가 이름을 붙여줬어요. 첫 번째 섬은 바스티멘토스(스페인어로 '양식'이라는 뜻)라고 붙였는데, 그 이후의 여행을 위해서 가축들과 함께 선원 몇 명을 거기에 남겨 두었기 때문이에요. 두 번째는 카레나도스(스페인어로 '선체 수선'이라는 뜻)라고 불렀는데, 그 섬에서 자기 배 한 척을 수선했기 때문이죠. 또 다른 섬은 산크리스토발(콜럼버스의 스페인어 이름은 '크리스토발 콜론'이다)이라고 했고, 그 옆에 섬은 콜럼버스라고 불렀어요. 그리고 본토는 알미란테라고 했어요. 그 모든 이름들을 자신의 영광을 위해서 붙인 겁니다."

"콜럼버스는 자기가 무엇을 발견했는지도 모르고 죽었지만 우리는 아메리카를 발견하려고 출발했고, 아메리카는 우리 마음속의 세계처럼 정말로 그리운 뭔가를 발견할 수 있도록 허락해 주었습니다."

칸데가 말했다.

다음 날 콜럼버스 섬의 조그만 마을에 내렸다. 정확히 어디인지도 모르는 섬에서 운전을 하니까 이상한 기분이 들었다. 모든 피부색의 사람들이 다 있었다. 예를 들어 완전 흑인들이 아닌 갈색인들은 바나나 코코넛 농장에서 일을 시키려고 데려왔다. 그들은 스페인어도 영어도 완벽하게 하지 못했다. 아시아인들의 후예들도 많이 있었는데 그들은 피, 언어, 음식이 섞였다. 원주민들은 이런 혼합된 문화에 자신들의 색상을 입혔다.

우리는 '과일주스와 샌드위치'라고 쓴 간판에 이끌려 아주 조그만 가게 앞에 멈췄다. 여주인이 우리를 보고는 달려나와 소리쳤다.

"나도 아르헨티나 사람이에요! 내 이름은 이오카라고 해요."

그녀는 산란하러 오는 바다거북들을 돕기 위해 4년 전에 이 섬에 왔다가 이곳을 사랑하게 되어서 지금까지 살고 있다고 말했다. 이 가게에서 생기는 얼마 안 되는 수입으로 살아가는 데 충분하다고 했다.

"여기 생활은 돈이 거의 안 들어요. 냉난방비도 안 들고 옷이나 차도 필요 없어요. 해가 있을 때 일어나서 해가 있을 때 자니까 전기도 필요 없고, 그렇지 않더라도 양초만 조금 있으면 돼요. 우리 집은 판자로 지었고 지붕은 야자나무로 덮었어요. 원하면 낚시하면 되고, 그렇지 않으면 사방에서 자라는 바나나나 아보카도나 코코넛을 먹으면 돼요. 그리고 사치 좀 부리고 싶다면 2달러만 주면 큰 바닷가재를 살 수 있어요."

이오카의 말을 들으니 여기서는 얼마나 간소하게 살 수 있는지 이해가 됐다.

우리 모두 한 번쯤은 섬에서 살고 싶다는 꿈을 꾼다. 그러나 돈 많은 사람들만이 그렇게 살 수 있을 거라고 생각한다. 우리가 얼마나 잘못 생각했나! 섬에서는 그야말로 돈이 아주 조금만 있으면 된다.

그날 밤 그녀는 거북이의 산란 장면을 보여주겠다며 우리를 데리고 갔다. 거북이들이 바다에서 나와 구멍을 파서 알을 낳고 바다로 돌아가는 장면은 그야말로 감동 그 자체였다.

원래 계획보다 며칠 더 있으면서 아름다운 해변을 돌아보기로 했다. 여러 가지 색깔의 모래들이 넓게 펼쳐진 해변이 단지 우리만을 위해 존재하고 있는 것 같았다. 조용한 해변도 있었고, 파도가 심하게 치는 해변도 있었다. 우리는 세상에 왔던 것처럼 쓸쓸히 해변을 걸었다.

우리를 부르는 바다를 볼 때마다 바다를 처음 보는 사람처럼 가슴이 뛰었다. 먼저 바닷물을 만지고 친구에게 악수를 청하는 것처럼 인사를 하였다.

"안녕, 대서양아, 여기서 다시 만나는구나."

그리고 모래사장에 앉아 파도가 왔다가 밀려가는 소리를 들었다.

보트로 바스티멘토스 섬으로 갔다. 그 섬에서는 다른 운송 수단이 없어서 걸어 다녔다. 비슷비슷하게 생긴 집들 앞을 지나는데 사람들이 아주 조용했다. 창문에 기대고 있는 여인들이 그늘에서 해먹에 누워 있는 다른 여인들을 바라보고 있었다. 어린아이들은 달리고, 앞으로 가지 않으려고 하는 돼지를 한 남자가 밧줄로 끌고 있는 것이 이곳에서 감지되는 유일한 움직임이었다.

해변에 도착했다. 파도와 주위 경관에서 글을 쓰기 위한 영감이 떠올랐다. 이제는 우리가 쓰는 글도 책의 모습을 갖추어 가고 있었다. 다음 목적지인 코스타리카로 가기 위해 섬을 떠났다.

고마워요!

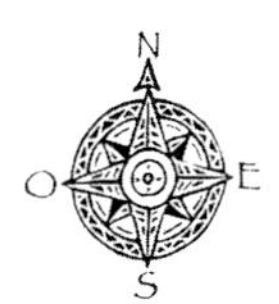

생일 축하합니다

코스타리카에 들어가기 위해 바나나 회사 소유의 다리 위에서 회사 기차가 지나가기를 기다려야 했다. 기차 뒤를 따라 차를 몰았다. 가다 보니 길옆에 조그만 초소가 보였다. 세관과 이민국 업무를 보는 곳이었다. 직원은 한 명뿐이었는데 차에 대한 세금으로 11달러, 그리고 우리가 내야 할 세금으로 20달러……. 우리는 그만한 돈이 없다고 설명했다. 내 여권을 보더니 말했다.

"오늘은 당신 생일이니 내가 인심 써서 차 세금은 내줄게요. 당신들은 나머지만 내세요."

그가 낼까? 분명히 그는 우리한테 받은 세금을 착복할 것이다. 그러나 그는 돌아와서 자기가 돈을 냈다는 영수증을 주었다. 생각도 못한 큰 환대와 깜짝 생일선물을 받고서 코스타리카로 들어갔다! 고마워요!

이 나라에는 군대가 없다. 그래서 나는 이 나라를 세계에서 가장 발전한 나라 중 하나라고 생각한다. 무력을 사용하는 나라는 약해지고, 그렇지 않은 나라는 강해진다. 코스타리카가 가장 좋은 본보기다. 국토의 25%가 국립공원과 보호구역일 뿐만 아니라, 국내 모든 전력이 수력발전으로 생산된다. 환경에 대한 의식이 투철하고 매우 강력한 민주주의 국가다.

입국하고서부터 모든 것이 무척 예뻤지만 우리는 촬영을 할 수가 없었다. 캠코더가 고장 났는데 고치는 곳이 어딘지 알 수가 없었다.

구급차가 된 그레이엄

우리가 제일 먼저 멈춘 곳은 푸에르토 비에호였다. 카리브 모래사장 위에 있는 조그만 마을로 은행도, 주유소도, 포장도로도 없었다. 서핑을 즐기는 사람들만 많이 보였다.

중심가로 보이는 곳을 돌아다니면서 잠잘 곳을 찾았다. 광고 게시판이 보여서 읽으려고 하는데 키 작은 한 남자가 아주 정중하게 질문을 했다.

"그리 실례가 안 된다면 하나 여쭤 봐도 괜찮겠습니까?"

"네."

분명히 한 가지 이상 질문할 거라는 생각을 하면서 대답했다.

"이 차는 언제 만든 겁니까?"

"1928년입니다."

그는 고맙다고 하면서 돌아서서 가려고 했다.

"질문 더 하실 거 없으세요?"

내가 놀라서 물었다.

“물론 있습니다만 귀찮게 해드릴 것 같아서…….”

“아니, 괜찮습니다.”

그러자 꼬치꼬치 캐묻기 시작했다.

“여기서 뭘 찾고 계십니까?”

“호텔까지는 필요 없고 그냥 잘 곳을 찾고 있습니다. 자동차만 안전하게 둘 수 있는 곳이면 어디라도 좋습니다.”

“저는 하이메라고 합니다. 저희 집 마당을 사용하시겠습니까? 원하신다면 저희 집 욕실도 사용하시고요.”

그를 따라갔다. 먼저 가족들과 함께 최근에 문을 연 조그만 식당으로 우리를 데리고 갔다. 거기서 그의 아들과 임신한 며느리와 함께 저녁 식사를 했다.

“아기가 태어나려면 얼마나 남았어요?”

칸데는 그녀의 배가 산만 한 것을 보고는 놀랐다.

“지금 산달이에요. 우리 아기 출생의 증인이 되실지 모르겠네요.”

그들은 콜롬비아 난민이었다. 잘살아보겠다는 꿈을 가지고 코스타리카에 와서 조금 가지고 있던 전 재산을 식당에 투자한 것이다. 이 지역에는 사람들이 별로 없어서 식당 사업 전망이 그리 밝지는 않았지만 그들은 새로운 삶을 시작하는 것을 행복으로 여겼다.

“사람은 항상 다시 시작할 수 있습니다. 우리가 다시 시작한 것이 이번이 처음은 아닙니다. 우리가 다 함께 있는 것보다 더 중요한 것은 없습니다.”

하이메가 말했다.

“콜롬비아에서도 식당을 운영하셨습니까?”

“아니요, 세탁기하고 전자제품을 수리했는데 여기서는 그런 것이

거의 없어서요. 우리 아들 다비드는 카메라하고 비디오 같은 것을 수
리합니다.”

우리 눈이 휘둥그레지니까 다비드가 우리한테 질문하려고 아버지
말을 가로막았다.

“뭐 고장 난 거 있으세요?”

“네, 캠코더가 고장 났어요.”

20분 만에 문제가 해결됐다.

그 가족의 초대로 우리는 다음 날까지 그 집에 머물면서 책을 위한
아이디어와 추억에 대해 생각하며 아름다운 해변을 거닐었다.

거의 자정이 다 되었는데 사람들이 차를 두드리며 우리를 깨웠다.

“아기가 나와요! 하디스가 지금 분만 진통을 겪고 있어요!”

그 즉시 일어나서 뭘 해야 하는지 묻고서 그녀를 병원에 데리고 갈
준비를 했다.

“진정해요, 젊은이들. 내가 자전거를 타고 목사님을 찾으러 갈 거
예요. 그는 차가 있어서 출산할 때 보건소까지 데려다 준다고 약속했
어요. 거기서부터는 구급차가 우리를 푸에르토 리몬 병원으로 데리고
갈 겁니다.”

하이메가 말했다. 우리는 그가 돌아올 때까지 산모의 진통소리를
들으며 다른 식구들과 같이 있었다. 식구들을 촬영했는데 그들은 카
메라 앞에서 긴장되면서도 즐거운 표정을 지었다.

“목사님이 안 계셔!”

집으로 뛰어들어오면서 말하는 하이메의 얼굴에 당황한 빛이 역력
했다.

"우리 차로 가시죠!"

우리가 소리쳤다. 식구들은 어떻게 해야 할지 모른 채 서로 바라봤다. 그러나 다른 방법이 없어서 우리 차 안을 치우고 공간을 만들었다. 여섯 명이 탔고 지금까지 여행하면서 처음으로 밤에, 그것도 깊은 웅덩이들이 파여 있는 흙길을 운전해 갔다.

"보건소까지는 얼마나 가야 합니까?"

"15킬로미터 가야 합니다."

다비드가 대답했다. 나는 아무 말 없이 긴장만 잔뜩 했다. 마을에는 주유소도 없는데 차에 가솔린이 충분히 들어 있는지도 걱정되었다. 그러나 모두들 불안해하고 있어서 나는 아무 말도 하지 않았다. 하디스는 진통에 힘들어했다. 다비드는 아내의 고통을 덜어주고 싶어 했지만 어떻게 해야 할지를 몰랐다. 그녀의 손을 잡고 이마에 입맞춤을 하고 작게 말하고…….

마침내 40분 만에 보건소에 도착했다. 모두들 안도의 한숨을 내쉬었지만 하디스의 고함은 커져만 갔다.

그렇게 적은 가솔린으로 여기까지 참고 데려다 준 그레이엄과 이번 출산에 조금이나마 도움이 될 수 있는 기회를 주신 신에게 고마움을 전하고 있는데 식구들이 전부 황급히 보건소에서 나왔다.

"병원으로 옮겨야 한다고 의사가 말했어요."

다비드가 말했다.

"그럼 구급차는?"

"출발했대요."

나는 온몸이 얼어붙었다. 모두들 차에 올라탔고, 내 차에는 가솔린이 없었다. 더군다나 우리는 출산에 대한 지식도 없었다. 보건소로 오는 길에 우리하고 마주친 차는 한 대도 없었다. 푸에르토 리몬까지는 어떤 길일까?

"몇 킬로미터 가야 합니까?"

"30킬로미터요."

나는 아무 말도 못했다. 갈수록 심한 진통을 겪고 있는 임신부를 데리고 이렇게 저속으로, 엄청 나쁜 길로, 그것도 가솔린도 없이 병원에 도착할 수 있을까 몇 번이고 자문했다.

"혹시 주유소가 어디 있는지 아세요?"

"네, 10킬로미터 가면 있어요. 거기로 가시겠어요?"

"네."

별로 미덥지 못하다는 식으로 대답했다. 왜 식구들을 불안하게 만들어?

'겨우 10킬로미터만 더 가자고 너한테 요구하잖아. 신이여, 힘을 주소서.'

침묵 속에서 기원하고 있는데 하디스가 고함을 질렀다.

길은 요철이 심했고, 우리는 앞으로 더 나아갈 수 없을까봐 계속 불안했다. 세 명은 앞좌석에 타고 세 명 반은 뒷좌석에 탔다. 나는 최대한 빨리 가려고 했지만 길에 파인 웅덩이를 지날 때마다 우리 몸이 풀쩍 떠서 아기가 빨리 나올까봐 겁이 났다.

칸데와 하이메와 나는 길을 가면서 서로 한마음이 되었다. 6개의 눈이 웅덩이를 피해서 가장 좋은 길을 찾았다. 한 번씩 두 사람의 말이 엇갈리며 한 사람은 오른쪽으로, 또 한 사람은 왼쪽으로 가자고 했다. 우리가 피하고 싶었던 웅덩이를 지날 때는 불안한 웃음을 지으며 실수를 축하했다. 뒤에 있는 하디스는 남편이 돌봐주고, 시어머니가 힘을 실어줬다. 그녀는 뱃속의 아기한테 이제 거의 다 왔으니까 급하게 나오지 말고 조금만 기다려 달라고 부탁했다.

"기다리고 싶은가봐! 이런 차로 또 언제 여행할 수 있을지 모르니 아기가 이 여행을 즐기고 싶은가봐."

미래의 할아버지가 농담을 하며 웃었다. 주유소가 눈에 띄자 모두들 환호했고, 기름을 가득 채우고 나서 하이메가 돈을 내려고 하였다.

"이 가솔린은 우리 여행에서 가장 값지게 쓰일 겁니다. 이런 기쁨을 빼앗지 마십시오."

내가 진지하게 부탁하면서 계량기를 보니 40리터가 찍혀 있었다. 내 차 연료통에 넣을 수 있는 최대 용량이었다. 나는 별이 빛나는 하늘을 바라보며 고맙다고 했다.

나는 이런 장면에서, 우리가 경험하고 있는 것 앞에서 행복을 느낀다. 에콰도르에서 죽은 피델의 모습이 떠올랐다. 그때 나는 그의 죽음의 일부분이었지만 지금은 새 생명의 일부분이다.

우리는 차에서 내려 잠시 숨을 돌리고, 특히 하디스는 진통을 좀 완화하기 위해 걸은 다음 다시 차에 올랐다.

시동을 걸었는데 아무런 소리도 나지 않았다. 우리 모두는 아무 소리도 내지 않았다.

"무슨 일이에요?"

미래의 할머니가 물었다.

"모두들 밀어주세요."

시동이 안 걸린다고 말하면서 부탁했다. 밀어주는 속도에 차가 두 번 부르릉거리더니 시동이 걸렸다. 밤 운전은 처음이라 발전기가 만들어낼 수 있는 것 이상으로 전력이 소모되는 것 같았다. 주황색 빛은 길을 그리 밝게 비추지 못했고, 천천히 갈 때는 더 잘 안 보였다. 흥을 돋우기 위해서 일부러 재미있는 이야기를 하며 불안한 웃음들을 지었다.

"하이메, 차 위로 올라가서 랜턴으로 비춰 줘요."

"우리도 내려서 랜턴으로 비출까요?"

칸데가 거들었다.

"성냥불도 비춰요!"

다비드가 소리쳤다. 모두들 웃다가 하디스가 차를 세우라고 소리 지르는 통에 입을 다물었다. 하디스가 시어머니와 함께 차에서 내리는 동안 나는 '당신을 위한 운전사는 되겠지만 제발 조산사가 되어 달라고 부탁하지는 마세요'라고 기원했다. 모두들 무슨 일인가 싶어서 나를 바라봤다. 하디스는 몇 분 만에 돌아왔지만 마치 영원한 시간이 흐른 것 같았다.

"아기가 내려오면서 복부를 압박해서 화장실에 가고 싶었어요. 단지 화장실에 가고 싶어서 그랬어요."

어두컴컴한 하늘이 밝게 빛났다. 그토록 도착하고 싶었던 도시의 불빛이 비춰져서 그렇게 보였다. 도시에 들어가서 병원으로 직진했다. 차에서 급히 내려 의사를 찾았다. 의료진은 하디스에게 아직 아기가 나올 때가 안 됐으니 나가서 걸으라고 말했다. 그제야 우리는 안도의 한숨을 길게 내쉬었다.

시간은 흘렀고, 하디스는 계속 걸었다. 지금까지 우리를 허둥대게 만들었던 아기는 이제 나오려고 하지 않았다. 차 시트를 펴서 잘 수 있게 해놓고 우리는 돌아가면서 쉬었다. 당직 근무를 마치고 나오는 의

사가 대기하고 있는 우리를 보고는 자기 집으로 가서 아침 식사와 목욕을 하자고 초대했다. 하이메는 너무 폐를 끼치는 것 같다는 생각이 들었지만 의사는 미지근한 물에 목욕하는 것이 아기 낳으려는 임신부한테 도움이 된다고 말했다.

의사 집에 들어가자 부인은 매일 그런 일을 겪는 것처럼 아주 편안하게 대해 주었다. 그녀는 큰 미소를 보이며 하디스를 목욕시키려고 여인들을 데리고 갔다. 그리고서 우리 모두를 위한 아침 식사를 준비했다.

나는 대여섯 살 난 그의 아들과 강아지와 함께 놀았다. 30분쯤 지나서 그 아이가 농아라는 사실을 알게 되었다. 우리는 시종 웃었고, 행복해하는 것 이외에 다른 말은 필요 없었다.

화창한 오후 몇 시간이 지나고 드디어 아기가 세상에 나왔다. 모두들 기쁜 마음으로 태어난 남자아기를 껴안았다. 아기는 말할 수 없이 소중했다. 하이메와 그의 부인 그리고 하디스와 다비드는 아기가 도착했을 때 가장 큰 행복을 느꼈을 것이다.

새로운 가족의 사진을 찍으면서 우리는 그들의 일부분이 됐다는 느낌이 들었다. 그들은 우리에게 아기를 안아보라고 주면서 말했다.

"이제는 삼촌 내외랑 같이 사진 찍어야지."

떠날 때는 여섯 명이었는데 돌아갈 때는 일곱 명이었다. 친구들처럼 왔다가 가족처럼 돌아갔다.

책이 탄생하다

코스타리카의 수도인 산호세에 도착하자마자 아르헨티나 대사를 만나러 갔다.

"책을 인쇄해야 하는데 한 군데 추천해 주시겠습니까?"

"나도 아는 곳은 없는데 이렇게 하는 게 좋겠네요. 4일 있으면 이 도시에서 국제 도서전시회가 개최되는데 아르헨티나가 특별 초청국으로 지정되었어요. 거기서 당신들 책과 차와 당신들을 위한 전시관을 마련해 줄 수 있습니다."

어디서부터 시작해야 할지도 모른 채 대사관을 나왔다. 우리는 시간이 얼마 없었고, 책 디자인도 하지 않은 상태였다. 올드카 클럽에서 많이 애용하는 자동차 판매점을 찾았다. 직원 한 명이 전화를 걸기 시작했다. 5분 뒤에 클럽 회장인 알란 로드리게스와 전화연락이 되었다. 그에게 우리 여행에 대해 이야기하고 인쇄소에 대한 문의를 했다. 조그만 인쇄소를 운영하는 회원의 전화번호를 알려줘서 전화를 했더니 거기로 오라고 했다.

인쇄소 사장은 우리한테 그래픽 디자이너를 소개시켜 줬고, 그녀는 하던 일을 멈추고 우리 책 제본이 완성될 때까지 도와주기로 했다. 곧바로 우리는 세 명의 직원과 함께 화기애애한 분위기 속에서 인쇄를 시작했다. 칸데와 나는 잉크, 활자, 기계, 냄새와 소음으로 이루어진 아주 낯선 세계에서 보조 역할을 했다. 인쇄소 일과가 끝나면 그 안에서 있을 수 있었기 때문에 우리는 책 페이지를 순서대로 맞추며 작업을 진척시켜 나갈 수 있었다. 도서전시회 개막식까지는……. 우리는 아직 책 표지를 붙이고 있었다.

전시회 위원장이 정중히 맞아주면서 우리 부스를 알려주었다. 위치가 좋았다. 그러나 우리는 탁자나 의자, 심지어 책을 전시할 스탠드도 없었다. 우리가 가진 것이라고는 차와 손에 든 책뿐이었다.

옆 부스에 있는 사람들이 이런 사정을 눈치채고는 탁자와 의자를 가지고 가까이 다가오기 시작했고, 어떤 사람은 아메리카 전체 지도를 갖다 주어서 거기다가 우리의 여행길을 표시하고 여행에서 찍은 사진 몇 장을 붙였다.

도서전시회가 일반인들에게 공개되었다. 사람들이 지나가다가 우리 부스를 들렀다. 우리는 이제 작가가 되었고 또한 우리 이야기의 편집자가 되니 기분이 묘했다.

'어떤 결과가 날지 알고는 싶었지만 내가 책을 쓰리라고는 상상도 못했는데, 지금 내 손에 아주 특별한 책을 가지고 있어.'

칸데가 한 권을 어루만지면서 생각에 잠겼다.

'이 책은 내 보물과 내 꿈과, 내가 성장했고 바뀐 것에 대해 이야기해. 나는 사람들이 내가 자기들과 똑같은 사람이라는 것을 알게 하기 위해 내 인생의 일부분을 솔직하게 밝혔어. 내가 특별한 사람이라서 이 일을 하는 것이 아니고, 다른 사람들과 똑같은 보통 사람인데 살면

서 특별한 뭔가를 하고 있는 거야. 나는 꿈을 좇고 있어.'

칸데는 계속해서 책을 어루만지며 사랑스러운 눈길로 바라봤다. 그
때 13살 된 남자애가 책에 사인을 해 달라고 했다. 칸데는 '내 책 헌사
에 온갖 정성을 다 들여 사인을 하니 참 묘한 기분이 든다'라고 생각
하며 사인을 했다.

"이 꿈에 동참해 줘서 고마워요. 계속 당신의 꿈을 좇으세요, 당신
의 다정한 친구 칸데가."

칸데 사인을 받은 그 남자애는 나한테도 와서 사인을 부탁했다. 이
를 주의 깊게 보고 있던 칸데는 생각했다.

'나는 저 애를 유심히 보고 있다. 꿈은 이루어질 수 있다고 생각하
기에 가장 좋은 나이에 있는 저 아이는 불가능한 것이 아니라 가능한
것을 생각한다. 나는 14살 때 여행을 꿈꿨고 여기, 저 아이 눈앞에서
꿈은 가능하다는 것을 보여주고 있다. 나는 저 아이가 무슨 꿈을 꾸는
지 물어볼 용기가 나지 않는다. 저 애가 최고의 꿈을 이루기를 바라며
이만 인사하고 헤어지자.'

"불가능한 것은 없다는 것을 항상 기억해."

칸데는 사랑스럽게 만지는 조그만 손에 매달려 가는 책을 봤다.

"저 책을 읽고 좋아할까요?"

칸데가 내 대답을 바라지도 않으면서 물었다.

우리 이야기가 일요일 신문 표지와 텔레비전에 나와서 우리 부스로
몰려든 사람들 중에서 많은 사람들이 우리 이야기를 알고 있었다. 이
것이 우리한테 많은 도움이 됐다. 우리를 포옹하고 응원하고 축하하
는 수백 명의 사람들의 책에 사인을 해줬다. 그 사람들은 우리 여행에

만족하지 않고 자신들의 꿈에 대한 의지를 불태웠고, 우리가 그들에게 그랬듯이 그들로부터 많은 에너지가 우리한테 흘러들어 왔다.

지도에서 우리의 여정을 자세히 살펴보고 있던 한 남성에게 우리가 도서전시회 날짜에 맞춰 도착하게 된 우연에 대해, 즉 아르헨티나가 특별 초청국으로 지명되어 우리한테 부스가 배정된 사연을 설명했다.

"그것은 우연과는 전혀 상관없는 필연입니다."

그는 내 말을 수정해 주었다.

"운이나 사고가 아니라 모든 것에 원인이 있습니다. 우연한 것은 없고 모든 것이 다 존재 이유를 갖고 있습니다. 우리한테 일어나는 일, 우리가 마주치는 일, 일어나는 모든 움직임은 우리나 우주한테 큰 의미가 있습니다. 그것을 깨닫지 못하면 많은 것을 잃게 됩니다."

"이런 것을 타고 여행하다니 정신 나간 것 아니에요?"

한 젊은이가 많은 질문을 할 요량으로 대화에 끼어들었다.

"만일 사람들이 당신한테 미쳤다고 말하면 고맙다고 하세요."

우리한테 우주의 개념에 대해 설명하던 그 남자가 계속 말했다.

"그것은 당신이 수많은 사람들 중의 한 명이 아니라는 뜻입니다."

그는 작별의 제스처를 하면서 사라졌다. 그와 더 많은 이야기를 나누고 싶었지만 사람들이 우리를 가만히 두지 않았다. 전시회가 절정에 도달했을 때, 우리 책이 베스트셀러가 됐다는 놀라운 소식을 접했다.

우리 책이 베스트셀러가 되자 코스타리카 여기저기서 많은 초청이 쇄도하였고, 올드카 클럽에서도 초대를 했다.

이 클럽은 야외에 있는 레스토랑까지 이어지는 매우 그림 같은 도로를 차량 행진하려는 계획을 세웠다. 우리는 행렬의 맨 끝에 위치해서 공원에서 출발했다. 출발하자마자 차량들이 우리를 기다려 주지 않고 뿔뿔이 흩어지기 시작해서 우리는 길을 어림짐작으로 추적해 가다가 늦게나마 겨우 지프차 한 대가 나타나서 우리를 이끌었다.

레스토랑에 도착해서 이미 도착한 차들 사이에 주차하면서 이전의 모임들에서처럼 우리 여행에 대해 설명을 하고, 차 애호가들에게 아주 생소한 그레이엄에 대해 이야기하게 될 거라 상상했다.

그러나 레스토랑 안으로 들어서니 모두들 벌써 탁자에 앉아 있었고 아무도 우리 곁으로 오지 않았다. 우리는 자기들을 따라 여기까지 왔는데 우리보고 같이 앉자고 하는 사람이 아무도 없었다. 결국 우리끼리 앉았다. 여성들이나 아이들이 한 명도 없는 것이 눈에 띄었다. 그러니까 이 모임은 사업가들의 모임 같았다. 그리고 바로 사업에 대해 이야기들을 하기 시작했다.

식사가 끝나고 클럽 회장이 한 말씀 했다. 그는 클럽 연혁에 대해 이야기하고 우리한테 클럽 우산과 카드를 주면서 환영의 인사를 했다. 모든 것이 시작처럼 빨리 끝났다.

우리가 가고 있는데 모임에서는 우리와 한마디도 나누지 않았던 카를로스라는 사람이 자기 소유의 차들을 보여주겠다며 자기 집으로 초대를 했다. 그는 부촌에 살고 있었다. 아주 크고 예쁜 집 앞에 주차했다. 자기 친구 두 명과 함께 우리를 차고로 데려가서 차 다섯 대를 보여주면서 한 대당 자기가 지불한 가격에 대해 상세히 설명을 했다. 나중에 자기가 수집한 차들을 다른 사람들한테 보여주기를 바라면서 우리한테 그 차들의 사진을 찍으라고 했다.

우리는 그가 굉장한 구매력을 가진 사람으로 보여서 액자에 끼운 그림들을 보여줬다. 그는 자기 친구들 앞에서 한 장을 고르더니 월요일에 자기 사무실로 전화해서 그림값을 받으러 오라고 했다. 그리고 칸데한테는 그림에 사인을 해 달라고 부탁했다.

그가 우리를 집 안에 한 발자국도 들여 놓지 못하게 하는 것이 참 이상했다. 더군다나 우리나 친구들한테 음료수 한잔 대접하지 않았다.

다음 날 클럽 회장이 뛰어난 기술자라고 추천해 준 클럽 회원을 찾아갔다. 클럽에서 선물로 준 차 정비를 받기 위해서였다. 그 사람은 대저택과 차복원 카센터를 가지고 있었다. 작업을 시작하기 전에 옷 갈아입을 곳을 물어보았다.

"저기 차 사이에서 갈아입어요."

그리고 손 씻을 곳도 물어보았다.

"정원에 수도 하나 있어요."

그는 차에 필요한 오일을 사러 가면서 열쇠로 카센터 문을 잠그고 나는 밖의 정원에 있으라고 했다. 내가 뭘 훔쳐갈까봐 그러는 것 같았다.

칸데가 와서 나는 불쾌한 감정을 쏟아냈다. 더군다나 가족들이 집 안에 있으면서도 우리한테 인사도 하지 않고 들어오라는 말 한마디 하지 않았다. 나는 우리가 왜 이런 푸대접을 받아야 하는지 이해가 되지 않았다. 내 짐을 챙겨놓고 그 남자가 필요한 것을 손에 사들고 돌아오자 그에게 말하고 나왔다.

"우리한테는 차정비보다도 인간적인 대접이 더 중요합니다."

월요일에 칸데가 카를로스한테 전화를 걸었더니, 비서가 지금은 회장님이 전화를 받을 수 없으니 내일 다시 전화하라고 말했다.

일주일 내내 산호세를 돌아다니면서 그 사이사이에 대사관들, 아르헨티나 교민들, 코스타리카 여행가들의 초청을 받아갔다.

우리는 며칠 동안 그림값 때문에 계속 전화를 걸었다. 그는 전화를 받지 않았고, 비서는 이미 연락왔다는 말을 전했기 때문에 자기는 더 이상 어떻게 할 수가 없다고 말하면서 무척 난처해했다. 그 이후로 돈도 그림도 받지 못했다.

산호세를 떠나기 전에 클럽 회장 앞으로 카드를 한 장 썼다. 다른 클럽들에서 우리를 따뜻하게 맞이해 준 이야기, 우리가 간직하고 있는 아름다운 추억들, 예를 들어 우정 어린 포옹, 후원, 남은 여행 잘하라며 우리에게 보낸 축복과 같은 이야기를 썼다. 그래서 여기를 떠나게 되어 우리는 정말로 행복하다고 적었다.

만다라

태평양 해변을 따라 몬테수마에 도착했다. 거기서 수예품을 팔고 있는 한 스페인 사람을 만났는데 그는 오랫동안 세계 여행을 하고 있었다. 그는 경비를 마련하려고 철사로 만다라를 만들어 팔고 있었다. 오렌지 크기만 했는데 철사를 구부려 여러 가지 모양을 만들었다.

우리는 그가 그것들을 움직이면서 손님들한테 보여주고 각각 모양의 의미를 설명하는 모습을 지켜봤다.

"원자는 생명의 시작이고 만물의 근본입니다."

만다라의 형태를 원자에서 공 모양으로 바꾸면서 계속 말했다.

"이것이 어떻게, 왜, 무엇 때문에 우리와 연결되어 있는 에너지의 상징인지는 아무도 모릅니다. 과학에서 빅뱅이론으로 알려져 있는, 우주가 팽창하고 대폭발이 일어났을 때……."

북 모양으로 바꾸었다.

"모든 동식물의 생명은 옴 만트라로 알려진 우주진동과 연결되어 있다고 합니다."

계속 모양이 바뀌는 만다라 앞에서 신기해하는 손님들은 그렇게 많은 의미가 담겨 있는 물건을 샀다.

우리 여행이야기를 들은 스페인 사람은 무척 행복해하며 만다라 만드는 법을 가르쳐 주었다. 그는 우리를 도와주고 싶은 마음에 자기가 알고 있는 것과 자기의 지속적인 여행을 가능케 해주는 기술을 우리한테 전수해 주었다. 또한 만다라 모양을 바꿀 때마다 하는 이야기도 해 줘서 칸데는 그 내용을 종이에다 메모했다.

선물 받은 재료로 나의 첫 번째 만다라를 만들어 봤다. 연습하다 보니 실력이 좋아져서 이제 판매할 정도가 됐다고 생각했을 때, 나는 이야기할 내용을 연구하고 스페인인만큼 많이 팔 수 있을 것 같은 해변에 노점을 폈다.

첫 번째 고객이 하나를 집어 들었다. 나는 다른 것 하나를 들고 그것을 움직이면서 이야기를 시작했다.

"하늘색 지붕이 생기며 하늘이 만들어지고, 푸른색 지붕이 생기며 바다가 창조되었습니다. 땅의 기원인 알이 태어났습니다."

이야기가 뒤섞여버리면서 더 이상 할 말이 기억나지 않았다. 첫 번째 고객은 물건을 사지 않고 가버렸고, 칸데는 웃느라 죽을 지경이었다.

"다음에 팔면 뽀뽀 백 번 해주기."

다시 이야기 연습을 하기 전에 그녀한테 내기를 걸었다.

또 손님이 와서 나는 만다라 하나를 들고 다시 이야기를 시작했다. 만다라를 움직이다 보니 내 이야기 실력도 늘어났다.

"…… 음과 양 혹은 균형, 선과 악이, 남자와 여자가 만들어집니다. 지혜의 모든 알레고리의 꽃, 사색의 상징인 힌두 북……."

"어머니 차크라…… 쿤달리니와 아홉 개의 행성 창조, 아홉 개의 구멍, 아홉 개의 감각에 대해 아십니까?"

한 여인이 질문을 하며 내 말을 중단시켰다. 나는 그녀가 무슨 말을 하는 건지 전혀 몰랐다.

"아니요, 저는 그저 만다라만 팔고 있는 겁니다."

내 대답을 듣고 그녀는 아무것도 사지 않고 갔다.

한 남자가 와서 파는 게 뭐냐고 물었다.

"만다라인데 모양을 바꿀 수 있습니다. 가격은 10페소이고요. 하나 드릴까요?"

그날이 내가 만다라를 팔기로 한 첫 번째 날이자 마지막 날이었다.

한가로운 리듬에 맞추어

스페인 대사관의 초대로 마누엘 안토니오 국립공원으로 가서 공원관리인들과 함께 먹고 잤다. 그곳에서 우리는 다시 바다를 만났다. 해변에는 아무도 없었고, 우리와 함께 하는 것이라곤 원숭이들뿐이었는데

이들에게 점심을 빼앗기지 않기 위해 조심해야 했다.

우리는 모래사장에 누웠고, 칸데는 내 가슴에 머리를 기댔다. 행복했다. 모든 것이 완벽했고 경이로웠다. 지난 2년간의 여행을 뒤돌아봤다. 그 시간 동안 정말로 뜨겁게 살았기에 그렇게 많은 시간이 흐른 것 같지 않았다. 여행을 하면서 우리는 무척 많이 바뀌었고 완전히 다른 사람이, 다른 부부가 되었다. 가장 큰 변화는 우리가 변화하고 있다는 것이고, 배운 것 중에서 가장 큰 부분은 누가 가르쳐 준 것이 아니라 살면서 배운 것이다. 우리는 삶의 빈 페이지들을 채우기 위해 여행을 시작했고, 이제 우리 안에 있는 삶의 체험 도서관을 채울 수 있을 거라는 생각이 들었다.

주변을 둘러보았다. 이곳은 우리를 사색에 잠기게 만든다. 만일 삼라만상이 우리를 위해 존재하는 것이라면 나가서 한 바퀴 돌면서 이곳저곳을 구경하고, 산에 오르고, 사막을 건너고, 밀림을 보고, 온갖 동물들을 보고, 바다를 항해하고, 무엇보다도 우리한테 가르쳐 줄 것이 많은 전혀 모르는 사람들과 이야기를 나누어 보면 어떨까?

우리가 모든 바다를 다 건널 수 있을지, 높은 산들을 오를 수 있을지, 모든 동물들을 다 볼 수 있을지, 모든 사람들과 이야기를 나눌 수 있을지는 모르겠지만, 그러나 우리는 여행을 떠났고, 무엇을 배웠는

지 이야기했다.

공원에서는 시간이 매우 천천히 흘렀다. 우리는 명상가가 되었다. 나는 한가로운 사람을 바라보고 있었다. 그는 4시간 전쯤에 평화를 전파하는 표정으로 나를 쳐다보며 내 최고의 미소 하나를 훔치더니 팔을 베고 잠자기 시작했다. 그때부터 나는 앉아서 그가 깨어나기만을 기다렸다. 그의 느린 동작과 시선을 보기 위해. 한 시간, 두 시간, 세 시간……. 비가 내리기 시작했다. 빗방울을 맞으면 분명히 움직이고, 깨어나서 비 피할 곳을 찾을 것이다. 그러나 그 게으른 자는 비에 대해서 나와는 의견이 달랐다. 머리만 팔 밑으로 가져갔다. 나는 비를 맞고 있다. 그가 할 수 있다면 나도 할 수 있다. 나도 몇 시간 동안 꼼짝 않고 있다. 다만 어떻게 빗방울이 작은 소리를 내며 하늘에서 이 나뭇잎 저 나뭇잎으로 떨어지는지를 보기 위해 눈을 돌렸다. 빗소리가 개구리, 새, 원숭이와 그 외에 것들의 노랫소리와 합쳐지면서 콘서트가 열렸다.

비가 내리기 시작하더니 금방 빗방울들이 풀과 나무들을 거쳐 나한테 도착했다. 비는 그쳤는데도 지금까지 풀과 나무에 내렸던 비들은 계속 내리고 있었다. 그 한가로운 사람이 자는 동안에 나는 주변의 사물들을 보면서 어떻게 공기로 만들어진 바람이 물이나 흙을 가져올 수 있는지, 그토록 부드러운 물이 어떻게 단단한 돌을 스치기만 하면서도 깨트릴 수 있는지, 어떻게 한 줌의 흙이 씨앗에 생명을 줘서 나무로 키워낼 수 있는지 생각하게 되었다. 어떻게 저 멀리 있는 태양이 나에게 열을 줄 수 있고, 더 멀리 떨어져 있는 별들이 내 밤길을 이끌어줄 수 있는지, 어떻게 이 작은 동물은 이렇게 잘 수 있는지……. 당신은 내가 당신의 움직이는 모습은 못 보게 했지만 내가 전에는 보지 못했던 것들을 볼 수 있게 해주었다. 고마운 마음으로 그 자리를 떠났다.

문은 열려 있다

산카를로스 시에서는 아주 친절한 가족의 집에서 지냈다. 목수인 아버지는 꿈꾸는 자식들을 사랑하는 부인과 함께 자기들이 꿈꾸던 집을 지었다. 가정은 사랑으로 이루어진다는 것을 우리한테 몸소 보여줬다.

그들은 〈문은 열려 있다〉를 합창으로 부르면서 우리를 뜨겁게 맞이해 줬다. 우리는 아주 마음 편히 지냈고 칸데는 그림을 그렸다.

그 집에 스무 살 된 딸이 있는데 사랑하는 애인이 있었다. 그런데 놀랍게도 그 애인은 그녀를 보기 위해서 미리 정해놓은 날짜와 시간을 엄격하게 지켜서 방문해야 했다. 그녀는 매우 정성 들인 선물을 우리한테 하고 싶어 했다. 그것은 우리 여행 로고였는데 나무에다 조그만 씨앗들을 붙여서 만들었다. 그것을 만드는 데 3일이나 걸렸기 때문에 우리는 그것이 완성될 때까지 즐거운 마음으로 그 집에 머물러 있어야 했다.

그렇게 며칠 동안 대접을 잘 받고 산카를로스를 떠나는데 차가 길에서 멈췄다. 금방 밴 한 대가 와서 모든 공구들을 다 제공했지만 시동이 다시 걸려서 필요가 없게 되었다.

그는 우리를 자기 집으로 데리고 가서 음료수를 대접하고 아르헨티나 가족들한테 연락하라고 전화까지 제공했고 잠도 자고 가라고 했지만 떠난 지 겨우 5킬로미터밖에 안 되어서 계속 여행을 하고 싶은 마음에 그 제의는 정중히 거절했다. 그가 자기 전화번호를 적어가라고 해서 앞으로 어려운 일이 생기면 연락하겠다는 약속을 했다.

5킬로미터 더 가서 차가 다시 멈췄다. 우리는 언덕에 있어서 내리막을 이용했는데도 소용이 없었다. 그레이엄이 움직이려 하지 않았다.

한 손에 큰 낫을 쥔 농부가 나타났다. 우리한테 필요한 게 뭐냐고

물어서 전화라고 대답했다. 나를 가게까지 데려다 줘서 거기서 나는 그 남자와의 약속을 지켰다. 우리한테 모든 것을 제공했던 그 남자는 기뻐하며 우리를 데리러 오겠다고 말했다.

차로 돌아오니 그 농부는 우리한테 주려고 방금 짠 우유를 가지고 왔는데 아직도 따뜻하고 맛있었다. 맛있는 우유 때문인지 그 남자 때문인지는 모르겠는데 한 모금 마시니까 아주 특별한 맛이 났다.

여행 중에 처음으로 차를 견인하였다. 그 남자는 자기 집 바로 앞에 있는 카센터까지 우리를 데리고 갔다. 모두들 난리법석을 피우며 하던 일을 멈추고 우리 차 시동 거는 일에 매달렸다. 시동이 걸리다가 꺼지기를 반복했다.

왜 그러는지 알아보기 위해 다른 카센터들에서 더 많은 자동차기술자들과 전기기술자들이 왔다. 새 배터리하고 케이블을 가져왔다가 그 문제가 아니라는 것을 파악하고는 도로 가져갔다.

다음 날이 되어서야 그것도 미친 사람, 진짜로 미친 사람 때문에 문제가 해결되었다. 그는 차 한 대가 겨우 들어가는 조그마한 카센터를 운영하면서 하루에 차 한 대만 수리하였다. 그의 수첩에는 두 달간 작업한 내용이 기록되어 있었다. 그에게 왜 작업 중인 차를 놔두고 우리

것을 수리하느냐고 물었다.

"그것은 내일 다른 차와 같이 할 수 있거든요. 마음만 먹으면 하루에 서너 대는 수리할 수 있지만 한 대만 하는 겁니다. 나는 살기 위해서 일하지, 일하기 위해서 살지 않습니다. 그러니 사람들이 나를 미친 사람 취급하는 겁니다. 만일 신께서 우리를 일하라고 창조하셨다면 하늘나라는 큰 공장일 겁니다."

그는 연료분배기를 분해하면서 대답했다. 우리는 차를 견인해서 가져왔고, 그는 시동을 걸어보라는 요구조차 하지 않고 그냥 후드만 열고는 분배기 부품을 하나하나 분해하였다.

"나를 자기들 마음대로 부리려는 사람들은 손님으로 받지 않습니다. 또한 차가 깨끗하지 않으면 수리해 주지 않습니다."

그가 그렇게 말하는 동안 나는 어제 세차를 해서 다행이라 생각했다.

"차를 제대로 관리하지 않는 사람은 좋은 수리를 요구할 수 없습니다."

그의 말을 듣고 나니 비록 평범한 사람 같지는 않았지만 왜 사람들이 그를 미친 사람 취급하는지는 이해가 되지 않았다. 그가 일하는 모습을 한 장 찍었다. 그러나 플래시가 터지는 순간 그는 소리를 치면서 공구를 던졌다.

"사진 찍지 말아요! 아무도 내 사진을 못 가져요! 내 딸도 나하고 찍은 사진이 없어요."

그제야 왜 그를 미친 사람 취급하는지 알았다. 나는 당황스러웠다. 허가받지 않고 사진 찍은 경우가 손가락으로 셀 정도인데 이번에는 운이 없었다. 그에게 사과했다.

"절대로 인화하지 않겠다고 약속하세요."

다행히도 그는 내가 미쳐서 이런 여행을 하는 사람이라 생각하고는 용서해 줬다. 연료분배기 조립이 다 끝나고 그가 말했다.

"자, 이제 다 됐습니다. 시동 한번 걸어보세요."

차는 아무 일도 일어나지 않았던 것처럼 부드럽게 시동이 걸렸다. 내가 아무리 돈을 내려고 해도 그는 끝내 받지 않았고 우리를 재워주는 사람한테서도 돈을 받지 않았다. 고맙다고 인사해야 할 사람은 자기라고 말했다.

제도에서의 탈출

아레날 화산의 연기를 따라 차를 몰아 조그만 마을 포르투나에 도착했다. 밤에도 폭발음을 들을 수 있었고 분화구에서 빨간 불빛을 볼 수 있었다.

우리는 용암이 흘러내리는 것을 보고 싶었지만 아직은 그 소원이 이루어지지 않았다. 그러나 기다리는 동안 아르헨티나에서 멕시코까지 오토바이로 여행하는 동포를 한 명 만났다. 벌써 2년 반 동안 여행을 하고 있었고 돈이 떨어지면서부터 수예품을 만들어 팔고 있었다. 그의 모습은 체 게바라와 같았지만 베레모가 없었다. 우리가 어떻게 콜롬비아에서 파나마로 건너왔는지 그에게 이야기해 줬다. 그도 우리에게 해줄 이야기가 있었다.

"보고타에서 무역 잡지사의 광고 영업사원으로 일을 하기 시작했어요. 한 번은 어느 화물항공사의 부장을 찾아갔는데 내가 아르헨티나 사람이라는 것을 알고는 무슨 일을 하고 있느냐고 물어서 오토바이 여행을 하고 있으며 파나마까지 갈 교통비를 마련할 방법을 찾고 있다고 말했어요. 그랬더니 나한테 뭐라고 말했는지 아세요? '당신과 당신 오토바이는 공짜로 가십시오. 나도 오토바이로 유럽 전체를 돌아다니면서 길에서 많은 사람들의 도움을 받았습니다. 이제 그 빚을 당신한테 조금이나마 갚을 수 있게 됐네요.'"

우리는 많은 감동을 받았다. 그가 우리한테 물었다.

"저 차로 갈 때 사람들이 뭐라고 해요?"

"별별 이야기를 다 하는데 재미있는 이야기들도 해요. 바퀴 휠이 나무로 된 것을 믿을 수가 없는지 바퀴가 단단하냐, 우리가 이 차 주인이냐, 아니면 렌트한 거냐 등을 물어봐요. 차를 2년간 렌트해서 몰고 다니는 거 상상해 봤어요? 그리고 또 몇 시간이나 운전했느냐고 물어요."

"내가 나이가 들었다는 것을 느끼게 하면서 가슴을 아프게 하는 질문도 있어요. '새 차 샀어요?' 같은 질문을 들으면 내가 어떤 기분이 드는지 상상돼요?"

칸데의 고백에 우리는 웃었다.

"당신들이 하는 일이 미친 짓이라고 하지는 않던가요?"

"그런 말은 수천 번도 더 들었어요. 이제는 그런 말을 하는 사람들에게 고맙다고 해요. 그들은 이 미친 짓이 우리를 얼마나 행복하게 해 주는지 몰라요."

"나도 마찬가지입니다. 사람은 저마다 유일하고 특별한 존재라고 나는 생각하는데, 살아가면서 평범해지죠. 우리는 제도와 반대로 갈 때만 두드러져 보입니다. 나를 보세요. 나는 사회 안에서 히피입니다. 히피라고 해서 나쁜 것도 없는데 사람들은 자기 자식들을 나와 같이 어울리지 못하게 해요. 집도 돈도 없는 나는 이 사회에서 아무 가치가 없기 때문이죠. 수염 기르고 장발인 나를 불쌍한 악마, 반역자, 심지어 흉측한 벌레 취급을 합니다. 이런 히피 모습은 방패나 필터 같아서 내 속마음에 관심이 있는 사람들은 가까이 다가오지만 이미지를 중요시하는 사람들은 내 곁에 오지 않아요. 나는 아르테-사노*라서 나의 존재는 건강하고, 그 존재 위에서 나는 예술을 합니다. 나는 다른 사람들이 모르는 것을 많이 알고 있어요.”

“뭐를 알고 있어요?”

내가 물었다.

“초등학교, 중고등학교, 대학교는 학생들이 알고 싶어 하는 것을 가르치는 것이 아니라 선생님들이 가르쳐 주고 싶은 것을 가르쳐서 평범한 사람들을 만들어낸다는 것을 알았습니다. 국민들을 전쟁터로 몰고 가는 대통령들은 최고의 대학교들을 나왔어요. 엔지니어들은 가스 처형실을 지었고, 물리학자들은 핵폭탄을 만들었고, 의사들은 낙태수술을 합니다. 이런 교육을 받은 사람들 중에서 5%에서 10%만 제외하고는 자기들이 배운 것이 별 도움이 되지 않는다는 것을 깨닫습니다. 학교들과 대학교들은 도구들을 사용하려는 도전적인 사람들을 만들어내는 것이 아니라 도전적인 사람들이 사용하려는 도구를 만들어냅니다. 나를 보세요. 시원하고 편한 이 옷 안에는, 이 히피 옷 안에는 제도가 요구해서 치의학을 공부했던 치과의사가 있습니다. 나는 그 공부를 해야 했습니다. 그렇지 않으면 미래에 내 가족에게 받침대를 줄 수 없었으니까요. 그 미래는 나에게는 벅찼습니다. 그 미래 안에는 타이틀이나 지식이 없거나, 아니면 적어도 두 개의 언어를 모르는 사람

* 스페인어로 ‘아르테(arte)’는 예술, ‘사노(sano)’는 건강하다는 뜻이다.

은 들어갈 여지가 없었습니다. 나는 현재를 준비할 마음도 없었는데, 미래를 준비해야 한다고 사람들은 나에게 말했습니다. 나는 미래가 두려워지기 시작했습니다. 대학을 졸업하고 일을 시작했는데 공허했습니다. 어느 날 별로 달갑지 않은 환자 한 명이 와서 내 치료를 받고 병이 더 악화됐다고 불만을 터뜨렸습니다. 온갖 욕을 다하면서, 심지어 내가 치과의사가 아니라고……. 나는 그의 말이 옳다는 것을 깨달았습니다. 그래서 집으로 가서 나는 진정 누구인가, 내가 정말로 좋아하는 것은 무엇인가, 내가 무엇을 할 수 있는가, 내가 이 세상에 온 이유는 무엇인가에 대해 생각했습니다. 내 속에서 뭔가 깨우침이 일어났습니다."

우리는 이야기를 계속하고 있는 그를 유심히 바라보았다.

"제도권 안에서 잘 적응하고 있는 자식을 둔 나이 많은 우리 부모님은 인생을 새로 시작하려는 내 계획을 못마땅하게 여기시며, 내가 공부와 일을 열심히 했기 때문에 스트레스가 많이 쌓여 있어서 휴가가 필요하다고 말씀하셨습니다. 그래서 나는 여기서 휴가를 보내고 있는 겁니다. 제도에서의 탈출입니다. 나는 지낼 곳이나 고정 수입도 없지만 자유와 행복 그리고 어떤 대학교에서도 가르쳐 주지 않는 삶의 지혜를 갖고 있습니다."

"그게 어떤 건데요?"

"예를 들자면 나는 이제 사랑, 우정, 신, 꿈에 대해 더 많은 지식을 갖고 있습니다. 그러나 아직까지 공부하고 있고 자격을 못 얻었습니다. 내 친구들과 내 사랑 그리고 내 자식들이 나의 선생님들이 될 것이고, 나에게 자격을 부여할 겁니다."

EL VAGABUNDO

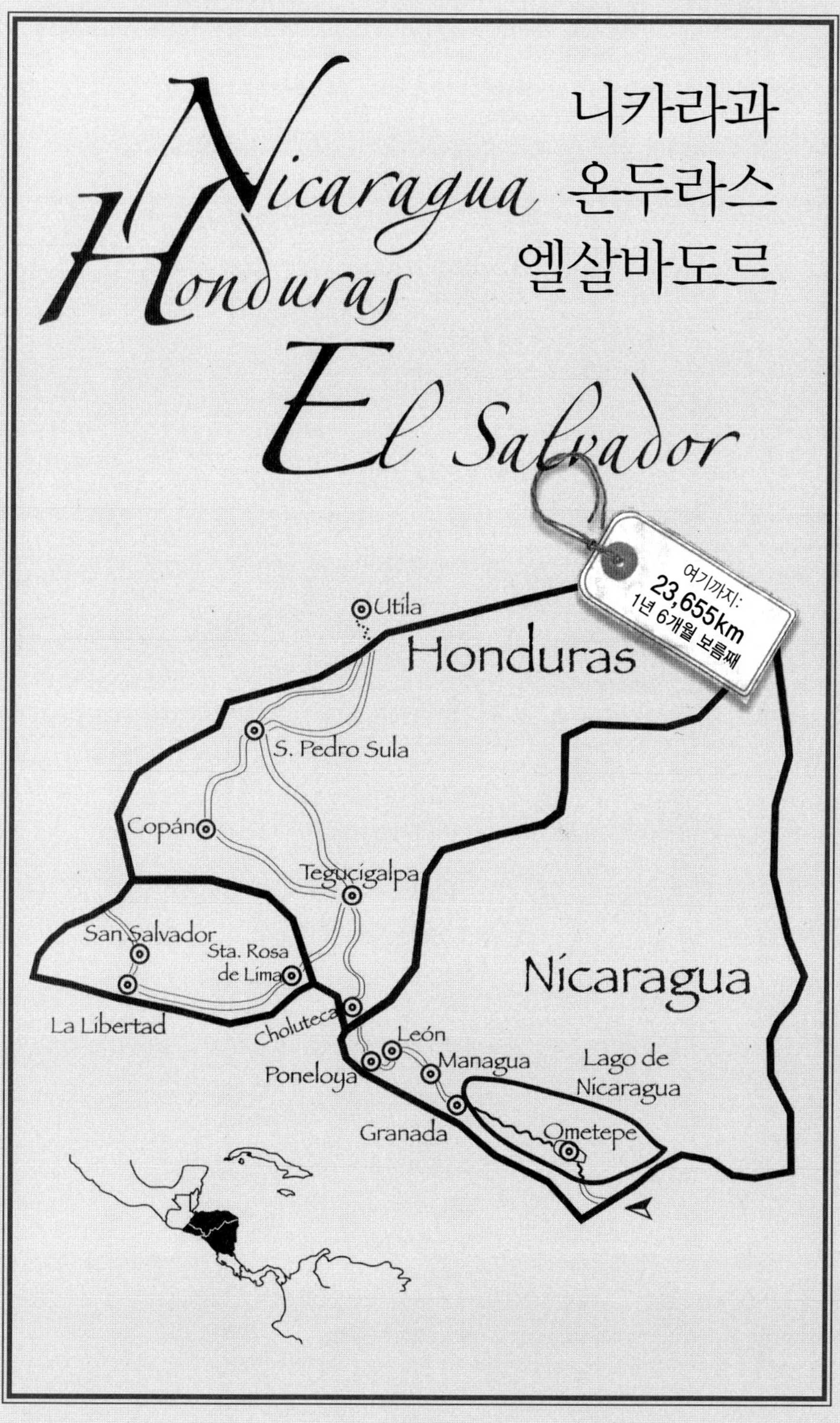

Nicaragua
Honduras
El Salvador
니카라과
온두라스
엘살바도르
여기까지:
23,655km
1년 6개월 보름째
Utila
Honduras
S. Pedro Sula
Copán
Tegucigalpa
San Salvador
Sta. Rosa
de Lima
La Libertad
Choluteca
Poneloya
León
Managua
Nicaragua
Lago de
Nicaragua
Granada
Ometepe

시간은 아무도 기다리지 않는다

조심하세요

'위험한 니카라과'로 들어가기 위해 코스타리카를 떠나 신비로운 초록으로 뒤덮여 있는 아름다운 산들을 오르내리기를 며칠 동안 반복했다. 니카라과에 입국한 것은 오후쯤이었다. 참 이상한 일이었지만 우리는 항상 일찍 국경을 넘으려고 했다. 중앙아메리카에서는 모든 것이 가까이에 있고 생각보다 훨씬 빨리 도착한다. 나라들이 작아서 남아메리카에서처럼 오랜 시간 운전하면서 사람이나 집이 하나도 안 보이는 그런 경우는 없다. 여기서는 국경을 넘어가는 것이 다른 지방으로 넘어가는 것 같다.

국경을 넘은 지 얼마 안 돼서 밤이 찾아왔다. 오른쪽에 있는 울타리가 열려 있어서 안으로 들어갔더니 아담한 집 한 채가 있었는데 식구가 많이 있었다. 식구들이 한 명씩 나오더니 밥 먹었느냐고 물어보면서 밥과 콩을 갖다 줬고 웃으면서 잘 곳도 가리켜 주었다. 그것이 니카라과에 입국한 우리의 첫 환영식이었다.

맨발

그들은 우리한테 니카라과 호수에 있는 오메테페 섬을 가보라고 추천했다. 거기에 가려고 카페리를 탔다. 섬은 크면서도 예쁘고, 해변도 몇 군데 있고, 도착하자마자 민박을 구할 수 있었다.

아침에 칸데가 그림을 그리는 동안 나는 모래사장을 걸었다. 조그만 돌로 물수제비를 하는 사람을 만났다. 내 소개를 하고 이야기를 하면서 이 호수에 담수 상어가 있다는 것이 사실인지 물어보았다.

"옛날에는 살고 있었는데 외국회사에서 전부 포획한 이후로 한 마리도 나타나지 않습니다."

그의 말투로 보니 라틴아메리카 사람이 아니라 스페인 사람이었다. 그는 엘살바도르에서 일하고 있는데 이번에 애인과 같이 며칠간의 휴가를 받아서 왔다고 했다.

"거기에는 2년 전에 갔어요. 스페인에서는 컨설팅회사에서 일했습니다. 거의 3년간 완전히 파산한 회사를 회생시키려 애를 썼고, 결국 목적을 이루고서 내가 잘나가다 보니까 처음 계약했던 돈을 주지 않고 나를 쫓아내려고 온갖 음모를 다 꾸미더군요. 나는 세상을 원망하며 가방을 챙겨 공항으로 가서 비행기 티켓을 끊었습니다. 왜 엘살바도르행 티켓을 끊었는지는 모르겠지만 그것은 내가 처음으로 탄 비행기였습니다. 강자만이 지배하는 밀림의 법칙에서 도망쳐 온 나는 평화를 조금 찾았습니다. 지진이 온 나라를 휩쓸고 지나간 지 얼마 안 된 엘살바도르에 도착해서 산을 걷다가 거의 다 무너진 커피농장을 발견했습니다. 농부들은 그나마 얼마 안 되는 커피를 겨우 거둬들여 돈을 받을 수 있었습니다."

그는 물에 돌 두 개를 던지며 계속 말했다.

"그런 악조건에서도 사람들은 나를 자기 집으로 초대해서 음식을 대접했습니다. 한 번도 마셔 보지 못한 그런 맛있는 커피를 맛보면서 나는 그들과 고산지대에서 자라는 특별한 커피를 일일이 손으로 따서 최고의 커피원두를 선별하였습니다. 그들과 일한 지 벌써 2년이 되었네요. 우리는 힘을 합쳐서 일을 했고, 자체 브랜드 레이블을 붙여 포장을 해서 소비자와 직거래를 했고, 지금은 해외까지 판매망을 넓혔습니다. 이제 내 인생도 바뀌어 내가 돌봐야 할 사람들 사이에 있는 것이 아니라 나를 돌봐주는 가족들 사이에 있습니다."

"당신 애인은 엘살바도르 사람인가요?"

"아닙니다. 그녀는 지진이 일어난 후 국경없는 의사회 소속으로 의료봉사를 왔습니다. 그녀의 나눔의 행복은 나를 전염시켰고, 그녀는 계속해서 봉사활동을 했고, 우리는 봉사활동을 하면서 만났고, 이제 봉사는 우리들 꿈으로 바뀌었습니다."

"그럼 이제 당신 친구들과 함께 산으로 돌아가나요?"

주머니가 돈으로 가득해서가 아니라 마음이 부자라서 다른 사람들을 도와줄 때 느끼는 즐거움 때문에 봉사를 하는 사람들이 많이 있다는 것을 확인하고는 놀라서 그에게 물었다.

"그들과는 헤어졌습니다. 이제는 자기들 힘으로 해 나가야 된다고 생각합니다. 그래도 연락은 계속하고 필요한 게 있으면 도와줄 겁니다. 이제는 국경없는 의사회에 들어가서 일하고 싶습니다."

"의사세요?"

"아닙니다. 내 애인도 의사가 아닙니다. 거기에는 의사만 필요한 것이 아니라 봉사할 마음이 있는 사람이라면 누구라도 들어갈 수가 있습니다. 국제적인 기관이기 때문에 국적도 상관없습니다. 내 애인 팀은 산간 지방에 있는 학교들에 화장실과 그 외에 위생시설을 많이 설치해 줍니다. 그리고 가난한 사람들에게 위생관리와 질병예방에 대해 가르쳐 줍니다."

그 남자는 멋진 인간을 만드는 아름다운 이야기를 계속했다. 나는 그에게 고마움을 표했고, 그는 나와 이야기를 나눌 수 있어서 즐거웠다고 했다.

돌아오는 카페리는 만선이었다. 승용차와 화물차와 서 있는 사람들로 가득 찼다. 배는 소형이었지만 최신형 고급 모델이었다. 멋진 옷을 입은 배 주인들이 우리 차와 여행에 대해 물어보려고 옆에 왔다.

그들은 니카라과 사람들이 아니었다. 일반적인 질문과 대답이 오간 후에 잠시 침묵을 지키다가 다시 말이 이어졌다.

"이 나라는 너무 가난해서 사람이 살기가 힘들어!"

그들의 말투와 이 나라 사람들을 가난하다고 규정하는 것이 내 귀에 좀 거슬렸다.

"당신 눈에는 가난만 보이고, 제 눈에는 엄청난 풍요로움만 보이네요. 많은 자식을 둔 가족들은 최고의 복을 받은 겁니다. 대가족이 한마음으로 똘똘 뭉치고, 조부모와 손자들이 자기들 손으로 직접 지은 집에서 같이 지냅니다. 당신은 눈에 보이는 것만 보기 때문에 가난을 보지만 보는 것을 경험하지는 않습니다. 저는 그런 가정에서 그들처럼 생활했습니다. 거기에는 손님을 위한 방은 따로 없지만 한 사람이 더 묵을 수 있는 공간은 언제든지 있습니다. 거기서는 항상 음식을 나누어 먹을 수 있고, 도착한다고 알릴 필요도 없습니다. 그 가정에는 항상 삶, 미소, 눈물 그리고 떠들고 놀고 달리는 아이들이 있습니다.

모두들 집안에서 자신의 역할이 있고, 서로가 서로를 필요로 하기 때문에 자신들이 필요한 존재라고 생각합니다.”

“그렇지만 맨발로 다니잖아요.”

“네, 맞습니다. 신발이 없습니다. 그러나 저 아이들은 신발을 신은 아이들보다도 더 잘 달리고 잘 논다고 분명히 말씀드릴 수 있습니다. 저 아이들은 장난감도 거의 없고 그나마 있는 것도 다 부서졌지만 서로 사이좋게 잘 가지고 놉니다. 장난감이 없으면 상상력을 발휘해서 주변에 있는 것들을 장난감으로 가지고 놉니다. 당신은 저 사람들이 돈을 모으고 저축하는 방법을 어릴 때부터 배우지 않았고, 크면 어릴 적에 살았던 방식으로 살 것이라서 가난하다고 생각합니다. 그러나 그들은 지나가는 사람에게 문을 열어줄 것이고, 일을 해서 받은 얼마 안 되는 돈을 그에게 나누어 줄 것이고, 그가 필요한 것을 줄 것이고, 자기 부모님과 자식들과 조카들과 또 배고픈 사람들을 먹여 살릴 것입니다. 당신은 가난한 집을 보고, 저는 풍족한 가정을 봅니다. 집은 벽돌과 목재와 돌과 진흙으로 만들지만, 가정은 사랑으로만 이루어집니다. 부는 보여줄 수 있는 것이 아니라 삶에서 이룬 것으로 측정하는데 이런 것들은 사거나 팔 수 있는 것이 아닙니다.”

그 사람은 아무 말도 하지 않고 듣고만 있었다.

“지금까지 사는 동안에 제일 좋았던 때가 언제였는지, 그중에서 세 개만 말해 보라고 한다면 뭐라고 대답하시겠습니까?”

“음…….”

그는 생각하기 시작했다. 그의 얼굴에 나타나는 즐거운 표정으로 봐서 매우 아름다운 기억이 떠오른 모양이었다. 그리고 좀 더 고민을 하더니 두 번째 기억을, 그 다음에 세 번째도 찾아냈다.

"최고의 순간들 중에 기억나는 것은 우리 아이들이 태어났을 때, 우리 결혼식 날 그리고 아버지와 화해한 날입니다."

"보시다시피 당신 인생에서 최고의 순간들은 물질적인 것이 아니라 전부 인간적인 것하고 관계가 있습니다. 그렇다면 무엇 때문에 우리는 물질적인 것을 더 많이 가지려고 노력할까요? 왜 좀 더 인간적인 모습을 가지려고 하지 않을까요?"

인간의 의지를 억압하는 무기나 감옥은 없다

육지에 도착한 우리는 중앙아메리카 최초의 도시로 1524년에 세워진 그라나다로 갔다. 완전히 식민지 풍의 이 화려한 도시에는 교회들과 집들이 잘 보존되어 있었다. 넓은 치마를 입고 과일을 담은 광주리를 머리에 이고 가는 여인들이 아름다운 도시를 수놓고 있었다. 우리는 여기서 3일간 머무르면서 어느 친절한 여인의 배려로 밤에는 그 집 정원에서 잠을 잤다.

산후안 데 오리엔테 마을로 여행을 계속했다. 어디를 가도 아름다운 자기그릇들을 볼 수 있었고, 그것들에 마음이 이끌려 좀 더 자세히 감상하려고 멈췄다.

마을 전체가 도자기 생산에 전념했고, 걸어가면서 그들이 일하는 방식을 잘 볼 수 있었다. 그들이 최고의 상품을 보여주면서 가격을 제시해서 우리는 나중에 다른 지역에 가서 팔아볼 요량으로 몇 개를 살까 생각했다.

자기 집 앞에 노점을 펼치고 도자기를 쌓아 놓은 곳에 멈췄다. 우리는 항아리 모양만 골랐다. 많이 사고 싶었지만 돈이 부족했다. 무척 예뻐 잘 팔릴 것이 확실했기에 몇 번이고 망설였다. 물건을 파는 부인은 우리 생각을 짐작했는지 우리가 다른 곳에서 가져 온 물건들을 보여 달라고 했다. 그 자리에서 물물교환이 이루어졌다. 그리고서 부인은 조카들과 아들들을 불렀다. 그들은 자기들 노동의 대가와 바꿀 만한 수예품들이 있는지 보러 나왔다. 나는 내가 만든 만다라를 교환할 자신이 있었다. 도착하는 사람들에게 일일이 하나하나 보여줬지만 아무도 관심을 보이지 않았다.

조금 있다가 남편이 도착했는데 그는 도자기 만드는 사람들이 결성한 협동조합에 갔다가 오는 길이었다. 우리한테 사탕수수케이크와 소금에 절인 망고를 대접하더니 항아리 만드는 것을 보여주겠다고 했다.

집집마다 물레와 가마와 건조선반을 갖춰놓고 도자기를 만들었다. 그 지역에는 도자기에 쓰이는 아주 특별한 진흙이 있어서 스페인인들이 도착하기 전부터 도자기를 만들었다. 도자기 하나를 만들기 위해서는 많은 일손과 정교함 그리고 인내심이 필요했다. 식구들은 각자 전문분야가 있었다. 물레 돌리는 사람, 밑그림 그리는 사람, 색칠하는 사람, 마무리 작업하는 사람, 가마에 굽는 사람. 물레 돌려서 가마에 굽기까지 보름이라는 시간이 걸렸는데 그 사이에 깨지거나, 균열이 생기거나, 덜 굽히거나 더 굽히는 등 많은 위험이 따랐다.

남편한테 모든 과정에 대한 설명을 들은 뒤에 그들이 작업하는 모습을 직접 봤다. 그렇게 많은 노동력이 드는 데 비해 가격이 턱없이 싸다는 사실을 믿을 수가 없었다. 모두들 우리 방문에 고무되어 자기들이 하는 일을 우리한테 가르쳐 주고 싶어 했고 물레까지 돌려보게 했다.

남편은 자기 부인을 껴안으며 우리한테 말했다.

"우리 집에 당신들이 머물 공간이 있으니 오늘 밤 우리와 같이 지내요. 원한다면 이 지역 소개도 해줄게요."

그 집에는 방이 두 개 있었는데 하나는 작업장으로, 하나는 침실로 가족 모두가 한 방에서 잤기 때문에 우리가 있을 만한 공간이 없을 것 같았지만 그래도 기꺼이 그 제안을 받아들였다. 그는 우리를 카타리나 전망대로 데리고 갔다. 여기서는 니카라과 호수와 그라나다 시를 볼 수 있었다. 그렇게 돌아다니면서 이 나라와 내전과 게릴라에 대한 이야기를 나눴다. 그는 가족몰살과 같은 전쟁의 끔찍한 참상에 대해 이야기해 줬다. 그러나 어떤 분노나 증오가 아닌 용서하는 마음과 새로운 니카라과를 건설하려는 이상을 가지고 이야기했다.

"미래는 존재하지 않습니다. 미래가 도착했다고 생각할 때 우리는 계속해서 현재에 있는 겁니다. 그것은 우리가 수평선에 절대로 도달할 수 없는 것과 같은 이치죠. 과거는 단지 지나갔을 뿐이고 현재를 살아가기 위한 경험입니다. 더 나은 미래를 혹은 과거의 삶을 기대하는 것은 아무 도움이 되지 않습니다. 우리 손에 있는 것은 오늘뿐이기에 오늘을 충실히 살아야 합니다."

우리는 그의 말에 감동을 받아 더 듣고 싶었다.

"대지주들에게서 토지를 많이 징발했다고 들었어요."

내가 말했다.

"그것은 토지 징발이 아니라 원주민들에게 땅을 돌려주는 겁니다."

그는 나를 똑바로 보면서 조용한 목소리로 말을 이어갔다.

"그것은 불의의 바다에서 한 방울의 정의에 지나지 않습니다. 이제 전쟁이 끝나고 우리는 많은 것을 이루었습니다. 그러나 인간의 의지

를 억압하는 무기나 감옥은 없다는 것을 잊지 마십시오. 육체는 죽일 수 있을지라도 사상은 그럴 수 없습니다. 진실은 조금 꺾일 수는 있어도 절대로 부러지지 않습니다.”

그는 말을 끝냈지만, 그의 짧은 연설은 니카라과에만 해당되는 것이 아니었다.

집으로 돌아와서 그들은 작업장에 우리 잠자리를 준비했다. 습기가 안 올라오게 바닥에 골판지와 신문지를 깔았다. 그 위에 우리 침낭을 폈다. 참 불편한 밤이 될 거고, 차에서 자는 것이 더 편할 것 같았지만 어땠든 우리는 집 안에 있었다. 아이들이 돌아다니면서 바나나를 파는 소리에 잠이 깼다. 그들은 조그만 수레를 끌고 다녔는데, 동네 개들이 다 나와서 짖었다. 아직 해가 뜨지 않았지만 먼저 앞선 햇빛으로 우리의 아침 식사로 가요 핀토와 계란 요리를 준비하기에는 충분했다. 가족들이 전부 같이 아침을 먹고, 그들과 뜨거운 포옹을 하며 이별을 했고, 그들은 우리가 남은 여정을 무사히 마치기를 바라는 인사를 했다.

마나구아

수도 마나구아에 도착했다. 중심 도로를 통해서 들어갔다. 주요도로를 지나가는데 경찰이 우리를 세웠다. 나에게 운전면허증을 요구해서, 제시하니까 그가 말했다.

"이전 길목에서 당신은 우회전 차선에서 우회전을 하지 않고 직진했습니다. 그래서 당신 면허증을 압수하겠습니다."

재빨리 그에게서 그것을 빼앗으니 그의 눈이 휘둥그레졌다.

"아무도 내 서류를 빼앗지 못합니다. 원하신다면 경찰서로 가셔서 거기서 말씀하시지요."

내가 대들었다. 화가 난 경찰관은 자기는 그럴 권한이 있다고 말했다. 나는 아무것도 줄 수 없으니 경찰서로 가자고 계속 우겼다. 그의 동료가 가까이 와서 그를 진정시키고 몇 마디 하더니 우리보고 가라고 했다.

마나구아에 도착했을 때 큰 축제가 열리고 있었다. 거리에는 니카라과 전 지역에서 온 가장행렬단과 말들이 거리를 행진하고 있었다. 우리는 그들이 지나가는 것을 보면서 즐거운 시간을 가졌다.

소들이 끄는 카터에 있는 행렬단이 칸데한테 올라오라고 했다. 그녀는 폴짝 뛰어서 올라갔다. 그들이 데리고 가던 원숭이 한 마리가 갑자기 그녀에게 매달려서 그녀는 움직일 수가 없었다. 마찬가지로 시체로 변장한 남자와 해골 복장을 한 남자가 그녀를 꽉 잡았다. 카터에 있던 사람들이 나에게 작별의 제스처를 하자 모든 사람들이 다 웃었다.

내가 사람들 사이에서 칸데에게 손을 흔들고 있는데 세 명의 젊은

이가 내가 축제에 빠져 있는 것을 이용했다. 내 주머니에 들어오는 손을 굉장히 빠른 동작으로 잡고는 그들 중의 한 명에게 말했다.

"이건 네 주머니가 아니라 내 거야."

그 젊은이는 놀라서 나를 보더니 씩 웃으며 자기 친구들과 사라졌다.

시간은 기다리지 않는다

마나구아에서 레온으로 향했고, 거기서부터는 포넬로야 해변으로 떠날 것이다. 가는 도중에 차 한 대가 와서 우리를 세우고는 레온에 있는 자기 집으로 가자고 초대하였다.

이 도시 대부분의 집들처럼 이 집도 식민지 시대 건축물이었는데 안마당은 기둥으로 둘러싸여 있었다. 그 집 사람들은 그 도시의 모든 시민들이 오후에 그러는 것처럼 집 밖의 좁은 인도에서 흔들의자에 앉아 우리와 이야기를 나누었다. 길을 걸어가는 사람은 앉아 있는 사람을 항상 피해 가야만 했고 거기다가 인사도 했다.

우리는 의자에 앉아 흔들거리면서 대화를 했다.

"나도 유럽에 가고 싶은 꿈이 있었어요. 젊은 시절에는 그 목적을 이루겠다고 열심히 일했어요. 필요한 돈을 모았을 때, 나는 더 많은 돈을 벌기 위해 일을 계속했어요. 그 이후에 위기가 찾아와서 일터와 돈을 다 잃었어요. 다시 일을 하기 시작했고 다시 위기가 찾아오고 결국 나는 갈 수 없었어요. 일이 너무 많아서, 그렇지 않으면 가진 게 없어서……."

"지금은 왜 안 가세요?"

칸데가 물었다.

"모르겠어요. 너무 늙어서 그런 건지, 아니면 막연한 꿈만 꾸었던 건지……. 이제는 그 꿈이 깨질까 두렵네요. 그것은 단지 꿈이었기에 실제로 거기에 가는 것보다 더 중요할 수도 있어요. 잘 모르겠지만 유럽을 걸어 다녔다는 것을 기억하기보다는 유럽을 걸어 다니는 것을 상상하는 것이 더 좋은 것 같아요. 솔직히 잘 모르겠어요. 진짜로 내가 좋아하는 것이 뭔지, 인생에서 추구하는 것이 무엇인지도 모르겠어요. 당신들은 무엇을 좋아하는지 아는 분들 같네요. 당신들이 그것을 절대로 잊지 않기를 신께서 바라실 겁니다."

"우리가 무엇을 잊지 않기를 바라실까요?"

"당신들이 인생에서 원하는 것, 삶 속에서 이루고자 하는 꿈들이겠죠."

그는 입을 다물고는 다시 흔들의자를 움직였다. 그의 눈을 바라보면서 신이 그에게 축복을 내려 그가 꿈을 이룰 수 있기를 조용히 기원했다. 자기가 진정 원하는 것을 이루는 것과 그것을 상상하는 것 사이에는 엄청난 간격이 있다는 것을 나는 잘 알고 있기 때문에 그가 꿈을 이룰 수 있기를 진정으로 바랐다.

그러나 자신의 남은 인생에서 아무것도 바뀌지 않을 것이라는 것을 잘 알고 있다는 것을 그의 눈에서 읽을 수 있었다. 그래도 그는 나한테 고맙다고 했다. 우리는 그렇게 한참이나 같이 있었다. 꿈을 꾼다는 것은 살아 있는 동안 꿈을 간직하는 것이다. 꿈은 조금 기다려 줄 수 있을 거라 생각하지만 그러나 시간은 아무도 기다리지 않는다. 삶은 유한하고, 죽음은 연기되지 않는다.

모든 것이 당신을 위해서 있고 그리고 존재한다

사람들이 일요일을 어떻게 즐기는지 보러 중앙광장으로 갔다. 수예품 파는 사람들하고 이야기하고 있는데, 한 가족이 와서 내일 포넬로야에 있는 자기들 별장으로 같이 가자고 했다.

무척 아름다운 그 집에서는 멋진 바다 전경이 보였다. 부인은 자기들이 몇 년 전에는 넓은 땅을 소유한 대지주였는데, 정부가 다 빼앗아 갔다고 말했다. 몇 사람이 잃으면 많은 사람들이 얻고, 많은 사람들이 잃으면 소수가 얻고, 이 사람한테서 징발해서 저 사람들한테 돌려주고……

바다를 보니 무척 만지고 싶어서 칸데와 함께 해변을 거닐었다. 거의 우리밖에 없었다. 날씨가 흐렸고 주중이라 저 앞에 걸어가는 한 사람밖에 보이지 않았다.

우리가 다정히 손을 잡고 걸어가는데 갑자기 비가 내렸다. 우리는 달리기 시작해서 그 남자가 있는 곳까지 가게 됐는데 그는 계속 걷고 있었다. 그가 말하는 것을 들었다.

"앞에도 비가 오는데 왜 달리십니까?"

우리는 그의 말을 생각하면서 서둘러 계속 갔다. 그의 말이 옳았다.

비가 오고 이미 다 젖었으니 그렇게 달릴 필요가 없었다. 그가 우리한테 올 때까지 멈춰서 기다렸다. 그가 웃으며 왔다.

"하늘에서 오는 이 축복받은 물방울들을 좋아하지 않으세요?"

"아니요, 좋아합니다. 그러나 비가 올 때마다 우리는 달렸습니다. 우리한테 기억이 생기고부터는 그랬던 것 같습니다."

"그것은 바뀔 수가 있고, 사람은 항상 변화 속에 있고, 사물을 보는 방식을 바꾸어야만 합니다. 한 개인은 한 장소에 있고, 동시에 그 장소는 한 개인에 있습니다."

"나도 그런 것을 느낀 적이 있는 것 같습니다. 그것은 나한테 일부분이자 전부였습니다."

마추픽추와, 내가 왕이 된 것 같았던 그 잊을 수 없는 때를 기억하면서 말을 머뭇거렸다.

"하늘의 별들입니까, 아니면 별들이 있는 하늘입니까? 숲의 나무입니까, 아니면 나무가 있는 숲입니까? 인간의 인성입니까, 아니면 인성을 가진 인간입니까? 사물에 대한 당신의 시각은 무엇입니까? 무엇이 더 중요합니까? 두 가지는 동일한 레벨에 있습니다. 하나가 없다면 다른 하나는 아무런 도움이 되지 않기 때문입니다. 절대로 당신이 중요하지 않은 사람이라고 생각지 말고 당신 때문에 변화가 생긴다고 생각하십시오. 모든 것은 당신을 위해서 존재합니다. 모든 인류 중에서 당신보다 더 중요하거나 덜 중요한 사람은 없습니다."

"죄송합니다만 지금 하시는 말씀은 걸어오면서 생각하신 겁니까, 아니면 비오는 날 달리는 사람이 있으면 항상 하시는 말씀입니까?"

그는 내 눈을 바라봤다.

"당신은 우연을 믿습니까?"

"아니요, 이제는 안 믿습니다."

"그렇다면 왜 물어보시는 거죠?"

나는 그의 질문에 어리둥절하였다. 우리 세 사람은 몇 분 동안 침묵 속에 싸였다. 계속 내리는 비 때문에 시원했다. 그러다 그가 칸데에게 질문했다.

"살면서 최고의 순간은 언제였습니까?"

"바로 지금인데요."

"더 좋은 적은 없었나요?"

"내가 가지고 있는 것 중에서 제일 좋은 것은 지금 가지고 있는 것, 내 손에 있는 것, 바로 현재입니다."

"당신이 귀한 보물을 갖고 있다는 것을 알고 계십니까?"

그가 나한테 말했다.

"네, 잘 압니다. 내가 이 세상에서 가장 부자라고 생각합니다."

라그리테리아

다음 날이 경축일이라 레온으로 돌아왔다. 그들이 '라그리테리아'라고 부르는 축제가 벌어졌다.

거리마다 사람들로 넘쳐났다. 마을 사람들이 이 집 저 집을 다니면서 문이나 창문을 두드리면 그 집 사람들은 "뭐가 그리 즐거워요?"라며 소리를 지르면서 열었다. 밖에 있는 사람들이 "성모 마리아의 승천!"이라고 시끄럽게 소리치면 집안사람들은 그들에게 선물로 음식이나 사탕, 연필이나 가정에 필요한 물건들을 주었다.

우리도 축제에 참가하여 이 집 저 집의 문 앞에서 소리를 질렀다.

마을 사람들은 성모 마리아를 위해 집에 꽃 제단을 만들고, 행복이 가득한 얼굴로 즐겁게 그 제단을 꾸몄다. 눈길이 닿는 곳마다 축제였다.

우리가 도착해서 묵었던 집, 꿈을 뒤로 미루었던 남자가 사는 집 문을 두드렸다. 들어가서 역할을 바꾸었다. 밖에서 소리 지르며 다니는 사람들에게 이제는 우리가 좀 전에 받았던 선물들을 주었다. 창문을 통해서 보이는 밝은 그 얼굴들을 보면서 우리는 즐거워했고, 그들은 이 축제의 기원에 대해 이야기해 줬다. 이 도시에 화산 폭발과 지진이 일어났을 때 성모 마리아가 파괴를 중지시켰고, 조금이라도 남은 것이 있는 사람들이 살아남기 위해 필요한 것이 없는 사람들에게 나누어 주면서 이 축제가 시작되었다고 했다.

새로운 그레이엄

온두라스 국경에 도착하기 전에 어느 집 옆에 있는 소달구지를 봤다. 우리 차보다 훨씬 느린 운송수단이 존재하고 있다는 것을 기록으로 남길 요량으로 사진을 찍으려고 멈췄다.

가족들이 우리를 보러 나왔다. 소들을 달구지에 묶는 것처럼 우리 차에 맸다. 두 마리의 황소가 50마력의 차를 끌고 힘차게 걸어갔다.

사진을 찍고 나서 칸데가 집에 사는 사람들 이름을 적고, 소들 이름도 물어봤다.

"이 소는 호아킨이라고 부르는데……."

부인이 대답했다.

"이 소는 새로 와서 아직 이름이 없어요."

"그럼 지금부터 그레이엄이라고 부르세요."

내가 그 황소 머리를 손바닥으로 한 번 툭 치면서 이름을 붙여주
었다.

마야 세계로 들어가는 문

당신이 성장할 때 인류가 성장한다

온두라스로 들어가서 촐루테카 근처에 있는 가족이 운영하는 조그만 식당에서 차를 세웠다. 어머니가 요리를 하고, 큰딸은 서빙을 하고, 작은딸은 청소를 하고, 아들 형제들은 놀고, 남편은 밖에서 일을 했다.

너무 늦어서 그런지 손님은 우리뿐이었다. 닭고기 한 조각과 쌀밥과 콩이 나왔다. 식당 옆에 차를 세우고 그 안에서 잘 수 있는지 물어보았다. 부인은 잠시 기다리라고 하고서 남편한테 물어보러 나갔다가 그와 함께 들어왔다.

"절대로 그렇게 할 수는 없습니다. 우리가 가지고 있는 조그만 광에서 주무세요."

남편이 말했다. 우리가 차에서 편하게 잘 수 있다고 아무리 말해도 그들은 우리 말을 들으려 하지 않고 집에서 떨어져 있는 거처에 우리 잠자리를 마련했다. 그 집은 아주 단순했다. 벽돌로 벽을 쌓고 그 위를 짚으로 덮고 구멍이 숭숭 난 판자로 문을 만들었다. 촛불을 켜고 무엇으로 속을 채운 건지 모르는 침대에서 아주 편하게 잤다. 주위에는 씨앗이 담긴 봉지들, 손수레와 도구들이 있었다. 이곳과 이곳 분위기, 특히 온두라스의 환대가 무척 마음에 들었다.

집안에서 멀리 떨어져 있는 조그만 화장실에서 일찍 샤워를 했는데 벽이 세 개뿐이고 지붕도 없고 커튼만 쳐져 있어서 안이 훤히 다 보였다. 우리는 서로가 펌프질을 해서 끌어올려 주는 찬 우물물로 씻었다.

시원하게 목욕을 하고 식당으로 가서 가족들에게 인사를 했다. 그들은 우리가 자기들한테 축복을 가져다 줬다며 아침 식사비를 받으려고 하지 않았다. 길을 지나가던 많은 사람들이 식당 앞에 세워 놓은 우리 차에 관심을 갖고 식당으로 들어와서 밥을 먹은 것이다.

식탁 여기저기서 질문들이 시작되었다. 완전 엉터리 영어를 쓰는 남자는 우리에게 어디서 왔느냐고 물었다.

"저희는 아르헨티나에서 와서 스페인어를 씁니다."

"아하, 그렇군요, 미스터. 나는 당신 '프렌드'입니다. 온두라스에 오신 거 '구엘콤'입니다."

그는 계속해서 엉터리 영어를 썼다.

"환영해 주셔서 고맙습니다. 그렇지만 저희는 아르헨티나에서 왔습니다."

그에게 다시 말했다.

"'이 미스터'는 말 잘하네."

그가 옆에 앉아 있는 동료에게 말했다.

"기네스북에 오를 기록을 찾고 있는 겁니까?"

다른 탁자에서 질문이 들렸다.

“아니요, 그것 때문에 여행하는 것은 아닙니다. 우리는 누구를 이기고 싶은 것이 아니라 단지 우리 인생에 활기를 좀 불어넣고 싶을 뿐입니다. 그리고 그런 기록 경신 책에는 모든 기록들이, 아주 중요한 기록들이 포함되어 있지 않습니다. 왜 그런지 아세요? 다른 것보다 더 잘 팔리는 기록들이 있기 때문입니다.”

“이 세상에서 가장 사랑을 많이 하는 사람은? 봉사를 가장 많이 하는 사람은? 꿈을 가장 많이 이룬 사람은? 이런 기록들이 중요한 것들이죠.”

그 집 부인이 행복한 표정으로 모든 식탁을 다 둘러보면서 말했다.

“저 고물차 고장 안 나요?”

다른 탁자에서 질문이 나왔다.

“지금은 괜찮네요. 만일 고장이 나도 문제없이 고칠 수 있습니다. 사람들이 많이 도와줍니다. 기술자들과 올드카 클럽들이 항상 도움을 주고 정비를 해줍니다.”

“만일 엔진이 고장 나면 어떻게 될까요?”

또 다른 탁자에서 질문을 했다.

“신과 성모 마리아가 보호해 주실 겁니다.”

여주인이 성호를 그으며 말했다.

“일단 고장이 나면 그때 가서 걱정할 겁니다. 아직 일어나지도 않은 일에 대해 고민하지 않을 거고, 또 그런 일이 안 일어날 수도 있고요.”

“그래도 준비하는 게 좋지 않겠습니까?”

“준비는 합니다. 첫째, 나는 미리 걱정하지 않고 둘째, 모든 문제는 해결책이 있다는 것을 알고 셋째, 나는 나와 신을 믿기 때문에 문제를 해결할 거라 확신합니다. 그래서 나는 아무 걱정 없이 오늘을 즐기는 겁니다.”

“그렇지만 알아야 하지 않을까?”

그는 계속해서 엉터리 영어를 썼다.

“너무 그렇게 비관적으로 생각 마세요.”

다른 탁자에서 큰 소리가 들렸다.

“꼭 클럽에서 이야기하고 있는 것 같네요.”

“이 친구 말이 맞아요. 모든 것이 자연스럽게 흘러가게 놔두고 긍정적으로 생각해 보세요.”

다른 사람이 소리 질렀다.

“요리는 어떻게 합니까? 옷은 어떻게 빨아요? 어디서 자요?”

“우리를 초대해 주는 많은 가족들 집에서 먹고 잡니다. 이왕 말 나온 김에 이 식당 주인 부부에게 큰 박수를 보내주시기 바랍니다. 이분들은 우리가 온두라스에 온 것을 환영하면서 여기서 밤을 보낼 수 있도록 초대해 주셨습니다.”

부인은 얼굴이 붉어지면서 박수를 쳐주는 손님들에게 인사를 했다. 식당 안이 조용해지자 질문이 다시 시작되었다.

“만나는 사람들이 친구들입니까, 아니면 미리 연락을 해서 만나는 겁니까? 그것도 아니면 어떻게 만나는 겁니까?”

“한 장소에 도착하면 사람들이 우리한테, 특히 우리 차로 몰려듭니다. 또 차에 붙인 기념 스티커들 때문에도 모여듭니다. 그리고 어디서 왔는지, 어디로 가는지, 무엇을 하는지, 어디서 어떻게 자는지와 같은 질문들을 합니다. 이 마지막 질문에 ‘우리를 초대하는 곳에서요’라고 대답하면 그 즉시 누군가가 우리를 초대합니다. 그러나 대부분의 경우에 사람들이 자발적으로 잠자리를 제공해 주고, 우리가 부탁하는 경우도 있습니다."

"그렇지만……."

그 비관주의자가 모든 사람들의 시선 앞에서 말했다.

"그렇지만 그 사람들은 당신들이 훔치지 않을 거란 것을 어떻게 압니까? 모든 사람이 다 착하지는 않거든요."

"우리가 훔치지 않을 거라는 것을 그들이 어떻게 아냐고요? 사람들은 진정으로 자기 집 문을 열어주고, 우리는 그들이 가진 것 중에서 가장 값진 것을 가지고 떠나는데, 그것은 바로 그들의 애정입니다."

"죄송한 질문이지만 목욕은 어디서 합니까?"

"아니, 무슨 질문들을 그렇게 많이 하세요? 너무 사적인 질문들만 하시네요."

한 사람이 소리 질렀다.

"못 믿으실 수도 있지만 여행 중에는 강이나 집이나 아니면 물을 떠서 차 옆에서 씻기도 합니다."

칸데가 대답했다.

"여행 종착지는 어디입니까?"

"이번 여행은 알래스카까지 가는 겁니다. 그리고 삶의 종착지는 지평선입니다. 아마 거기에 도착할 때까지 계속하겠죠."

"왜 이번 여행은 거기까지만 합니까?"

"지금은 우리 꿈을 이루기 위해서지만 앞으로는 우리가 받고 있는 도움으로 조금씩 조금씩 모든 사람들의 꿈으로 바뀔 겁니다."

"당신 혼자 힘뿐만 아니라 부모님이나 인생 그리고 조물주와 세상의 도움으로 꿈을 이룰 겁니다. 모든 인류가 그러는 것처럼 당신도 꿈을 이루면서 성장합니다."

한 사람의 말에 우리 모두는 적잖이 당황했다.

우리는 대화를 끝냈고, 여주인은 우리가 자기들 식당에서 머무는 것에 고마워하며 키스세례를 퍼부었다. 우리는 책에다 고마움의 글을 써서 그녀에게 선물로 주었다. 모두들 우리가 차 시동을 거는 것을 보기 위해 밖으로 나와서 손을 흔들며 큰 소리로 조심해서 여행 잘하라고 했다.

존재의 이유

카리브의 섬들이 보고 싶어서 온두라스의 해안이란 해안은 거의 전부 다 돌아다녔고, 우틸라에 가기 위해 카페리를 탔는데 그곳은 사륜 바이크와 전기카터만 지나다니는, 주요도로가 하나밖에 없는 아주 작은 섬이다.

이 섬은 세계에서 다이빙하기에 가장 아름답고 비용이 적게 드는 곳 중 하나여서, 다이빙하고 싶은 사람들이 전 세계에서 몰려들었다. 우리는 초록빛 바다에 위치하고 발코니가 있는 방을 아주 싸게 구했다. 여기서 또 다시 일주일간의 짧은 밀월여행을 즐길 것이다.

다이빙과 스노클링을 하는 것 이외에도 우리는 걸어서 섬을 돌아다녔다. 이 섬은 다이빙하기에는 최고지만 해변은 별로 없었다. 작은 공항 뒤에 조그만 해변이 있었다. 형형색색의 산호와 물고기들을 보면서 몇 시간이고 거기에 있었다. 매일 그 해변으로 가서 항상 똑같은 모습과 새롭게 바뀌는 모습을 보았다.

여기에 처음 온 여섯 명의 이탈리아인들이 스노클링 하기에 제일 좋은 곳이 어디냐고 물었다. 먼저 15미터 정도 수영을 하고서 거대한 모래톱 위를 걸어가다 보면 신기한 암초를 발견할 것인데 거기서 수천 마리의 물고기들을 볼 수 있을 거라고 설명해 줬다.

다섯 명은 그곳으로 떠났는데 여자애 한 명은 가고 싶은 마음이 안 드는지 남았다. 칸데가 다시 바다로 들어갈 준비를 하는 것을 본 그녀는 조금 겁이 나는지 칸데한테 같이 가도 되느냐고 물었다. 칸데는 아무 문제 없다고 대답했다.

여자애는 스노클을 착용하고 칸데를 뒤따랐고, 두 여자는 수영해야 하는 곳에 다다랐다. 칸데는 계속해서 물속으로 잠수를 해 들어갔고, 여자애는 헤엄을 쳤지만 앞으로 나가지 못했다. 그녀는 그 자리에서 팔만 허우적거리며 혼이 나간 얼굴이었다. 칸데가 따라오라고 부르다가, 공포에 질린 그녀의 얼굴을 볼 수는 없었지만, 뭔가 이상한 감을 느꼈다. 그녀가 잠수했다가 스노클을 벗지 않고 올라오는 거였다. 공황발작이었다. 허우적거리며 고개를 들어 물을 더 많이 먹었다. 칸데가 그녀의 스노클을 벗기니 그제야 그녀는 숨을 크게 들이마셨다. 칸데가 기침을 연거푸 하는 그녀를 진정시키고 해변으로 데리고 나왔다. 놀란 그녀가 울면서 칸데에게 고맙다고 했다.

우리가 다시 그 이탈리아 여자애를 좁은 길에서 만났을 때까지 칸데는 아무런 반응을 나타내지 않았다. 그녀가 다시 고맙다는 인사를 했다.

“정말로 고맙습니다. 다시 한 번 감사드려요.”

그녀가 두 팔로 칸데를 껴안으며 말했다.

‘나한테 한 생명을 살릴 기회가 오리라고는, 내가 한 생명을 책임질 거라고는 생각하지 않았는데 이제 깨달았어. 산다는 것은, 산다는 것은 정말로 아름다워. 실제로 내가 즐기고 웃고 울면서 보내는 1분, 1분은 보석처럼 귀해. 그런 시간들로 채워진 내 인생은 내가 가진 것들 중에서 최고야. 나는 그 귀한 것을 졸지에 잃고 싶지 않아. 그러나 그런 한 생명이 익사 일보직전에 있었어. 다행히 내가 알아채서 저 애한테 다시 삶의 기회가 주어진 거야.'

칸데는 길을 가면서 생각했다.

'모든 것은 다 존재의 이유가 있어. 저 애의 존재 이유는 뭘까?'

우리는 계속 걸었고, 칸데는 오늘 일어난 일에 대해 좀 더 생각에 잠겼다.

'오늘 한 생명을 구하는 일이 나에게 맡겨졌고, 허먼은 에콰도르 근처에서 죽음을 경험했고, 우리 두 사람은 코스타리카에서 탄생의 일부분이 되었어.'

이런 사건들은 매우 짧은 시간에 일어났지만 매우 강한 임팩트가 있어서 우리한테 많은 생각을 하게 하고 많은 것을 가르친다.

마야 루트

코판에서 마야 루트를 따라갔다. 드디어 마야 유적지를 만났고 그 건축물의 아름다움과 정교함에 이끌렸다. 피라미드와 사원 사이를 지나가면서 아직 세상에 알려지지 않은 것들을 보았다. 중앙광장에 누워서 에너지를 몸에 받아들였다.

다음 여정은 그라시아스 마을이었다. 역사 속에서 잊히고, 산속에 파묻혀 있고, 커피 농장으로 둘러싸인 마을이었다. 포장된 길을 걸어 다녔는데 바닥에서 지붕까지 창살이 쳐져 있는 집들이 길 양쪽으로 쭉 늘어서 있었다.

오후가 되니까 시원한 바람이 들어오도록 창문을 다 열어 놓았다. 큰 캔버스 앞에 앉아 작업을 하고 있는 화가가 문틈으로 보여서 멈췄다.

"그림 그리기에 정말 이상적인 곳이네요."

칸데가 이렇게 말하면서 대화를 시작했다.

검은 턱수염을 기른 젊은 화가는 우리보고 들어오라고 하더니 자기가 그린 그림들과 식민지 시대풍의 저택을 구경시켜 주었다. 자기 증조부가 사랑을 얻기 위하여 지은 집이라고 했다. 증조부는 그 마을에서 가장 넓은 정원이 있는 집을 짓고 거기에 중앙아메리카 전 지역에서 자라는 식물들을 다 키울 거라고 약속을 했다. 그는 가진 것이 없어서 아무도 그의 말을 믿지 않았지만 그는 자신의 약속을 지켰고 사랑하는 사람과 결혼을 했다.

"어떻게 그리세요? 어떤 특별한 형식이 있나요?"

칸데가 그림들을 보고 감탄을 하면서 자기도 자신의 스타일을 완성하고픈 마음에서 물었다.

"다른 사람들처럼 상대적이죠. 잘 모르겠습니다. 하루는 이 테크닉을 쓰고, 다음 날은 다른 스타일로 바꾸고. 중력은 질량에 비례하고, 파이는 3.14이고, 물은 H_2O이고, 모든 물체는 열을 가하면 팽창하고, 모든 운동은 에너지를 소비한다고 학교에서 배웠으니 다른 것은 없죠. 그러나 공부를 거의 끝낼 무렵에는 모든 것은 상대적이라고 하는 법칙이 있다고 배웠어요. 만일 누가 당신한테 그것은 그렇고, 혹은 그렇지 않다고 말하면 그것은 그가 끝까지 공부하지 않아서 그렇게 말하는 겁니다. 그렇지 않다면 자기가 배운 모든 것이 상대적이라는 것을 알 겁니다. 그래서 나는 그림을 그릴 때 한 가지 형식만 고집하지 않고 상대적으로 그립니다. 인생에서도 영원히 확실한 것은 하나도 없습니다. 오늘 우리를 만들고 있는 모든 것, 오늘 우리가 알고 있는 모든 것은 역사가 될 수 있습니다. 모든 것은 상대적입니다.”

“사과 사실래요?”

예쁜 여자애가 빨간 과일이 가득 담긴 광주리를 가지고 창가에 다가와서 말했다. 사과 세 개를 사주니 그 애는 매우 기뻐하며 갔다.

테구시갈파로 돌아와서 아르헨티나 대사관을 찾아갔더니 우리를 열렬히 환대해 주고 숙소를 제공해 주었다. 마테차도 몇 킬로그램 준비해 주었다. 마침 마테차가 다 떨어져서 우리는 며칠 동안 차를 마시지 못했다. 칸데가 이야기를 하면서 차를 끓이고 있으니까 우리가 떠나온 땅과 집으로 돌아간 것 같은 기분이 들었다. 그렇게 멀리 떠나왔다는 생각이 들지 않았다.

우리가 아는 관광객 두 사람이 엘살바도르에 들어갈 때 차량 때문에 돈을 많이 내야 했다는 이야기를 했다. 그래서 우리는 그 나라에 가기 전에 대사관에 가서 그런 돈을 내야 하는 경우가 생기지 않도록 추천서를 하나 써달라고 부탁했다. 대사관에서는 이 추천서가 있더라도 모든 비용이나 벌금이 다 면제되는 것은 아니라고 분명히 말했다. 우리는 추천서를 가지고 엘살바도르로 떠났다.

아직 어린데 철이 다 들었다

직업 : 세계유람

엘살바도르에 대해서 들은 이야기들은 콜롬비아와 니카라과에 대해 주위 사람들이 해준 경고와 비슷했다. 그 전에 다른 나라에 입국할 때 느낀 것과 마찬가지로 엘살바도르에 입국할 때도 긴장과 평화를 동시에 느꼈다.

온두라스를 떠나자마자 서류를 작성하기 위해 차를 세우는 순간 입국 수속을 대신 해주겠다는 아이들이 벌떼처럼 몰려들었다. 수백 달러를 손에 쥔 환전상들, 경찰들, 군인들, 구경꾼들, 여행객들, 소매치기들도 나타났다. 여러 사람이 한꺼번에 질문을 했고, 한 무리의 사람들이 여기를 지나간 다른 여행객들에 대한 이야기를 했고, 어떤 사람들은 자기들이 한 여행에 대해 이야기했다. 서류를 작성하기가 쉽지 않았다.

"렘피라(온두라스 화폐 단위) 삽니다. 콜론(엘살바도르 화폐 단위) 팝니다."

칸데가 차에서 기다리고 있는 동안 나는 이민국 창구에 가려고 집요하게 따라붙는 환전상을 피했다.

용지를 받았다. '이름, 성', 허먼 잽. '국적', 아르헨티나. '직업', 세계유람이라고 대답하고 다른 사항들도 채워 넣었다. 담당자가 서류를 다 읽어보고는 이해가 안 되는지 물었다.

"직업이 세계유람이라는 게 무슨 말이죠?"

"2년 전부터 저는 여러 지역을 돌아다니고 있습니다. 그래서 저는 세계를 유람하는 여행자라고 생각합니다."

"백만장자세요?"

"네, 저는 원하는 것을 다 가지고 있습니다."

"이 나라에서는 조심해서 말하십시오."

그가 충고했다.

"혹시 제가 도난당할까봐 그러시는 겁니까? 내가 가지고 있는 재산은 돈이 아니고, 만질 수가 없는 것입니다."

"거 참 좋은 거네요. 그런데 무슨 일 하세요?"

그가 다시 물었다.

"꿈을 좇아갑니다."

담당자는 포기하고 한숨을 내쉬더니 여권에 도장을 찍어주고 세관 창구를 가리켜 주었다. 거기서 차 서류를 작성해야 했다. 아이들이 다시 나타나서 서류를 대신 작성해 주겠다고 따라왔고, 환전상도 계속해서 콜론을 판다고 했다. 그런 환전상들한테 돈을 바꾸면 손해를 보고, 또한 그 아이들 중에서 몇 명은 관광객들을 속이는 데 이용된다는 것을 안타깝게도 이 경험을 통해서 알게 되었다.

"안녕하세요, 세관 책임자와 이야기를 좀 하고 싶은데요. 전해 드릴 편지가 있습니다."

창구 직원한테 부탁하니 그는 즉시 상사한테 나와 보라고 연락을 했다. 나와서 우리 차를 보고 놀란 표정을 짓는 책임자에게 추천서를 전해줬다. 책임자는 그것을 다 읽고 나서 나에게 물었다.

"우리한테 원하시는 것이 뭡니까?"

"차량 반입에 따르는 세금 문제에서 편의를 좀 부탁드립니다. 그러면 저희 여행에 많은 도움이 될 것입니다."

"그렇지만 얼마 되지 않는 액수인데요, 겨우……."

"그것도 저희한테는 큰 도움이 됩니다."

"그러나……."

"죄송하지만 세금을 면제해 주시면 큰 도움이 됩니다."

책임자는 우리 서류를 가지고 가더니 15분 있다가 서류에 도장을 다 찍어서 가져왔다. 직원 중의 한 명이 우리 세금을 대신 내주었다고 했다. 그에게 감사의 제스처를 취하고 서류를 받아서 차 쪽으로 왔다. 칸데 주위로 많은 사람들이 몰려와 있었다. 국경을 지날 때마다 했던 것처럼 이번에도 우리는 사진을 찍고 기쁜 마음으로 출발했다.

"세금은 어떻게 됐어요?"

"추천서를 보여주면서 면제해 달라고 부탁했더니 성공했어."

말하면서도 돈을 절약했다는 생각에 정말로 기분이 좋았다.

"정말 수고했어요."

칸데는 손으로 내 양쪽 뺨을 잡고는 키스를 했다.

"내야 될 세금이 얼마였어요?"

확인하라고 서류를 줬다. 그녀는 큰 소리로 읽었다.

"차량 반입에 대한 세금, 1달러."

"1달러? 지금 나하고 장난치는 거야?"

칸데가 분명히 농담하고 있는 거였다. 그래서 내 눈으로 직접 확인하려고 차를 세웠다. 겨우 1달러 절약하겠다고 그 난리를 쳤다!

우리는 웃느라고 죽을 지경이었고 구두쇠처럼 그 난리법석을 피운 것이 너무 창피하였다. 진짜 창피하였다! 차분히 생각해 보니까 우리한테 세금이 비싸다고 이야기해 준 관광객들이 속은 것이 분명했다.

서커스 세계

처음 방문한 마을은 산타로사 데 리마였다. 이 시기에 축제가 열린다는 말을 들었기 때문이었다. 정말로 축제 기간이었다. 주요 거리에 설치된 수백 개의 노점에서 온갖 종류의 장난감과 음반과 음식들을 팔았다. 많은 가족들이 나와서 즐겁게 축제를 즐겼다.

거리 끝에 두 개의 조그만 서커스 천막이 설치되어 있었는데 천막 곳곳에 구멍이 나 있고, 포스터는 색이 바랬고, 불빛은 희미해서 그리 재미있을 것 같지는 않았다. 그러나 초라한 옷을 입은 어릿광대들과 망사 스타킹을 신은 여인들이 입구에서 들어오라고 큰 소리로 광고를 하고 있었다.

우리는 '황제' 서커스를 선택했다. 작은 무대 앞에 몇 개 없는 벤치에 앉았다. 사회자가 조명과 음악까지 담당했고, 공연 마지막에는 어릿광대 역할까지도 했다. 표 받는 사람과 서커스 다른 일원들도 마찬가지로 여러 역할을 하면서 무대에 들어오고 나가기를 반복했다.

무대가 바뀔 때마다 등장하는 어릿광대들이 칸데와 나를 무대 위로 데리고 가서 우리는 스스럼없이 익살꾼이 되어 관중들에게 웃음을 선사했다. 발끝으로 회전을 하고 곡예를 하고 공중으로 공을 던져서 잡고, 그밖에도 칼 던지는 사람이 나올 때까지 수많은 묘기를 보여야 했다.

표를 받는 여직원이 나무 문 위에 기대고 멈추었던 음악이 들리기 시작했다. 그 여자 주위로 칼 던지는 사람이 칼을 한 자루씩 던졌다. 몇 자루는 여자로부터 너무 가까이에 박혀서 보고 있는 사람들은 숨도 못 쉬고 조용히 있었다. 그 다음에는 관중석에서 지원자 한 명이 필요하다고 하면서 칸데에게 올라오라고 손짓을 했다. 우리는 미쳐도 그것만은 받아들일 수 없었다. 칼 던지는 남자가 계속 부탁을 하니까 술이 떡이 될 정도로 취해서 제대로 몸도 가누지 못하는 남자 한 명이 우리를 구했다. 그가 나무 문 앞에서 제대로 서 있을 수도 없어서 우리 모두는 웃었지만 재미있다기보다는 긴장되었다. 그러나 칼 던지는 사람은 술 취한 사람이 움직이는 것은 아랑곳하지 않고 귀신이 곡할 솜씨로 한 자루씩 던졌다. 다 끝나고 우레와 같은 박수갈채를 받았다.

밤에 그레이엄 안에서 쉬기로 했다. 술 취한 사람들이 주위를 서성거려서 나는 조금 불안했지만 그러나 그 어느 때보다도 마음이 편안했다. 낯선 세계의 어느 먼 마을의 거리에서 많은 사람들이 이 작고 아담한 차 앞을 지나가는 소리가 들렸다. 마음이 안정되지는 않았지만 자기 엄마 아빠와 잠을 자는 아이처럼 조용히 잠을 자기 위해서 눈을 감았다. 자동차의 코너마다 보초 자세로 우리를 지켜주고 있는 수호천사를 볼 수 있었기 때문이었다. 수호천사는 네 명이었고 무기를 가지고 있지 않았지만 어떤 침범도 막아낼 힘이 있었다. 내가 꿈을 이루겠다는 마음이 있는 한 이 천사들은 절대로 쉬지도 않고 보초를 멈추지도 않을 것이다.

당신 혼자서는 살아갈 수 없습니다

다음 날 해안 도로를 달렸다. 모든 차량들한테 피해를 준다는 생각이 들었다. 우리 차 속도 때문에 뒤에서 밀리는 운전자들의 욕설을 피할 수 없었고 우리는 방어할 무기도 갖고 있지 않았다. 많은 위험이 주변에 깔려 있었다. 칼을 갖고 돌아다니는 무리들은 인사만 해도 우리를 쳐다보면서 따라올 것 같아서 무서웠다. 우리를 따라올까? 좀 과민반응을 보이면서 우리는 그 자리를 피해서 멀리 갔다.

가는 길에 그 나라 사람들이 환영한다고 인사를 하는 통에 수도 없이 멈춰야만 했다. 자기들 집으로 가서 한잔하고 푸푸사(엘살바도르에서 주식으로 먹는 빵)를 먹자고 초대했고, 우리는 조금만 앉아 있다가 간다는 조건으로 초대에 응했다. 우리는 여행 속도를 더 내고 싶었지만 너무 많은 초대를 받아서 멀리 나아갈 수가 없었다. 그들의 초대는 이루 다 헤아릴 수 없을 정도였다.

한 나라가 큰 고통을 겪었든지 아니면 겪고 있을 때, 왜 그 나라 국민들은 자기들 가정의 문을 열고 더 도와주려고 하는 걸까? 콜롬비아나 니카라과나 엘살바도르에서 일어난 것 같은 전쟁이나 지진으로 모든 것을, 심지어 사랑하는 사람들까지 다 잃은 사람들은 자기들한테 겨우 남아 있는 조그만 것까지도 나누고 싶어 했다.

지금 우리가 묵고 있는 집 사람들도 전쟁 때문에 너무나 슬픈 고통을 겪고 있어서 이런 문제들에 대한 이야기를 나누었다.

"대재난이나 전쟁이 일어나면 당신 혼자서는 살아갈 수 없어요. 다른 사람들의 도움이 필요하고 그들도 당신을 필요로 합니다. 생존하기 위해서 이들은 저들을, 저들은 또 다른 사람을 도와줍니다. 이 점을 명심하십시오. 다른 사람들의 도움이 필요하지 않는 사회는 고립

됩니다. 수백만 명의 사람들이 살고 있으면서도 섬에서보다 더 외로움을 느끼는 도시들이 있습니다. 부는 사람들을 고립시키고, 불행은 사람들을 뭉치게 합니다. 우리를 도와주러 온 전 세계의 많은 사람들은 자기들이 평생 살아오면서 사귄 친구들보다도 여기 와서 얼마 안되는 기간 동안에 더 많은 친구들과 우정을 쌓았다고 말했습니다. 그들은 우리가 가난하게 보인다고 말했는데, 지금은 가난한 자들이 바로 자기들이라는 것을 깨달았다고 했습니다."

거리와 국경들의 극복

리베르따드에서는 서핑을 즐기는 사람들과 여행객들이 묵는 싼 호텔에 짐을 풀었다. 각국에서 온 사람들로 붐볐다. 도착하자마자 한 무리의 젊은 관광객들이 모닥불을 피워놓은 곳으로 우리를 초대했다. 그들 중에 두 명의 콜롬비아 형제는 거의 한 달 동안 이곳에서 지내고 있었다. 이 형제는 콜롬비아에서 육로를 통해 왔고, 그들의 목적지는 부모님이 계시는 마이애미였다. 형은 19살이고 동생은 16살이었다.

"콜롬비아의 처참한 상황 때문에 부모님은 우리를 마이애미에 데려가시려고 해요. 사람들을 납치해서 돈을 뜯어내려는 납치범들의 리스트에 우리 이름이 올라가 있다는 말을 들은 부모님은 미국 비자 신청을 하려고 가지고 계신 것을 다 팔아서 보고타로 이사를 했어요. 그러나 가족 모두가 비자 신청을 하면 전부 거부당할 거라고 해서 부모님만 관광비자로 신청했어요. 부모님은 여행을 하고 나서 공항에 도착하자마자 정치적 망명을 신청했어요. 나중에 우리도 그것을 신청해서 같이 모여 살 생각을 한 거죠. 그러나 거절당했어요. 저는 동생과 함께 어떻게 해야 할지를 몰랐어요. 부모님이 우리 때문에 다시 콜롬비아로 돌아오는 것을 우리는 원치 않았어요. 그래서 메일을 이렇게 써서 보냈어요. '우리는 길을 떠납니다.' 그리고 우리가 가지고 있는 얼마 안 되는 것을 챙겨서 여행을 시작했어요."

"어떻게 여기까지 왔어요?"

동생한테 물었다.

"걸어서 다리엔을 지나다가 몇 가지를 도둑맞았는데 그중에는 우리 여권하고 서류들도 있었어요. 그러나 콜롬비아인이라는 것이 큰 도움이 안 됐어요. 거의 모든 나라에서 비자를 신청해야 했지만 그럴 때마다 콜롬비아인이라는 이유로 거절당했어요. 파나마에서부터는 밀림지역 국경을 건너거나, 트럭운전사 아니면 어느 착한 사마리아인의 도움으로 올라왔어요. 니카라과에서는 우리를 추방하려고 한 경비병에게 우리 카메라를 줘야만 했어요."

이 두 형제의 이야기는 점점 더 흥미진진해졌다.

"우리는 길을 가다가 비를 맞으며 잠을 잤고, 추위에 떨었고, 먹을 것을 찾아 쓰레기 더미를 뒤졌어요. 그러나 우리를 도와주거나 따뜻하게 대해 주는 사람들이 항상 있었어요. 우리가 도둑놈이거나 살인자일 수 있을 텐데도 문을 열어주고 잠잘 곳을 제공해 주고, 일자리와 도움을 주고…… . 먹여 살릴 아이들이 여럿 있는 많은 어머니들은 자기들이 우리 어머니들이고 그리고 언젠가 자기 자식들도 도움이 필요할 때 다른 사람들의 도움을 받기를 바란다고 하면서 우리에게 그렇게 잘 대해 주셨어요.”

“부모님들은 당신들이 엘살바도르에 있는 것을 아세요?”

칸데가 물었다.

“네, 엘살바도르에 도착하자마자 연락드렸더니 그동안 절망에 빠져 계셨더라고요. 우리보고 대도시보다는 조그만 마을로 통과하라고 하셨어요. 우리는 밀입국자들이라 추방당하거나 구속될까봐 무척 불안해요.”

“지금은 어떻게 지내고 있어요?”

“이 나라에서는 신기하게도 무척 잘 지내고 있어서 그동안 빠졌던 살도 다시 쪘어요. 이 나라에는 가족 중에 망명한 사람들이 많이 있어서 그 생활이 얼마나 힘든지 잘 알고 있기 때문에 우리한테 잘 대해 주는 것 같아요. 여기서 우리는 서핑보드 정리하는 일을 하고…… .”

형이 말했다.

“틈나는 대로 서핑도 배우고 있어요. 그 전에는 서핑이 이렇게 매력적인 스포츠인지 상상도 못했어요!”

“이제는 멕시코 지나갈 돈을 모으고 있어요.”

동생이 말했다.

“과테말라는 문제가 없을 것 같은데 멕시코는 걱정돼요. 거기서는

우리 같은 사람들을 많이 적발해 내고 있어요. 그 다음에 미국으로 들어갈 일이 남았어요. 물론 어렵다는 것도 잘 알아요. 그러나 우리가 부모님과 같이 살고 싶은 마음이 얼마나 큰지 당신들은 잘 모르실 거예요. 우리는 갈 거예요. 크리스마스 이전이면 더 좋겠죠."

우리는 아직 어리지만 이제 철이 다 든 아이들하고 이야기하고 있다. 그들은 확신을 가지고 싸우며, 꿈을 이루겠다는 굳은 의지를 품고 수많은 위험을 무릅쓰며 달려간다. 이러한 국경들의 차별 때문에 얼마나 큰 고통을 받고 수많은 가족들이 서로 헤어져 있는가! 가슴이 아프다.

그 다음 이틀 동안도 밤마다 그 형제들과 만나 이야기를 나누면서 앞으로 나아가는 삶을 살고 싶다는 의지를 서로에게 전파시켰다. 헤어질 때 엽서와 책 한 권을 선물하면서 그들이 여행을 하는 데 도움이 됐으면 하는 바람으로 책 사이에다가 몇 달러 끼워 넣었다.

가슴에 큰 진동을

산살바도르에 도착해서 숙소 문의 때문에 아르헨티나 대사관으로 갔다. 대사님이 직접 전화를 몇 군데 걸더니 말했다.

"두 가지 선택이 있어요. 하나는 우리 네 가족이 임대한 해안가의 집이고, 다른 하나는 대사관저예요."

우리는 이 도시에서 머물면서 돌아다니기 위해서 두 번째를 선택했다.

다음 날 대사 부부가 레스토랑으로 우리를 초대해서 식사를 같이 하고, 거기서 책도 팔 수 있게 해주었다. 그분들은 우리 책을 읽고 무척 좋아하였다. 특히 마음에 들어 한 부분은 길에서 우리가 만난 사람들 이야기였다. 대사 부부는 그 사람들에 대해 물었고, 우리가 만난 사람들은 살면서 꿈을 이루어 가는 과정에서 겪은 놀라운 일들을 우리한테 이야기해 줬다고 대답했다. 그리고 왜 그 사람들이 우리한테 그런 이야기를 해줬는지, 왜 우리한테 그렇게 솔직했는지, 어떻게 자기들의 마음을 다 열었는지, 왜 서로 모르는 사이인데도 진실을 털어놓았는지 이해가 안 된다고 말했다. 대사 부인이 말했다.

"그건 당신들이 뜻밖의 방문자들이고, 우리 영혼에 찬물을 끼얹고, 가슴에 큰 진동을 일으키고, 큰 소리로 우리를 깨우기 때문이죠. 당신들은 우리의 꿈을 기억나게 하고, 우리가 인생과 꿈과 사랑을 위해서 무엇을 하고 있는지 각성하게 만듭니다. 우리 대부분은 꿈이 뭐였는지 기억도 가물가물합니다. 가슴 한구석에 넣어 두어서 이제는 기억도 제대로 안 나요. 다행히도 당신들을 만나 그런 감정을 공감할 수 있을 것 같아요. 당신들이 우리한테 삶의 진실을 보여주고 우리가 꿈을 이룰 수 있도록 자극을 주기 때문에 우리는 당신들한테 속마음을 드러내는 겁니다. 당신들은 우리가 항상 하고 싶었던 것을 하고 있습니다. 우리는 좌절한 모험가들, 좌절한 몽상가들……. 그러나 이제 빛이 보입니다."

도와주고 나니 기분이 좋다

예쁜 마을 수치토토에 있는 커피농장에서 신문사와 TV방송사와 인터뷰를 했다. 중앙아메리카 다른 나라들에서 그랬던 것처럼 우리는 책을 팔기 위해 이 기회를 이용했다.

여느 때처럼 이메일을 확인하면서 즐거운 시간을 가졌다. 우리가 알고 있는 사람들 그리고 그 전에 몰랐던 사람들을 만나는 시간이자 공간이었다.

오늘은 코스타리카를 여행하다가 만났던 여자애가 보낸 아주 특별한 메일을 읽었다. 그녀는 우리 책 덕분에 스페인에서 자기 꿈을 이루고 있다고 전해 왔다. 그녀는 스페인에 가서 공부하고 일하는 꿈을 항상 가지고 있었다. 그러나 이유도 없는 두려움과 이 핑계 저 핑계로 꿈을 미루고 있다가 우리를 만나고서 모든 것을 놔두고 그곳으로 갔다. 아직까지 일자리를 구하지는 못했지만 그녀는 거기에 있다는 것만으로도 행복하다고 했다. 그 메일을 읽은 우리도 기뻤다. 그녀는 앞으로 모든 일이 다 잘 풀릴 것이다. 좋아하는 것을 위해 노력하는 사람한테는 나쁜 일이 생길 수 없다는 것을 우리는 알고 있다. 이제는 우리가 다른 사람 꿈의 일부분이 되다 보니, 우리가 꿈을 이루는 길에서 도움을 준 사람들이 느끼는 감정을 경험할 수 있게 되었다. 어쨌든 조금이나마 우리가 도움이 되었다니 참 기분이 좋았다.

행복한 마음으로 마야 루트를 통해 과테말라로 향했다. 산안드레스 유적지를 지나면서 사진을 몇 장 찍으려고 차를 세웠다. 모기가 들끓는데다가 칸테가 서 있는 곳이 하필이면 개미집 위였다. 개미들이 너무 많이 물어서 찍은 사진마다 다 흔들렸다.

"모기까지 물어서 촬영할 수 없어요."

"내가 만일 모기라면 당신을 먹어버렸을 거고, 개미라면 개미집으로 끌고 갔을 거야."

나는 또 한 번의 키스를 받았다.

과테말라와 벨리즈

Guatemala y Belice

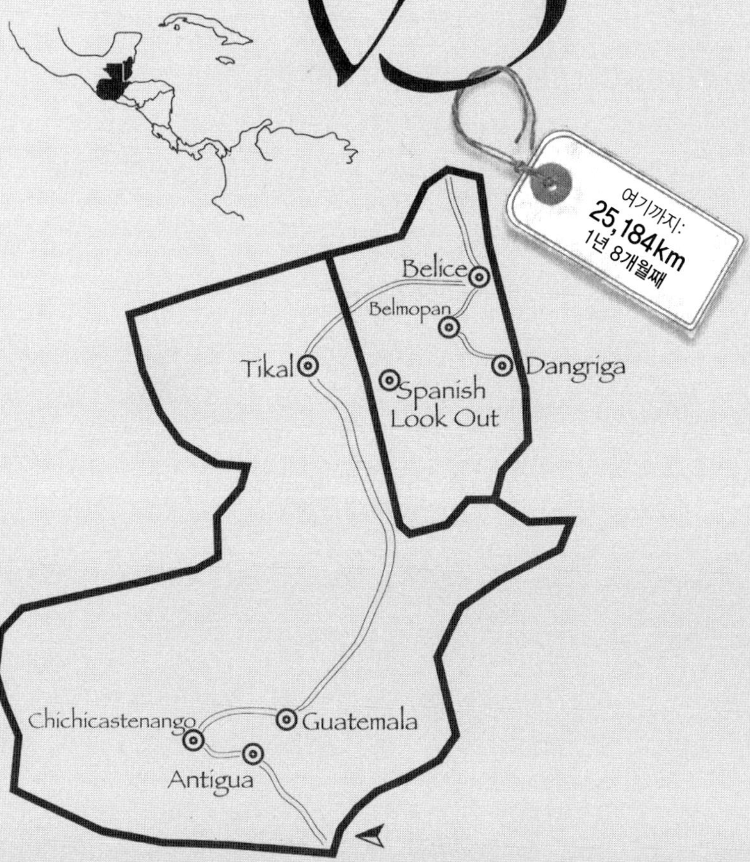

Belice
Belmopan
Tikal
Spanish
Look Out
Dangriga
Chichicastenango
Guatemala
Antigua

여기까지:
25,184km
1년 8개월째

형형색색의 땅

국경 없는 어릿광대

화산들과 커피 농장들 사이로 안티과 시티가 나타났다. 도시 전체가 식민지 시대 모습 그대로였다. 우리는 그 도시를 돌아보고 하룻밤을 보내고 여행을 계속할 생각이었으나 여기저기 다니다 보니까 비용이 너무 많이 들 것 같아서 빨리 떠나기로 했다.

가격을 협상한 후에 어느 호텔에서 묵기로 했는데 차를 호텔 안 정원에 주차시켜 놓은 것 때문에 각국에서 온, 투숙하고 있던 배낭여행객들 사이에서 일대 소란이 일어났다. 그레이엄 주위에 몰려든 30명 이상의 손님들 앞에서 우리를 소개하고 우리 여행에 대해 이야기했다. 그러자 몇몇 여행자들이 자기들이 겪은 놀라운 이야기들을 해주었다.

"어느 마을에 도착해서 인형극 무대를 펼쳤더니 금세 아이들이 다 가왔어요. 그 아이들이 행복해하니까 부모님들도 몰려들었어요. 그렇게 그들과 우리 사이에 있던 벽이 허물어지고 우리를 점차 받아들였어요. 일단 그 사회의 일원이 되니까 그들에게 과수원을 일구고, 배를 만들고, 아이들 삶의 수준을 개선할 수 있는 사업들을 가르쳐 줄 수가 있었어요. 그러나 무엇보다도 우리는 아이들과 함께하면서 놀고 노래하고 그림 그리는 것을 가르치는 데 힘썼습니다.”

그 이야기를 듣고 우리는 모두 기쁨의 환호성을 질렀다.

“보수는 얼마나 주던가요?”

오늘날은 어느 누구도 다른 사람을 위해서 일하지 않고, 돈이 세계를 움직이고, 모든 것이 돈에 의해 지배된다고 생각하는 사람이 물었다. 우리의 어릿광대는 뜸을 들이다가 대답했다.

“이 순간에 어떤 사람은 사랑의 노래를 쓰고, 또 어떤 사람은 환자를 돌보거나 오래전부터 아무도 보러 오지 않는 안면부지의 사람을 방문하러 요양소로 갑니다. 이 순간에 아주 박봉의 월급을 받으면서 아이들에게 읽기를 가르치는 선생님이 있습니다. 이 순간에 멸종위기에 있는 동물을 지키는 사람과 그런 나무를 보호하는 사람이 있습니다. 수백만 명의 사람들이 돈을 벌지는 못하지만 세상을 움직이는 사랑을 베풀고 있습니다. 당신은 누구를 사랑해 본 적이 있습니까?”

“네, 물론이죠. 우리 집사람과 아이들과 부모…….”

“그들과 함께 돈을 벌었습니까?”

“물론 아니죠. 그러나…….”

“당신이 부인과 자식들에게 사랑이라는 것을 느끼는 것처럼 언젠가는 한 번의 웃음이나 포옹의 대가로 다른 사람들을 도와주고 싶다는 사랑의 감정이나, 아니면 아주 평화스럽다는 감정을 느끼게 될 겁니다. 당신이 왜 그렇게 될 건지는 나도 모르고, 아마 당신도 모를 거지만 그 감정을 반드시 느낄 겁니다. 우리 모두에게 그 감정은 옵니다. 내 말을 잊지 마십시오!”

그 국경 없는 어릿광대는 그에게 부탁하고는 계속 말했다.

"당신이 한 것과 똑같은 질문을 내가 유럽에서 일할 때 동료가 나한테 했습니다."

그는 마테차를 한 모금 마시고는 찻잔을 칸데에게 넘기면서 고맙다고 했다.

"그때 그에게 이렇게 대답했습니다. '아홉 살인 후안초가 아침에 일어나면 부모님들은 그 시간에 벌써 밭에 나가서 일하고 계셨어. 그래서 후안초는 동생들을 깨워 아침을 준비해서 먹이고 같이 등교했어. 학교가 끝나고 집에 돌아오면 동생들 저녁을 해 먹이고, 5킬로미터를 걸어와 나를 도와 인형극 무대를 설치하고 아이들 놀러 오라고 초대하는 일을 거들었어. 어느 날 그에게 인형 하나를 만들어 주려고 가장 존경하는 영웅이 누구냐고 물어봤더니 나를 제일 좋아하고 나 같은 사람이 되고 싶다고 했어.'"

우리 모두 가슴이 뭉클해졌다.

"누가 이보다 더 좋은 보수를 받을 수 있겠습니까? 어린아이가 좋아하는 영웅보다 더 위대한 사람이 있을까요?"

"당신이 하고 있는 일이 세상을 바꾸고 있다는 것을 알고 있어요?"

칸데가 감동하여 눈을 반짝이며 말했다.

서로 간의 소망

얼마 전부터 우리가 이야기해 왔던 놀라운 일에 관해 조그만 방에서 칸데와 구체적으로 대화를 나누었다. 그동안 각자 속으로만 생각하고 있었지만 어느 날 그 문제를 꺼냈을 때 우리가 같은 생각을 하고 있었다는 것을 알게 되었다. 아기를 갖는 문제였다.

칸데가 여행 중에 임신을 하고 집에서 멀리 떨어진 길에서 아기를 낳고 그 아기를 돌보면서 여행을 한다는 것은 미친 짓이라 생각해서 전에는 이런 이야기를 꺼내지 않았다. 더군다나 가족들도 멀리 떨어져 있고 돈도 없는 상황에서.

그러나 가족을 일구겠다는 우리의 큰 소망에 대해 자유롭게 이야기를 나누었다. 우리는 이 문제에 대해 이야기하는 것이 좋아서 시간 가는 줄 몰랐다. 우리는 8년 전에 결혼했고, 이제 엄마 아빠가 되고픈 소망을 갖게 되었다. 지금 우리 생애에서 최고의 순간을 맞이하고 있고, 그 어느 때보다도 부모가 될 준비가 되어 있다는 생각이 들었다. 물론 겁은 났지만 무엇보다도 강한 믿음이 있었다. 그것은 분명 환상적인 일일 것이다.

우리는 18년 동안 같이 있었고, 거의 20년 전부터 우리의 미래를 그려왔다. 우리 아이들이 인생의 동반자로서 큰 기쁨과 행복과 그 외에 많은 것들을 가져다주는 꿈을 꿔 왔다. 이제 그 미래가 현실이 되고 있었다. 우리는 부모가 되고 싶었다.

그러나 과연 우리가 부모가 될 수 있을까라는 걱정이 앞섰다. 결혼한 이후로 우리는 자연피임법만 썼고, 거기다가 칸데의 생리가 불규칙해서 과연 아기를 가질 수 있을까 걱정이 되었다. 그녀의 여동생은 임신이 가능한 때마다 노력했지만 아직까지도 아기를 갖지 못했다. 분명히 우리는 겁이 났고, 그 문제에 대해서는 앞으로 좀 더 이야기하기로 하고 내일을 위해서 잠자리에 들었다.

공격당한 인류

이스라엘 사람 몇 명과 아침을 같이 먹고, 칸데는 최고의 영감으로 그림을 그렸다. 그때 몇 명의 젊은이들이 미친 듯이 소리 지르며 호텔로 들어왔다. 무슨 일인가 싶어서 사람들이 그들 주위로 몰려드니까 젊은이들은 머리를 잡고는 아프다고 소리쳤고 심지어 한 젊은이는 소리를 지르며 울음을 터뜨렸다.

"비행기가 뉴욕 쌍둥이 빌딩과 충돌했어요!"

칸데 옆에 있던 나와 한 이스라엘 사람이 곧바로 TV를 찾으러 나갔다. 이제는 호텔로 바뀐 옛 수도원에서 한 대를 찾았다. 폭발 장면은 끔찍했다. 우리는 무슨 일인지 이해가 안 됐는데 비행기가 쌍둥이 빌딩에 부딪히는 장면을 재방송하는 것 같았다. 그러나 그게 아니었다. 이번에는 또 다른 빌딩이 화염에 휩싸였다. 조금 있다가 펜타곤과 또 다른 비행기가……. 정확한 사망자 수는 모르지만 수천 명이 죽었다고 했다. TV장면은 멈추지 않고 계속해서 도망치는 사람들과 무너지는 빌딩과 그 잔해들을 비춰주었다. 가슴이 아팠고, 무슨 일인지 영문도 모른 채 두려움에 몸이 굳었다. 끔찍한 장면들 앞에서 칸데는 눈물을 흘렸다.

우리 세 사람은 서로 부둥켜안았고, 주변을 둘러보았다. 모든 것이 거짓말 같았다. 천천히 물이 떨어지는 아름다운 분수가 있는 안마당은 평화로움에 잠겨 있었다. 이 평화는 뉴욕에 있는 가족들과 연락하려고 하는 한 여자의 울음으로 중단되었다. 이렇게 아름다운 것들을 만드는 인간이 어떻게 저런 끔찍한 일을 벌일 수 있을까?

거리로 나가보니 모든 사람들이 슬퍼하며 어깨가 축 쳐져 있었다. 사람들의 얼굴이 고통스럽고 무거워 보였다. 오늘만은 칸데와 아기에 대한 이야기를 하지 않고 그냥 서로 포옹하고 그 어느 때보다도 더 사랑을 하고 살아 있음을 감사히 여기며 보내기로 했다.

안티과시에 있었던 나머지 기간 동안에는 조그만 민박집에서 다른 배낭여행객들과 같이 지냈다. 15개 이상의 나라에서 모인 여행자들은 이번 사건 때문에 가슴 아파했다. 서로의 경험을 나누고 같이 생각하고 이야기하는 것이 우리들한테 많은 도움이 되었다. 우리 모두의 소망은 한 가지였다. 이번 테러가 복수와 증오를 낳아서 더 이상의 전쟁으로 확대되지 않는 것이었다.

특별한 아이들

원주민 마을을 찾아가기 위해 안티과시를 떠났다. 그 마을은 주민들과 수예품 등 모든 것이 알록달록한 색깔로 이루어져 있었다. 어린 여자애들과 여인들은 실로 짜서 만든 수예품들을 담은 광주리를 머리에 이고 다녔다.

과테말라 시티에 도착했을 때 벌써 많은 사람들이 우리를 기다리고 있었다. 엘살바도르에 있을 때 방문할 거라고 연락은 했지만 저녁 식사와 숙소를 준비해 주고 차 정비까지 해줘서 무척 고마웠다. 우리가 묵게 된 집 부인은 '특별한 아이들'이라고 부르는 정신지체아들을 위한 학교를 운영하고 있었다. 그들에게 한마디 해 줄 수 없겠느냐는 그녀의 요청을 받아들여 아이들의 세계와 만나게 되었다. 그 아이들은 우리를 보자마자 포옹을 하고 미소를 지으며 환영했다.

우리는 '특별한 아이들'을 한 번도 행복한 아이들이라고 생각하지 않고, 문제가 있는 아이들로 생각했다. 그러나 지금 우리 눈앞에 있는

아이들은 자유롭고, 자발적으로 행동하고, 행복하고, 자신들의 감정을 솔직하게 나타내고 있다. 그들에게 여행을 하면서 방문했던 장소들에 대해 이야기해 줬다. 아이들은 우리 한마디 한마디에 박수를 치거나 웃었다.

이야기를 끝내고 그들에게 차문 두 개를 열어 주었다. 그들은 한쪽 문으로 올라가서 다른 문으로 내려오고, 차를 만지고 느끼면서 무척 좋아했다. 그중 한 명이 클랙슨을 발견하자 모두들 그것을 누르려고 다시 그레이엄으로 올라가고 싶어 했다. 자기 차례를 기다리는 아이들은 우리와 차를 껴안거나 크게 웃었고, 클랙슨 소리와 라이트 빛에 신기해했다. 전에는 내가 한 아이의 아빠가 된다는 것에 대해 항상 두려움을 갖고 있었지만 이제는 이해가 되었다. 신이 한 가정을 벌하려고 정신지체 아이를 준 것이 아니라 아이가 필요로 하는 사랑을 그 가정이 가지고 있기 때문에 선택한 것이다.

결정의 길

세묵참페이의 자연미 앞에서 우리는 완전히 기가 죽었다. 숲이 우거진 산에서, 물살이 센 강 위에서, 3백 미터 이상이나 되는 자연적으로 생긴 다리는 계속해서 자라고 있었다. 다리 위쪽으로 층층이 나 있는 물웅덩이들에 있는 물은 남색에서 연한 터키 옥색까지 여러 가지 색깔을 보여주며 흐르고 있었다.

물웅덩이를 옮겨가며 수영을 즐기고 있는데 바위 위에서 햇볕을 쬐고 있던 한 관광객이 말했다.

"이곳은 아름답기로 세계에서 여덟 번째 자연경관이라고 하던데요."

"아마 아홉 번째일 겁니다. 제 아내가 여덟 번째거든요."

이렇게 대답을 하고 칸데한테 뜨거운 키스를 선물로 받았다.

아름다운 하루를 보낸 뒤에 마야 세계에서 가장 큰 도시 티칼의 유적지를 향해서 가다가 아름다운 호수 앞에 놓여 있는 조그만 마을 엘레마테에서 멈췄다. 산비탈에 세워진, 문도 창문도 없고 정면 벽도 없어서 호수의 전경이 다 보이는 100% 마야 시대 축사에서 잤다.

차에 호기심을 가진 사람이 와서 말했다. 악센트로 봐서 외국인이었다.

"어디로 가려고 하세요? 미국으로요?"

그렇다는 우리의 대답에 그는 놀랐다.

"나는 거기서 왔습니다. 거기서 태어났고 지금은 여기서 삽니다. 미국에서 살 때는 미국이 세상에서 가장 살기 좋은 '꿈의 땅'이라고 들었습니다. 그러나 지금 내가 우리나라에서 들은 '아주 위험한' 중앙아메리카에서 왜 살고 있는지 말씀드릴게요. 당신들은 인종차별이 아주 심한 나라로 가려고 합니다. 미국에서는 1년에 5만 명 이상이 자살을 하고, 수십만 명의 아기들을 합법적으로 살해할 수 있습니다. 그들에게 낙태는 합법적이기 때문에 범죄가 아닙니다. 또한 세계에서 이혼

율이 가장 높고 가족이라는 것이 거의 존재하지 않습니다. 미친 사람들도 많이 있어서 거기 가면 잘 곳이 없어서 거리에서 지내며 약탈하는, 제정신이 아닌 사람들을 많이 보게 될 겁니다. 무기 소지자 비율이 높고, 스트레스도 많이 받고, 마약을 하는 사람들과 비만 환자들로 가득 차 있는 나라입니다. 하루에 50건 이상의 살인사건이 발생하고, 학교와 직장에서도 범죄가 일어납니다. 우편으로 폭탄과 독약이 배송되고, 핵폭탄을 보유하고, 그것을 가족과 여성들과 아이들에게 사용하는 유일한 국가입니다. 세계 다른 나라들의 핵폭탄이나 미친 무기들이 그 나라의 모든 지역을 겨냥하고 있습니다. 그렇지 않으면 목숨을 바칠 각오가 되어 있는 테러리스트들의 타깃이 되고 있습니다. 미국에서 가장 많이 듣는 질문은 '무슨 일 하세요?' '연봉이 얼마예요?'입니다. 그들은 돈을 너무나 중요시해서 만일 당신이 돈이 없다면 당신은 아무런 존재가치도 없는 사람이 됩니다. 달러를 얼마나 가지고 있느냐가 한 사람 인생 성공의 척도가 됩니다. 만일 어떤 가난한 사람한테 건강이나 법적인 문제가 생기면 그는 세계에서 가장 곤란한 처지에 빠지게 됩니다. 어느 누구도 그가 아프거나 올바른 판단력을 가지고 있다는 것에 아무 관심이 없기 때문입니다. 만일 돈이 없다면 당신은 아무것도 아닙니다."

그는 잠시 멈추더니 말을 이어갔다.

"내가 태어난 곳에서는 돈이 말을 하고, 돈이 없는 사람은 입을 다뭅니다. 당신들은 아름다운 영화들을 보고 캘리포니아, 디즈니랜드, 자유의 여신상에 대해 들었을 겁니다만 사실은 그렇지 않습니다. 당신들은 그 나라 어디를 가더라도 라틴아메리카에서처럼 환대를 받지 못할 겁니다. 당신들을 아주 자연스럽게 자기 집으로 초대하지 않을 겁니다. 특히 9·11 참사가 일어난 요즘은 더욱 그럴 겁니다. 안면부지의 당신들을 포옹하고 입맞춤하며 환대할 것을 기대하지 마십시오."

그는 제스처도 쓰지 않고 아무런 표정 변화 없이 말했다.

"거기는 여기 라틴아메리카와 아주 많이 다릅니다. 세계에서 1인당 수입이 가장 많은 나라에서의 삶이 어떤지 당신들의 눈으로 가서 보고 경험할 겁니다. 그 나라에서는 암이나 기아 퇴치보다는 무익하고 쓸모없는 군비 마련을 더 중요시하며 천문학적인 돈을 쏟아붓고 있습니다."

그가 말을 마쳤다. 그가 간 뒤에 칸데와 함께 우리가 들은 말에 대해 이야기했다. 우리가 가려고 하는 곳보다 지금 있는 곳이 훨씬 더 좋다고 말하는 사람이 항상 있었다. 그러나 이번에는 그렇게 말한 사람이 그 나라 출생이고, 바로 그 이유 때문에 여기서 살고 있다는 것이 흥미로웠다. 그의 말을 진지하게 받아들여야 하나? 우리는 그가 언급한 몇 가지는 알고 있었지만 미국의 그런 이미지들에 대해 생각해 본 적은 한 번도 없었다. 그는 미국의 혼란스러운 이미지를 우리에게 보여줬고 그의 생각이 과장된 것 같지는 않았다. 많은 사람들이 가고 싶어 하는 나라, 그러나 그는 떠난 나라에 대해 자신의 생각을 차분하게 이야기했다.

티칼 국립공원에 들어가기 위해 관광객들은 1인당 20달러를 내야 했지만 그 지역 주민들은 단 2달러만 냈다.

"칸데, 우리도 지역 주민들처럼 낼 수 없냐고 물어볼 수 없어?"

그녀가 물어보려고 차에서 내리는데 매표소 직원들이 큰 소리로 말

하면서 가까이 다가왔다.

"오래된 차를 몰고 가는 아르헨티나 분들……."

우리는 무슨 일인지 어리둥절해하며 서로 쳐다보고만 있었다.

"당신들을 기다리고 있었습니다. 공원관리 책임자가 당신들을 맞이하려고 애타게 기다리고 계십니다. 들어오십시오. 당신들이 도착했다고 연락하겠습니다."

"대단히 고맙습니다."

우리는 영문도 모른 채 고맙다고 인사했다. 사무실로 들어가니 우리가 놀랄 정도로 환대해 주었고 문화부에서 보낸 편지를 보여주었는데 거기에는 우리를 무료로 입장시키고 특별대우를 해주라는 내용이 적혀 있었다. 그들은 우리가 잠잘 수 있는 방갈로를 보여줬고, 두 명의 가이드를 소개시켜 줬다. 한 사람은 낮 동안에, 그리고 다른 사람은 밤에 우리 안내를 담당하였다. 앞뒤를 따져 보니 상황이 파악되었다. 피라미드 옆에서 우리 차 사진을 찍으면 얼마나 멋있을까라고 지나가는 말로 과테말라 신문기자인 로레나 멘도사에게 한 적이 있었는데, 그가 그 말을 마음에 담아두고 있다가 이 모든 준비를 한 것이었다.

편한 복장으로 준비를 하고 가이드를 따라 거대한 마야 도시를 샅샅이 돌아다녔다. 이 도시는 사람의 발길이 닿지 않고 동물들, 원숭이들, 사람을 전혀 무서워하지 않는 투칸과 앵무새들이 가득 차 있는 밀림 속에 있었다. 가이드의 설명을 들으며 우리는 먼 옛날 이곳에서 수십만 명의 사람들이 장사를 하고, 종교의식을 치르고, 수예품을 만들고, 건축물을 세우고, 공놀이를 하는 상상을 해봤다.

오후에, 밤에 안내를 맡은 가이드가 오기 전에, 피라미드 제일 위에까지 올라가서 넓게 펼쳐져 있는 밀림과 그 초록 대지 위에 뾰족이 튀어 올라와 있는 마야 피라미드 세 개를 봤다.

에너지와 힘이 넘치고 신비스럽고 독특한 느낌이 드는 곳에서 우리는 포옹하면서 여기 온 것을 기뻐했다. 태양이 다음 날에게 자리를 넘겨주고 있을 때, 개구리의 아름다운 노랫소리가 들렸다. 나의 깊은 저음이 정적을 깼다.

"칸데, 나 아빠가 되고 싶다."

"나도 엄마가 되고 싶어요. 신이 그것을 바라세요."

마술적인 힘을 가진 티칼에서 4일간 머무르면서 우리는 세 사람이 되었다. 허리케인이 벨리즈를 강타해서 우리는 티칼에서 머무를 수밖에 없었다. 여기도 비가 내리고 강풍이 몰아쳐서 꼼짝 못하고 갇혀 지냈다. 그래도 벨리즈로 안 떠난 것이 천만다행이었다. 허리케인이 지나간 도시에는 모든 것이 사라졌다.

해적의 보물

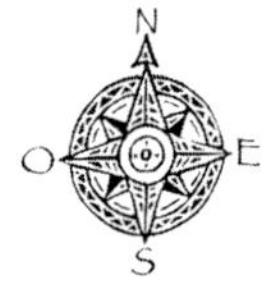

꿈속의 꿈

인구 20만도 채 안 되고, 포장도로가 2개밖에 없는 조그만 나라로 들어갔다. 군대가 없으면서도 놀라운 단결력으로 독립을 이룬 지 거의 20년이 된 나라다.

이 조그만 나라에 들어가니까 라틴아메리카가 아닌 곳이라는 생각이 들었다. 비록 라틴아메리카 국가들 사이에 있지만 영어를 사용하고 건물들은 전형적인 영국식이었다.

바닷가 앞의 벨리즈 시티에 몇 개 없는 건물들 중에서 우리는 어느 콜롬비아인의 집에서 묵었다. 그는 중앙은행과 항구 민자사업에 관여하는 사업가였는데 우리를 데리고 다니면서 그 조그만 나라와 항구를 속속들이 소개해줬다. 내륙이 있는 벨리즈의 수도는 전혀 수도 같아 보이지 않았다. 가리푸나족 사람들을 만나서 바닷가로 갔다. 그들은 타고 가던 배에서 탈출해서 폭풍 속에서 살아남은 노예들이 이 지역 원주민들과 섞여서 낳은 후손들이라고 콜롬비아인이 말해줬다.

원주민 모습은 별로 없었지만 언어와 풍습은 그들의 것을 따르고 있었다.

매혹적인 바닷가 하얀 모래 위에 최근에 지은 오두막에서 가리푸나인들과 맥주를 마셨다. 그들은 지난 허리케인으로 거의 모든 것을 다 잃었다. 우리와 같이 있는 가리푸나인들 중 두 사람은 겨우 가방 하나 챙길 수 있었다. 우리가 그런 일을 당했더라면 무척 낙심했을 텐데 그들은 그렇지 않았다.

"허리케인 때문에 집과 가진 것을 다 잃어버린 것이 이번이 처음이 아니고 또 마지막도 아닐 겁니다. 우리를 데려가지 않는 한 우리는 다시 시작할 겁니다."

한 사람이 말했다.

"왜 다른 곳을 찾아보지 않으세요?"

그는 마치 내가 엉뚱한 질문이라도 한 것처럼 바라보더니 대답했다.

"이곳을 잘 보세요. 이 바다, 이 하늘……. 이렇게 아름다운 이곳이 우리가 가지고 있는 것입니다. 마치 아름다운 인생 같아요. 태풍 며칠 불었다고 이것을 버릴 수는 없지요."

그의 말이 옳았다. 우리 모두는 살아가면서 끔찍한 날들을 겪지만 태풍이 지나가고 나면 날이 화창하게 개면서 우리는 다시 시작할 수 있게 된다. 슬픔이나 실패를 통해 우리는 다시 일어설 수 있는 깨달음을 얻게 된다.

칸데와 나는 즐거운 시간을 보내면서도 조금 걱정이 되었다. 이곳이나 이곳 사람들 때문에 불편한 것은 하나도 없었지만 출발이 지연되는 것 때문에 그녀는 불안해했다. 칸데한테 이런 일은 다반사였는데 이번만은 좀 달랐다.

그녀는 자기 몸에 별다른 이상이 없으니 너무 기대하지 말자고 했다. 그러나 나는 조바심이 나서 벨리즈 시티에 돌아오자마자 임신테스트기를 샀다.

임신테스트기를 가지고 화장실로 들어가면서 '괜한 데 돈 낭비했다는 것을 곧 알게 되겠죠'라는 표정을 지었지만, 칸데의 눈에서는 긴장의 빛이 역력했다. 그것도 테스트이기 때문에 다른 모든 테스트처럼 긴장이 되었다.

문이 닫히고 모든 것이 조용했다. 나는 초조한 마음으로 기다렸다. 아무 소리도 들리지 않았고, 너무 조용해서 귀를 문에 갖다 댔다. 칸데의 고함에 귀가 멍멍해지면서 온갖 생각이 다 들었다.

'어떻게 됐을까?'

나는 무척이나 궁금했다. 칸데가 문을 열고 나오면서 긴장과 기쁨이 섞인 표정을 지으며 나에게 결과를 보여줬다.

"양성반응이에요, 양성!"

지금까지 한 번도 느껴보지 못했던 이상한 기분에 눈물을 흘리며 칸데를 세게 껴안았다. 부모가 된다는 기분! 짧은 순간에 기쁨, 책임감, 두려움, 그리고 뭔가 알 수 없는 기분이 들면서 수천 가지 생각이

떠올랐다.

포옹한 팔을 풀고 이것저것 이야기를 하고 다시 세게 껴안으니 새로운 사랑의 감정이 느껴졌다.

"아들이 태어나면 당신은 그 애하고 같이 뭐할 거예요?"

칸데가 다정히 물었다.

"운동할 거야. 다시 운동할 거야."

아기를 처음 갖게 되는 여느 부모들처럼 우리가 처음 한 것도 계획, 그것도 엄청나게 많은 계획이었다. 여행을 포기하거나 끝낼 생각은 버렸다. 아기가 여행 중에 생긴 것은 동참하고 싶어서일 것이다. 꿈속에서 또 다른 꿈이 태어난다면 두 개의 꿈이 한꺼번에 생기는 것이다.

아기를 어디서 낳아야 하지? 멕시코가 아주 가깝다. 미국도 가깝다. 캐나다일 수도 있고 아닐 수도 있다. 여행의 종착점인 알래스카보다 더 좋은 곳이 있을까! 갓난아기와 함께 여행한다면 아기 때문에, 돈 때문에 힘들 것이다. 그렇다고 여행을 포기할 수는 없다. 그렇지만 어느 누가 세 사람을 맞이해 주려고 할까?

"아기를 낳기 전에 알래스카에 도착하는 게 최상이겠다."

내가 제안했다.

"날짜 계산 좀……. 9개월이니까 벌써 한 달쯤 됐을 거고."

칸데가 자기 배를 보면서 말했다.

"이제 8개월 남았네요. 벨리즈에서 일주일 더 있고, 멕시코에서 한 달 반, 미국에서 석 달, 캐나다에서 한 달 반, 알래스카에서 한 달. 아기 낳을 장소와 의사를 찾고, 각 나라에서 좀 적응하려면……."

"듣기는 참 좋은데, 과연 그렇게 될까? 우리가 계획한 대로 된 적은 한 번도 없었잖아. 물론 더 좋긴 했지만 항상 다른 길로 샜잖아."

"이번에는 다르죠. 아기가 나오기 전에 알래스카에 도착해야만 해요."

오후에 벨리즈 국립병원에 갔다. 몇 명의 쿠바 의사들이 진찰을 하고 나서 포옹을 하고 있는 우리에게 말했다.

"아홉 달만 지나면 포옹할 사람이 한 명 더 생길 겁니다. 칸델라리아는 임신입니다."

6월 10일에서 11일 사이에 아기가 태어날 것이다. 다시 말해서 우리가 사랑을 나누었던 9월 11일 바로 그날 임신이 된 것이다. 집 주인에게 새로운 가족에 대해 이야기하니 그는 믿지를 못했다. 그는 그것을 우발적인 사고로 여기고 더 이상 여행은 불가능할 거라고 생각했다. 우리에게 어떻게 돌아갈 건지, 차는 어떻게 할 건지 물었다.

"계속 여행할 겁니다."

"계속한다고요? 임신한 부인을 데리고? 안 돼요, 할 수 없어요. 부인은 휴식과 안정이 필요하고, 몸에 이상이 올 수도 있고, 힘들 수도 있고, 의사 진료도 받아야 할 거고요. 좋은 생각 같지 않아요."

콜롬비아인이 충고했다.

"저는 지금 야만인 같아요. 구역질이 전혀 나지 않아요. 그냥 잠만 많이 오고 피곤하네요."

"그러나 임신이라는 것이 좀 미묘해서 조심해야 하는데……."

그 친구는 계속 이야기하고, 우리는 듣기만 하였다.

뭐하려고요?

배를 타고 섬들을 여행했다. 산페드로 섬에 들러 바닷가 앞에 있는 조그만 호텔에서 적당한 가격으로 묵었다. 짐을 풀자마자 그 섬에서 유일하게 사람이 붐비는 거리로 나가서 수예품 파는 사람 몇 명과 인사하게 되었는데 그들은 세계여행을 하다가 이 섬에 들러 며칠 머무르고 있었다. 라이프스타일, 기후 그리고 사는 데 필요한 것들을 쉽게 구할 수 있다 보니 모든 것이 느리게 돌아갔다. 말도 느리고, 행동도 굼뜨고, 삶에 대한 계획도 별로 세우지 않았다.

"나는 아무것도 없지만 동시에 다 가지고 있어요."

한 화가가 어떤 관광객 부부에게 그림을 보여주면서 우리한테 말했다.

"지금 내가 살고 있는 이 섬에는 단 15일을 여행하기 위해 1년 내내 돈을 모으는 관광객들이 옵니다. 내가 휴스턴에 살 때는 먹고살 만한 일을 갖지 못했는데 지금 여기서는 그림 몇 점만 팔아도 충분히 먹고 살고도 돈이 남습니다. 나는 지금 하고 있는 일이 정말 좋습니다."

관광객 부부는 그림들을 보는 척했지만 정작 그들의 관심사는 화가가 하는 말이었다.

"믿기 어려우실지 모르겠지만 우리 모두는 자유에 대해, 자기가 원하는 것을 할 수 있는 자유에 대해 두려움을 갖고 있습니다. 우리는 항상 '정상적인' 파라미터 안에서 안주하고 다른 사람들처럼 살아가려고 합니다. 우리는 바쁜 일을 찾고, 어떤 의무감을 가지려고 하고, 봉급자가 되려고 하고, 우리 자신의 주인이 될 수 있을 때에도 명령을 받으려고 합니다."

관광객 부부는 이제는 슬쩍 보는 것이 아니라 아예 노골적으로 화가를 바라보았다. 그는 이번에는 모든 사람들을 다 쳐다보면서 말했다.

"당신은 완전하게 자유로운 존재니 스스로를 속박하지 말고, 당신이 한 번에 시작할 수 있고 끝낼 수 있는 일들을 하며 영원히 해야 하는 일들은 하지 말고, 외상으로 물건을 사지 마십시오. 그것은 당신을 노예로 만듭니다. 항상 조심스럽게 다루어야 하는 귀중품들을 모으지 마십시오. 그것들은 당신이 항상 받들어 모시고 있어야 하기 때문입니다. 부자란 더 많이 가진 사람이 아니라 필요한 것이 별로 없는 사람이라는 것을 기억하십시오."

"당신은 어부와 관광객의 이야기를 아십니까?"

그의 말을 듣고 있던 남자가 물었다.

"네, 잘 알고 있습니다."

"저는 잘 모르는데요."

나는 관광객에게 말하면서 그 이야기가 참 궁금했다. 그가 이야기를 시작했다.

"매우 아름다운 해변에 한 어부가 잡은 물고기를 배에서 내려놓았습니다. 어느 호기심 많은 관광객이 작은 배에 가까이 다가와서 고기가 별로 없는 것을 보고 왜 더 많이 잡지 않느냐고 물었습니다. '뭐하려고요?' '고기를 더 많이 잡으면 수입이 더 많이 생길 것이고, 그러면 더 큰 어선을 살 수 있잖아요.' 관광객이 설명했습니다. '그래서 뭐하려고요?' 어부는 조용히 고기를 내리면서 의문을 가졌습니다. '어선으로 일을 하면 다른 어선들을 살 수 있을 거고, 그러면 수산회사를 차려서 가공품을 생산하고 수출해서 더 큰 돈을 벌 수 있을 겁니다.' '그래서 뭐하려고요?' 어부가 다시 그의 말을 끊었습니다. '아니, 뭐하다니요! 모르시겠어요? 백만장자가 된다면 이런 곳에 휴가 와서 낚시도 할 수 있고…….' 어부가 고개를 들어 그를 보면서 어깨를 움츠리며 대답했습니다. '지금 내가 하고 있는 일이잖아요.'"

우리 삶이 얼마나 단순해질 수 있는지 생각하게 하는 좋은 이야기 같았다. 인간은 복잡한 삶을 살지 않고도 자기가 원하는 것을 할 수 있다. 단순한 삶이 자유로운 삶이다.

우리는 앉아서 재미있는 대화를 나누었다. 다른 사람들의 말을 들으면서 우리가 여행을 떠난 이후로 많이 바뀌었다는 생각이 들었다. 사람들을 대하는 우리 태도도 많이 달라졌다. 전에는 모르는 사람들에게 가까이 다가가지 않았지만 이제는 그렇게 하는 것이 필요하다고 느껴졌다. 여러 사람들과 만나서 그들의 의견을 들어보고 그것이 틀린지 맞는지, 우리한테 도움이 되는지 아닌지 생각해 볼 필요가 있다. 중요한 것은 개개인마다 다양한 삶의 형태로 세상을 그려서 우리한테 보여주고 있다는 것이다.

여행을 떠나기 전에 우리는 다른 사람들 앞에서 항상 방어적인 태세를 취했고, 실제 모습보다 더 강하게, 더 심각하게, 그리고 거만한 목소리를 내며 더 중요한 사람처럼 보이면서 우리를 중무장한 기사로 소개했다. 우리 모두는 담을 높이 쌓고, 자신의 가문에 집착하고, 회사에서의 직책을 언급하거나 아니면 사람 눈을 빤히 쳐다본다.

우리가 이름을 밝히고, 손을 내밀어 세지도 약하지도 않게 악수를 하고, 상대방의 눈을 보면서 만나서 기쁘고 필요한 것이 있으면 얼마든지 도와주겠다는 감정을 표현하면 상대방은 우리를 자기처럼 멋진 인간이라고 생각한다는 것을 배웠다. 그렇게 되면 우월감이나 열등감, 혹은 승자나 패자가 없게 되고 새로운 친구를 갖게 된다.

생각에 빠져 있다가 대화가 언제 끝날지 몰라 자리에서 일어나 칸데 손을 잡고 호텔로 돌아오는 길에 무슨 생각을 하고 있었냐고 칸데가 물었다. 다른 사람들에 대한 우리 태도에 변화가 생긴 것에 대해 그녀가 이야기했다.

"당신은 내가 왜 그렇게 바뀌었다고 생각하는지 알아요? 요즘 우리는 내세울 만한 것이 하나도 없어요. 집도 없고 정해진 일도 없어요. 지금 이 여행에서 가지고 있는 것은 우리 자신밖에 없으니 생긴 모습 그대로를 보여주는 것을 배웠어요. 우리는 가진 것이 아무것도 없고 사람들이 우리를 '연구'할 만한 일은 아무것도 하지 않아요. 이제는 전처럼 어떤 특정한 사회 유형에 갇혀 있다는 느낌이 들지 않아요. 지금은 모든 유형의 사회가 한꺼번에 다 있는 곳에서 살고 있고, 우리가 이런 생활을 즐길 수 있는 것은 우리의 진정한 모습을 그대로 보여주는 것을 배웠기 때문이라고 생각해요. 하루 중 낮에는 최고급 레스토랑에서 밥 먹을 기회가 생겼고, 밤에는 시장에서 저녁을 먹었어요. 하루는 더블 침대, TV, 욕실이 구비되고 뜨거운 물이 나오는 곳에서 잠을 잤고, 다음 날은 초라한 집의 간이침대에서 잠을 잤지만 그 전날처럼 편안하게 잤어요. 만일 한 개인이 자신의 진정한 모습이 아닌 것을 밖으로 드러낸다면 그 순간의 본질을 즐기지 못해요. 여행 떠나기 전에 나는 단지 다른 사람들한테 잘 보이기 위해서 내가 아닌 모습으로 다가간 적이 몇 번 있었던 기억이 나네요. 그때 나한테 일어났던 것은 결국 내가 즐기지 못한 상황을 만들었다는 거예요. 내 자신이 아니었기 때문이었죠. 인간은 외형적으로 보이는 모습으로가 아니라 그 자체로 가치가 있는 거예요. 있는 그대로의 모습을 가감 없이 드러내기 때문에 다른 사람들과의 관계가 더욱더 탄탄해지고 명확해졌다는 것을 알 수 있는 거예요."

산페드로에서 3일째 되는 날, 우리는 이 섬에 완전히 동화되었다. 몇 사람을 알게 되어 그들이 우리 이름을 부르며 인사를 하면 우리도 그들의 이름을 기억해 내려고 애썼다. 해변에서 한 젊은이가 다가오더니 코코넛을 가지고 있지도 않으면서 우리한테 좋아하냐고 물어서 "무척 좋아해요"라고 대답했다. 그는 별일 아닌 것처럼 야자나무에 올라가더니 몇 개를 따서 내려왔다. 여기서는 모든 것이 간단해 보였다.

이틀 연속 구역질을 하긴 했지만 우리는 사랑을 시작한 사람들처럼 임신 초기의 시간을 즐겁게 보냈다. 걱정은 이제 어느 정도 사라졌고 얼굴에 나타나는 행복감을 감출 수가 없었다. 길에서 마주치는 그 누구하고라도 기쁨을 나누고 싶었고, 가족과 친구들과 그렇게 하고 싶은 마음은 더 컸다.

육지로 돌아와서 처음으로 초음파 사진을 찍고 칸데의 그림으로 그 비용을 대신했다. 태아의 심장이 뛰는 것만 봤는데도 말할 수 없이 기뻤다.

평화가 길이다

벨리즈에서 단 일주일 있겠다는 우리의 새로운 계획을 실천하고 즐거운 마음으로 멕시코 국경으로 향했다. 일단 이민국에 들러 칸데가 출국 서류를 준비하는 동안, 나는 우리한테 관심을 보이는 사람들이 우리 여행과 차에 대해 물어보는 것에 대답을 했다. 그들 중에서도 나를 놀라게 한 것은 메노파 사람이었는데 그는 아주 키가 크고 턱수염을 기르고 높은 모자를 쓰고 있었다. 그의 세 딸은 잉걸스(로라 잉걸스 와일더, 〈초원의 집〉이라는 제목으로 TV 드라마로 방영된 『큰 숲 속의 작은 집』 시리즈의 작가) 가족이 입는 것과 비슷한 옷을 입고 있었다. 이 남자는 처음에 나한테 무엇을 하고 있는지, 왜 하고 있는지 물었다. 이어지는 질문에 나는 놀랐다.

"일주일 정도 우리 아미시파 – 메노파 공동체 마을에 가서 같이 지내지 않겠습니까?"

나는 무척 가고 싶었지만 칸데가 방금 출국절차를 다 마쳤고 그리고 알래스카에 도착시간 계획까지 다 잡아 놓은 상태였다. 그의 초대를 받아들인다면 계획이 다 틀어질 것이다. 그래도 칸데한테 가서 우리를 초대한 사람들을 가리키며 물어보았다. 그녀가 흥분하면서 소리쳤다.

"당연히 가야죠. 항상 가보고 싶었는데. 그런데 이 출국서류는 어떻게 하죠?"

"다시 해야지 뭐."

메노파 사람의 지인이 국경 근처에 갖고 있는 농장에다 차를 두고 그의 공동체 마을에 다 함께 가기 위해 밴에 올라탔다. 꽤 멀리 떨어져 있어서 벨리즈를 지나 거의 과테말라 국경까지 가야 했다. 한밤중에 스페니쉬 룩 아웃에 있는 공동체마을에 도착했다.

우리는 조그만 집에서 묵었고 오전에 그 사람 집에 갔는데 대가족이었다. 들어가자마자 볼맞춤 인사와 포옹을 하니까 여인들이 수줍은 웃음을 지었다. 여기서는 이런 식의 인사를 하지 않는 것 같았다.*

신선한 우유와 오븐에서 갓 구워낸 빵으로 아침을 맛있게 먹고서 그 마을과 가족들 그리고 자신들이 합심하여 이룩한 발전된 모습을 소개해줬다. 깔끔하게 단장된 비포장도로를 걸어가며 만나는 사람들마다 우리한테 다정하게 인사를 했다.

"토지권리증은 공동체마을이 가지고 있지만 각 가족마다 자기들 땅을 소유하고 있습니다. 만일 한 가족이 떠나면 그의 허락이 없는 한 아무도 그 땅을 건드릴 수 없습니다."

메노파 사람이 조그만 파출소가 있는 곳을 가리켰다.

"벨리즈 정부가 세운 겁니다. 경찰관들이 도착하자마자 많은 것이 사라지기 시작했습니다. 우리는 손이 피투성이가 될 때까지 그것들을 붙잡았고 그것들의 반환을 요구했습니다. 그때부터 경찰관은 한 명도 오지 않았습니다."

우유공장, 학교, 교회를 방문했다. 목사와 교사와 그의 부모님과 조카들은 매우 기쁘게 우리를 맞이해 주고 이야기를 나누었다. 공중에 평화와 평온이 느껴졌다. 첫째 날부터 우리는 여기저기에서 초대를 많이 받았는데 그중에서도 식사초대와 야외에서 수영을 하면서 하루같이 지내자는 초대가 특히 많았다. 그 메노파 사람이 우리한테 제일 하고 싶은 일이 뭐냐고 물어서 "말 타는 것"이라고 대답했다.

---

* '베시토 besito'라는 볼맞춤 인사는 스페인어권 국가들에서는 일반적인 인사예절이다.

그의 집에는 말이 한 마리밖에 없어서 오후에 식구들이 나가 이웃에서 말 두 마리를 구해 왔다. 우리와 같이 가는 두 사람은 말을 타고 마을을 돌아다니면서 만나는 사람들마다 이름을 부르며 깍듯이 인사를 건넸다. 마을 사람들 모두가 서로 알고 지내는 것을 보고 무척 충격을 받았다.

저녁을 먹고 야외 아이스링크에서 벌어지는 하키시합을 보러 갔다. 선수들은 시합에 어울리지 않는 말이나 거친 행동을 하지 않고 즐겁게 시합을 펼쳤고, 우리는 경기를 보며 즐거운 시간을 가졌다.

메노파 사람들은 이런 시합을 하지 않고, 차를 몰지도 않을 거라고 생각했는데 의외였다. 그들에게 이런 생각을 이야기했더니 하키와 음악은 분명히 새로 들어온 것인데 메노파 사람들은 이것들을 받아들였지만, 우리가 다음 날 방문하기로 한 아미시파 사람들은 그렇지 않다고 말했다.

조그만 목조 주택에 도착했다. 문에 걸쇠가 없고 나무 잠금이 있었다. 검푸른 옷을 입은 중년 남자가 들어오라고 했다. 매우 예쁘고 소박한 의자에 앉았다. 두 개의 의자가 모양이 조금 차이 나는 걸로 봐서 탁자나 주위 물건들과 마찬가지로 손으로 직접 만들었다는 것을 알 수 있었다. 전기나 냉장고도 없었다. 집안은 무척 검소하고 아주 기본적인 것만 갖추고 있었다. 탁자 위에는 성경이 한 권 놓여 있었다.

주인 남자는 우리 방문에 행복해하며 우유를 대접했다. 그는 수많은 질문을 쏟아내기 시작했다. 우리가 어디서 왔고, 아르헨티나에서 무엇을 했고, 여기서는 무엇을 했고, 무엇을 봤고, 무엇을 배웠고, 무엇을 할 건지 물었다. 그의 질문에 하나하나 대답하는 사이사이에 우리도 질문을 했다.

"벨리즈에는 어떻게 왔습니까?"

나의 첫 번째 질문이었다.

"우리는 박해받지 않고 자유로운 곳이면 어디라도 갑니다. 살다가도 박해가 시작되면 그 즉시 떠납니다. 인간이 신과 조화를 이루며 검소한 형태의 자유 속에서 살 수 있는 곳이 이 세상에 항상 있기 때문에 우리는 절대로 싸우지 않습니다."

"만일 신이 우리를 창조하셨고 완벽한 분이라면 왜 세상에는 태풍과 토네이도 그리고 화산폭발 같은 것들이 일어날까요? 왜 완벽하지 않고 전쟁을 일으키고 질병을 앓고 한 번씩 자신에게도 상해를 입히는 그런 인간을 창조하셨나요?"

내가 품고 있는 의문들을 해결하기 위해 물었다.

"신은 생명을 창조하셨고, 생명은 인간 창조에서 시작됩니다. 생명은 무에서 시작하지 않기 때문입니다. 그리고 이 생명이 의미를 갖기 위해서는 끝이 있어야 합니다. 언제 어떻게 이 생명이 끝나는지는 나도 모릅니다. 대지도 생명이 있고, 이 생명은 균형을 찾으며 변화를 겪게 되는데 여기서 태풍, 허리케인, 홍수 등이 오게 됩니다. 생명을 가지고 있는 인간도 이와 마찬가지로 균형을 찾는 거지요."

"그렇지만 전쟁과 살인으로 균형에 도달할 수 있는 건가요?"

"그렇지 않습니다. 인류는 절대로 전쟁을 시작하지 않았습니다. 소수의 몇 명이 자신들의 이익을 위해 두려움, 명예, 자부심과 영웅심을 섞어서 많은 사람들의 마음을 움직이고 설득시킨 겁니다. 그런 식으로 해서 그들은 거대한 대중 집단이 그들의 의지에 반해서 다른 인간들을 죽이도록 한 것입니다. 신께서는 인종이나 종교나 그 어떤 것도 따지지 말고 항상 '서로 사랑하라'고 말씀하셨습니다. 그냥 '서로 사랑하라'는 말씀만 하셨는데 그 말씀을 잊게 하고 다른 사람들을 증오하게 만드는 사람이 항상 나타나서 대부분 신의 이름으로 전쟁을 일으킵니다. 그는 적을 물리칠 영광을 달라고 신에게 부탁합니다. 그러나 신에게는 원수가 없고 형제만 있습니다. 평화로 가는 길은 없고, 평화가 길입니다."

"그렇다면 어떻게 균형을 찾습니까?"

"인류는 겨우 10만 년 전부터 존재했고, 인간은 이성을 가지면서부터 우월한 존재와 창조자에 대해 믿었습니다. 겨우 수천 년 전부터 메시아들과 예언자들이 나타나면서 평화와 균형을 주고, 여러 신들을 위해 싸우면서 자기들끼리 서로 죽이는 사람들을 하나로 묶었습니다. 비록 지금도 세상에는 전쟁이 일어나지만 이제는 큰 변화가 생겨나고 있습니다. 믿기 어려울 수도 있겠지만 모든 것을 파괴할 수 있는 폭탄으로 가득 차 있는 이 세상에 인간들 영혼의 가장 깊은 곳에서 '이제 더 이상 폭탄은 싫고 인성을 원한다'는 소망이 솟아나고 있습니다. 이미 많은 무기가 있는데 왜 더 이상의 무기가 필요한지, 전쟁으로는 아무것도 얻을 수 없는데 왜 전쟁을 하는지 사람들이 생각하기 시작했습니다. 우리 모두는 여기서 살 수 있고, 서로를 도와줄 수 있고, 균형 속에 살 수 있습니다. 사람들 마음속에 뭔가를 할 수 있고, 지구 반대편에 살고 있는 사람들에게 자신들의 말을 직접 전할 수 있는 힘이 자라나고 있습니다. 이것은 아주 멀리 떨어져 있는 곳에서 도움을 청할 수 있고, 도와줄 수 있는 힘입니다. 이것은 모든 사람들 속에 큰 영성을 꽃피우고, 생존하는 것보다 더불어 사는 것이 더 아름답다는 것을 가르쳐 줍니다."

“네, 그렇지만 아직 50년 이상 전쟁을 벌이면서 시민들만 희생을 당하고 있는 곳들도 있습니다. 그 전쟁들이 언제 끝날지 아무도 모릅니다.”

“어디에서 끝날지는 아세요? ‘간디’에서 끝날 겁니다. 그는 ‘나는 자유롭고, 자유롭기에 폭력이 아닌 것을 선택한다’는 말을 반복할 것이고, 무기가 아닌 이성으로 더 많은 것을 달성할 수 있다는 것을 보여줄 겁니다. 세상에는 많은 ‘간디들’ ‘테레사 수녀들’ ‘마호메트들’ ‘부처님들’ 그리고 ‘예수님들’이 세상을 위해서 큰일을 하고 있습니다. 그런 분들이 이 땅에 더 많이 오실 겁니다.”

그는 잠시 말을 멈추고 마차를 타고 가는 다른 아미시파 사람들에게 인사를 하였다.

“인류는 자신들의 균형에 도달하고 있고, 더 똑똑해지고 더 강해지고 있고, 소수가 다수를 지배하는 것이 점점 더 힘들어지고 있습니다. 인류는 정보와 역사를 통해서 폭력이 더 많은 폭력과 증오심과 복수심을 낳게 되고, 이것들은 다른 곳에서 그와 똑같은 증오심을 끝없이 낳는다는 것을 알게 되었습니다. 바로 이것을 인류는 끝내고 싶어 합니다. 이제 우리는 자부심이나 명예나 영웅에 관심이 없습니다. 이런 것들 없이 더 잘살기 때문입니다. 오늘날은 전쟁이 끝나면 각 진영의 사망자 숫자를 파악하지 않고 얼마나 많은 사람이 죽었고, 왜, 그리고 무엇 때문에 죽었는지에 대한 의문이 제기됩니다. 오늘날 사람들은 누구를 따를지 생각합니다. 다른 사람들을 증오해서 죽이도록 강요하는 지도자를 따를 것인가, 아니면 사랑하라고 충고하는 신을 따를 것인가?”

그는 신선한 우유를 한 모금 마시고 결론지었다.

"믿기 어렵겠지만 균형은 가까이에 있습니다."

바로 그날 다른 아미시파 사람들 집을 더 방문했다. 그들은 다른 사람들, 다른 사람들의 자식들과 이웃들, 다른 사람들이 사는 공동체, 다른 사람들이 생산한 것을 먹는 것과 직접적인 접촉을 통해서 현대화된 세계를 잘 알고 있으면서도 자기들만의 삶의 방식을 선택한 사람들이었다. 우리는 우리가 더욱더 진화된 존재들이라고 생각했다. 그러나 길을 가면서 생각과 사고에 있어서 그들이 우리보다 더 문명인들이라는 것을 알게 되었다.

어두운 색의 옷을 입고 손으로 직접 만든 의자에 앉아 우유를 마시면서 우리들한테 세상에 대한 명쾌한 해석을 해주었던 그 아미시파 사람처럼, 이 지역의 또 다른 주민이 나무 자를 톱을 실은 말을 몰고 가면서 말했다.

"단순하고 느리고 소박한 삶을 찾으십시오. 꼭 필요한 것만 가지고 사십시오. 새 것을 가질 때마다 당신은 가지고 있던 뭔가를 버리는 겁니다. 더 많은 것을 가질수록 그만큼 당신은 버리게 됩니다. 가진 것이 거의 없을 때 당신은 모든 것을 갖게 됩니다."

많은 사람들이 보여줄 것을 많이 가질수록 부자라고 생각하지만 진짜 부자는 이야기할 것을 많이 가지고 있는 사람들이다.

이곳에서 그들과 경이로운 일주일을 보내면서 우리는 무척 많이 성장했다는 생각이 들었다. 헤어지는 날, 그 메노파 가족과 다른 사람들은 이제는 수줍어하지 않고 우리와 포옹을 하고 볼맞춤 인사를 하였다. 헤어질 때마다 나한테서 뭔가가 떨어져 나간다는 기분이 들었다. 여행을 하면서 나는 한편으로는 더 강한 사람으로, 다른 한편으로는 감정이 더 풍부한 사람으로 성장했다.

México
y Cuba
여기까지:
27,149km
1년 9개월 보름째
N. Laredo
Monterrey
Zacatecas
León
Querétaro
México D. F.
Puebla
Veracruz
Mérida
Cancún
Tulúm
La Habana

멕시코와 쿠바

마야 땅과 아스테카 땅 사이에서

재회

같이 아마존 횡단을 하고 1년 전에 이키토스에서 헤어졌던 친구를 남은 여행 기간 동안에 그렇게 빨리 다시 만나리라고는 상상도 못했다. 그러나 여기에 영국친구 제임스가 있었다. 우리 셋은 세계 포옹을 했다.

"여기 칸쿤에서 뭐해요?"

그도 우리만큼 놀라서 물었다.

"아직도 여행 중이에요? 6개월 안에 알래스카까지 가야 한다고 하지 않았어요?"

"계획은 인간이 세우고 결정은 신이 하시죠."

내가 대답했다.

"집을 떠날 때 6개월만 여행할 거라고 했는데 벌써 22개월이 되었네요."

"이 아름답고 사랑스러운 멕시코에서 어떻게 지냈어요?"

"이 나라는 정말로 예쁘고 무척 마음에 들어요. 당신한테 이야기해도 믿지 않을 거예요."

"내 인생 최고 전성기 중 한 달을 당신들하고 같이 살았기 때문에 당신 두 사람 이야기는 뭐든지 다 믿어요."

"처음에는 툴룸 해변으로 갔어요. 마야인들이 거기에 사원을 세웠다면 뭔가 특별한 것이 있을 거라 생각했는데 우리 예상대로였어요. 그 지역에 있는 동굴들을 찾았어요. 지하 동굴들에는 시원하고 맑은 물이 가득 차 있었어요. 그 안에 들어가서 수영을 하니까 정말 꿈을 꾸는 것 같았어요. 그 다음에 카르멘 해변으로 가서 길에서 엽서하고 책을 팔았어요. 그런데 책이 한 권도 안 남고 다 팔렸어요!"

칸데가 대답했다.

"나중에 재판 찍으면 나한테 한 권 보내줘야 돼요."

제임스가 토를 달았다. 칸데가 계속 말했다.

"레스토랑을 운영하는 한 젊은이가 식사 초대를 했어요. 다른 술집 주인도 저녁에 문을 닫고 나면 자기 가게에 와서 자도 된다고 했어요. 그래서 며칠간은 탁자와 의자 쿠션들을 붙이고 밀림에서처럼 잤어요. 술집 전체가 그런 스타일로 내부 장식을 해 놓았더군요. 멕시코인들은 우리를 아주 반갑게 맞이해 주었어요."

내가 영국친구에게 이야기했다.

"당신은 칸쿤을 모르지만 우리는 그 도시에 도착해서 카르멘 해변의 레스토랑 주인집에서 숙박을 하고, 다음 날 길에서 한 부인이 우리를 멈추게 하더니 칸쿤의 조그마한 올드카 클럽 회원이라고 하면서 그날 밤 회원들의 모임이 있다고 했어요. 갔더니 클럽 소속 다섯 가족이 와 있었어요. 모두들 차를 핑계로 즐거운 한때를 보내고 있다가 갑자기 우리 숙박 담당 팀을 조직하였어요. 먼저 그 클럽 회원인 하이메가 칸쿤 해변에서 가장 위치 좋은 곳에 자리 잡고 있는 리조트를 빌려주었어요. 그 다음에는 차량 점검을 해주었고, 심지어 그들 친구 중 한 명은 범퍼 도색을 새로 다 해주었어요. 다른 회원은 칸데가 의료 검진을 받을 수 있게 해주었고, 우리 두 사람한테 마야 테마 공원 입장권을 구해 주었어요. 거기다가 식사 초대를 해주고 언론사와도 연결시켜 주었고요."

"그렇다고 매일 축제는 아니었어요. 우리도 일을 하면서……."

칸데가 내 말을 가로막았다.

"쇼핑센터에 가서 담당자들한테 쇼핑센터 안에 우리 차를 주차할 수 있게 허락한다면 관광객들의 관심을 끌 수 있을 거고, 그들에게 우리 여행 경험을 이야기해 주고 엽서도 팔겠다는 제안을 했어요."

"그들이 뭐라고 하던가요?"

"우리 아이디어에 무척 만족해 하면서 지역 언론에 연락을 하고, 우리가 있을 공간에 붉은 양탄자를 깔고 조명을 설치하고, 쇼핑센터 안에 있는 레스토랑으로 식사 초대를 했어요. 일주일 동안 전 세계에서 온 관광객들하고 이야기를 했고, 그들은 이루어지고 있는 꿈을 보면서 행복해했고, 엽서를 사주면서 우리를 응원했어요. 또한 쇼핑센터를 찾은 그 지역 사람들이 캄발라체 고기식당에 초대해 줘서 같이 춤도 추고 맛있는 고기도 먹었어요."

칸데가 이야기했다.

"당신을 마지막으로 본 이후로 우리 여행은 항상 그랬다고 자신 있게 말할 수 있어요."

내가 영국친구한테 말했다.

"항상 친절하게 우리를 도와주려는 사람들을 만났고 그래서 여기까지 오는 데 시간이 많이 지체된 거예요."

"당신 말을 믿어요."

제임스가 말했다.

"아직도 할 말이 더 있으니까 우리하고 같이 가요."

내가 제안했다.

"어디로 갈 건데요?"

"쿠바 어때요, 비용은 공짜로!"

영국친구는 놀라서 우리를 바라봤다.

"추방당한 쿠바인들이 있는데 자기 나라로 돌아갈 수가 없어요. 그들은 쿠바를 벗어날 수 없는 자기 가족들한테 옷, 위생용품, 상비약과 같은 생필품들을 전해주고 싶어 해요. 그래서 비행기 티켓과 운행요금까지 대준다는 조건으로 그 일을 해줄 관광객을 찾고 있어요. 갈래요?"

"네, 갑시다."

룸바 음악

하바나 공항에 도착하니 우리가 부탁을 받은 쿠바 가족이 우리를 맞이하러 나와 있었다. '우리 가족' 집에 도착하자마자 식구들은 우리가 가져 온 가방이 마치 크리스마스 선물이라도 되는 양 들뜬 마음으로 열었다. 가방 안에는 슈퍼마켓 카터에 일반적으로 담을 수 있는 그런 물건들이 들어 있었다. 그래서 몇 분 만에 우리는 쿠바에서 사람들이 어떻게 지내는지 짐작할 수 있었다.

우리는 부엌 위에 있는 다락방에다 짐을 풀었는데 방이 너무 낮아서 머리가 천장에 닿았다. 집은 작았지만 깨끗하고 정돈이 잘 되어 있었다. 그러나 칠이 벗겨진 벽들과 가구들과 물건들은 관리나 수리가 되지 않은 채 오랫동안 사용되었다는 것을 말하고 있었다. 유일하게 현대적이면서 귀하게 보호받고 있는 컬러TV는 매일 덮어두었다.

"4년간 일해서 모은 돈하고 마이애미에서 보내준 돈으로 저것을 샀어요."

아버지가 아주 귀한 예술작품을 전시하는 사람처럼 그것을 보여주기 위해 덮어둔 것을 벗기면서 말했다.

쿠바사람들이 어떻게 사는지 경험하고 싶어서 오후에 그 집 아들을 데리고 시장에 갔다. 상점은 몇 개 없었고, 거의 모든 진열대는 비어 있었지만 많은 사람들로 북적거렸고 모두들 최소한의 물품만 구매했다. 돼지고기를 팔던 정육점 주인이 우리말을 듣고는 말했다.

"아르헨티나 사람들이네요!"

그는 소리를 지르면서 자기 등 전체에 새긴 체 게바라의 문신을 보여줬다.

몇 가지를 사고서 울퉁불퉁하고 사람들로 가득 차고 금방이라도 무너질 듯해서 버팀목을 댄 집들 사이로 나 있는 길을 걸었다. 어떤 광고포스터도 보이지 않았다. 우리 쪽으로 너무나 오래되고 낡은 차들이 지나갔는데 그런 차들이 작동되는 것이 놀라웠다. 다른 상점으로 들어갔는데 거기에도 진열대는 텅 비어 있었다.

이런 상황에도 사람들이 시종 미소 짓는 것을 보고 놀랐다. 여기서는 어디를 가도 음악이 있었다. 거리에서 연주하는 사람들도 있고, 춤을 추는 사람들도 있고, 라디오를 듣는 사람들도 있었다. 그리고 길모

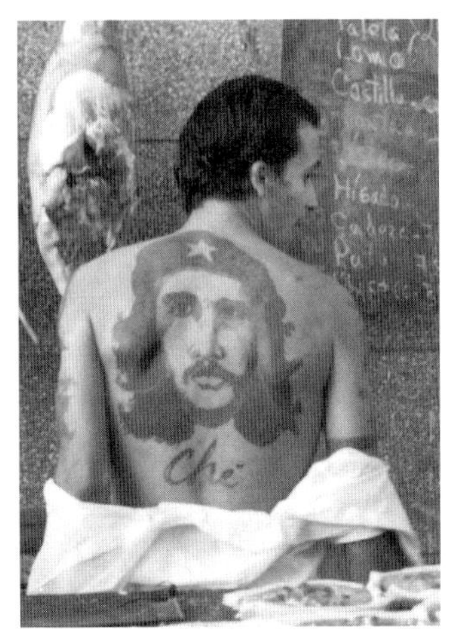

통이마다 사람들이 모여 있었다. 교회 벽에다 테니스공을 던지면서 노는 남자애들, 축구에 대해 이야기하는 사람들, 정치에 대해 대화를 나누는 사람들, 여자 이야기하는 젊은 남자애들과 남자 이야기하는 여자애들. 모든 거리가 다 이런 모습이었다.

버스 정류장으로 가니 사람들이 많이 있었지만 어느 누구도 줄을 서지 않았다. 우리를 안내해 주는 친구가 누가 마지막이냐고 물었다. 한 사람이 "난데요"라는 대답을 해서 우리는 누구 다음에 올라타야 하는지 알았다. 또 다른 사람이 와서 이와 같은 질문을 해서 이번에는 우리 안내원이 "우린데요"라고 대답을 했다. 마침내 트럭을 개조해서 만든 '낙타'처럼 생긴 버스가 왔다. 우리는 세상에서 가장 싼 버스비를 내고 여행을 했다.

쿠바여행 내내 거리에서 사람들과 어울렸다. 가이드가 전형적인 시골마을과 여러 관광지로 데리고 다니며 구경시켜 줬다. 우리는 광장에서 도미노 게임을 하고 라보데기타 델 메디오에서 모히토를 마시고 방파제에서 쿠바 살사를 췄다. 거기서 두 부인이 우리를 부르더니 뭔가를 요구했는데 돈이 아니라 아스피린과 치약이었다.

"요새로 갑시다."

택시 운전사한테 가이드가 말했다. 그는 우리한테 택시 안에서 한 마디도 하지 말라고 했다. 관광객과 쿠바 현지인들한테 적용되는 요금에 차이가 많이 나기 때문이라고 했다. 우리는 돈도 절약하고 진짜 쿠바 택시도 타보고 싶었다. 외국인들한테 바가지를 씌우다가 발각되면 차를 몰수당한다고 했다.

우리가 탄 택시는 50년대 차였는데 일반페인트로 칠을 하고 이 지역에서 구할 수 있는 장신구로 안을 꾸며 놓았다. 택시 좌석 대신에 봉지와 천을 깔고 앉고 차 소리와 함께 음악을 들으며 여행을 하니 쿠바 축제에 참가하는 기분이 들었다.

대포를 보기 위해 요새로 갔다. 식민지 시대 당시 거행되었던 그 도시 성문 닫는 의식이 재현되고 있었다. 가는 길에 운전사가 쿠바사람들을 합승시켰다. 운전사는 같은 방향으로 가는 승객을 발견하면 예외 없이 합승시켰다. 그래서 우리 차에는 7명이 탔다. 길에 있던 세 명의 경찰관 중에 한 명이 우리 택시를 멈추게 했다. 택시 운전사는 얼굴이 창백해졌다. 비록 우리가 한마디도 하지 않았지만 운전사도 바보가 아닌 이상 우리가 쿠바인이 아니라는 것을 눈치 채고 있었다. 그는 어쩔 줄 몰랐지만 일단 속도를 줄였다. 경찰관이 다가와서 차 안을 들여다보면서 승객들을 확인하다가 우리를 보고는 다른 경찰들을 불렀다. 그때 운전사가 쿠바식으로 큰 소리로 욕을 하면서 엑셀을 밟았다.

우리는 하바나 밤 문화를 마음껏 즐기고 나서 새벽녘에 돌아왔다. 매우 어두운 뒷골목들을 걸어서 돌아왔다. 모퉁이마다 여자애들끼리나 남자애들끼리 모여 있었지만 불상사는 일어나지 않았고, 여기서는 밤에 무서워해야 할 일이 하나도 없었다. 우리는 마치 낮에 산책 나갔던 사람들처럼 그렇게 집에 도착했다.

자유, 아름다운 보물

날씨가 매우 좋아 해변으로 나갔다. 하얀 백사장과 신비스러운 비취색 바다의 아름다움에 흠뻑 빠져들었다. 모든 것이 전부 아름다웠지만 군사 통제탑들이 있어서 이곳이 감옥소 같아 보이는 것이 옥에 티였다. 무장군인들이 국외로 탈출하려는 쿠바인들을 망원경으로 찾고 있었다.

바다에서 수경과 스노클을 끼고 있는 두 명의 쿠바인들이 눈에 띄었다. 볼 만한 것은 물고기나 산호가 아니라 흰 모래사장뿐이어서 그들에게 물었다.

"무엇을 찾으세요?"

"금, 반지, 팔찌……. 외국관광객들이 오면 항상 뭔가 찾게 됩니다."

물속에 오랜 시간 있다 보니 쭈글쭈글해진 손발과 닭살이 돋은 피부를 보면서 한 사람이 말했다.

"지난주에는 금반지를 하나 건져서 20달러 벌었어요!"

다른 사람이 기쁜 표정으로 말했다. 적은 돈이 아니었다. 여기서는 평균 월급이 30달러다.

조금 있다가 세 명의 뮤지션들이 칸데 쪽으로 다가와 노래를 불러주겠다고 해서 그녀는 기쁘게 허락했다. 그들은 정열적으로 불렀고

음은 경쾌했고 가사는 웃겼다. 그러나 세 명의 무장군인들이 와서 그들을 따로 불러내더니 한 명씩 데리고 가는 통에 노래는 중단되었다.

"저기 죄송하지만 무슨 일입니까? 저들은 우리 친구들이고 우리가 노래 좀 불러달라고 했는데요."

내가 군인들한테 이야기했다.

"괜히 끼어들어 일을 복잡하게 만들지 마시오."

그들 중 한 명이 나에게 말했다.

"걱정 마세요, 매일 이럽니다."

뮤지션 중 한 명이 슬픈 표정으로 말했다.

돌아오다가 사이드카가 붙어 있는 러시아제 오토바이와 그 뒤에 후드가 열려 있는 차를 봤다. 이런 기회는 수천 번 중에 한 번이었다. 발코니에서 거리의 움직임을 보는 사람들이 있었고, 마당에는 수백 켤레의 구두가 쌓여 있었고, 입에 시가를 문 구두수선공이 있었다. 창격자 사이로 인사를 하니 그가 반갑게 인사를 받으며 들어오라고 했다. 그 앞에 앉아서 이야기를 하고 있던 동료에게 우리한테 의자를 갖다 주라고 했다.

"마르타한테 이 양반들 목 좀 축이게 주스 좀 가져오라고 해!"

그가 소리쳤다.

"여기서 뭐하세요? 휴가 중이세요?"

그는 입에는 시가를 물고 손은 일을 하느라 바쁘게 움직이면서 물었다.

"어떻게 말씀드려야 할지 모르겠지만 휴가는 아니고 뭐 좀 배우려고 여행을 하고 있습니다."

"쿠바에서는 뭘 배웠습니까?"

"이제 온 지 5일밖에 되지 않아서 뭐라고 말씀드릴 수가 없습니다."

"그럼 내가 쿠바에 대해 하나 가르쳐 드릴게요. 이 나라는 섬인데 이곳에서 일어나는 일은 전 세계의 모범이 되고 있습니다. 우리는 고립되어 있고 우리에게 영향을 주거나 받을 수 있는 인접 국가들이 없습니다. 쿠바는 부가 소수에 편중되어 있었고 대다수 국민들이 가난했기 때문에 필연적인 혁명을 겪은 나라입니다."

그는 분명하게 말을 하려고 물고 있던 시가를 입에서 뺐다.

"이제는 부자가 한 명도 없고 모두가 가난하다고 말할 수 있습니다. 이제는 모두가 똑같이 고통받고 있습니다. 혁명 전에는 나도 직업이 있었는데 지금은 구두수선공입니다. 그 직업을 계속했더라면 지금보다 돈을 더 못 벌었을 겁니다. 구두수선비 지불할 돈도 없는 의사들처럼 됐겠죠. 그러나 지금은 모두가 세계에서 가장 질 좋은 쿠바산 시가를 필 수 있어요."

그는 한 모금 길게 빨더니 입에서 연기 향을 즐겼다.

"이 시가는 가격이 1페소입니다. 1달러만 있으면 30개비를 살 수 있어요. 그러나 전에는 한 개를 사려면 30달러가 필요했죠."

"네, 우리도 광장에서 거지가 시가 피우는 것을 봤습니다."

"당신들도 봤듯이 거지들까지도 시가를 피울 수 있고 음식이 부족하지 않고 의료혜택을 충분히 받습니다. 지금 좋은 점만 이야기하고 있습니다. 사실 좋아진 것도 많지만 나빠진 것도 많습니다. 정부나 외국인들 때문에. 우리는 항상 그들의 신발에 박힌 돌이었습니다."

마르타가 음료수를, 그의 동료가 의자를 가져왔다. 구두수선공은 한 모금 더 빨고 나서 말을 이었다.

"그러나 아무리 잘살고 건강, 직업, 집과 돈을 모두 다 가지고 있다고 해도 나한테 자유가 없다면 아무 의미가 없습니다. 가고 싶은 데로 가고, 읽고 싶은 것을 읽고, 쓰고 싶은 것을 쓰고, 보고 싶은 것을 보는 자유 말이죠. 내 집과 차와 직업을 고르는 자유……. 자유, 듣기만 해도 좋지 않습니까? 그 아름답고 훌륭한 단어가 이제는 쿠바에서 아주 멀리 떨어져 있습니다. 한 순간만이라도 그것을 가지면 얼마나 좋을까요!"

텅 빈 육체들

"젊은이들, 저녁 뭐 먹고 싶어요?"

우리가 묵고 있는 집 부인이 물었다.

"잡수시는 대로 주세요."

"어제와 그저께처럼 밥하고 콩인데, 그게 싫으면 콩하고 밥이고."

"괜찮다면 저녁거리로 닭하고 다른 것 좀 사 오세요."

내가 탁자 위에 돈을 올려놓으며 말했다. 여주인은 기쁜 낯으로 그 돈을 가지고 시장으로 갔다. 그녀는 돌아와서 우리한테 맛있는 밥을 해주려고 열심히 요리를 했다. 집안 전체에 구수한 냄새가 퍼졌다.

저녁을 먹으러 큰딸과 사위가 왔다. 그들은 결혼해서 자기들한테 방을 하나 내줄 만한 여유가 있는 숙모 집에 살고 있었다. 제임스도 왔다.

딸 부부는 외부 세계에 관심이 많은지 질문을 많이 했다. 대답하기에 앞서 우리는 아메리카대륙 전체를 여행 중이라고 했다.

"아르헨티나에서 알래스카까지요? 정부가 허락을 해주나요? 얼마나 있다가 돌아가야 합니까?"

"정해진 시간은 없고 허락을 받을 필요도 없습니다."

"다른 나라들이 당신들한테 입국을 허락합니까?"

"네, 지금까지는요."

"몇 개 국가를 돌아다니실 겁니까?"

"20개국 이상이요."

"20개국 이상을요!"

그들은 요정과 용이 나오는 믿기 어렵고 불가사의한 동화를 듣는 아이들처럼 놀란 눈으로 우리 말을 따라 했다.

"왜 여행을 하세요?"

"우리 꿈을 이루려고요."

이 말을 듣는 순간 그들은 아무런 표정도, 아무 말도 없었지만 그러나 눈에 큰 슬픔이 드리워졌다.

"여기서는 꿈이 없습니다. 여기서는 매일 생존하려고 온갖 힘을 다

쓸니다.”

사위가 말했다.

“꿈이 없어요?”

“어떤 꿈이요? 무슨 꿈이요? 꿈을 왜요? 우리가 할 수 있는 것은 아무것도 없습니다. 그런데 왜 꿈을 꿔야 하죠?”

그는 아무런 희망도 없는 사람처럼 말했다.

“진짜로 꿈이 없으세요?”

나는 내 앞에 있는, 살아 있는 고깃덩어리에 지나지 않는 속이 텅 빈 남자에게 계속해서 물었다. 나는 한 번도 그런 적이 없었다. 만일 우리한테 꿈이 없다면, 신념이 없다면 우리는 아무것도 아니다.

“꿈이라……. 당신들은 이 섬에서 나갈 수 있는 여권을 가지고 있고, 여기에 남아 있을 필요가 없고, 내일 갈 곳을 선택할 수 있고, 꿈을 꿀 수가 있습니다.”

자유, 너는 다시 떠오르는 숨어 있던 보물이다. 우리는 너를 가지고 있어서 너의 소중함을 몰랐다. 벨리즈의 화가가 말했던 것처럼 우리는 너를 가지고 있으면서도 너를 충분히 즐기지 못했다. 우리는 물질과 일과 돈에 얽매여 너를 제한했다. 구두수선공이나 이 젊은 부부가 너를 가진다면 그들도 꿈을 이룰 수 있을 텐데…….

“당신이 쿠바인이라면 어떻게 하시겠습니까?”

우리가 커피를 마시러 나갔을 때 제임스가 물었다.

“뗏목을 만들었을 거예요.”

칸데와 함께 리토 네비아의 노래 〈뗏목〉을 흥얼거렸다.＊ 우리 두

＊ 1948년 태생의 아르헨티나 록 음악의 거장으로 〈뗏목 La Balsa〉은 그의 대표곡이다.

사람은 자유 없는 삶보다는 난파를 택할 것이다.

다음 날 멕시코 칸쿤으로 돌아왔다. 빌린 리조트로 가기 전에 슈퍼에 물건 몇 개를 사러 들렀다. 들어가 물건들로 가득 차 있는 선반들을 보고는 몸이 그 자리에서 굳어버렸다.

아스테카 길

칸쿤에서 올드카 클럽 친구들과 푸짐하게 멕시코식 아침 식사를 하면서 이별의 정을 나누었다. 집을 비롯해서 많은 편의를 봐준 하이메가 내 팔을 잡고 밖에 있는 차 부근으로 데리고 갔다.

"허먼, 지난번엔 이 말을 못했는데 당신의 꿈은 내 꿈이기도 해요. 이 차를 타고 임신까지 해서 여행을 하는 칸데와 당신을 보면 나도 꿈을 이루고 싶은 의욕이 넘쳐흘러요. 그러니 꿈을 이루는 데 필요한 게 있으면 말해 줘요."

그는 말을 하면서 종이와 연필을 꺼내 적을 준비를 했다.

"신념이요."

"그렇지요, 신념. 그리고 또 뭐죠?"

하이메는 필요한 것을 당장이라도 살 것처럼 말했다.

"신념이 있다면 당신은 다 가진 겁니다. 신념이 있다면 당신은 성공할 수 있습니다. 이 여행을 위해서나 아니면 당신이 무엇을 하든 간에 당신이 무엇을 가지고 있는지 안 가지고 있는지는 중요하지 않습니다. 신념만 있으면 됩니다."

칸쿤을 출발했다. 내가 운전하는 동안 칸데는 이제 해야 할 일이 더 생겼다. 배를 쓰다듬고 자장가와 동요들을 불렀다. 우리는 치첸 이차,

메리다, 베라크루스, 팔렌케를 지나갔고, 여기서 우리의 마야 루트는 끝이 났다. 지금부터는 아스테카 땅으로 들어간다.

교회들의 도시인 아름다운 푸에블라에서 처음으로 차에 심각한 문제가 생긴 것 같았다. 시내에 있다가 출발하려고 하는데 시동이 안 걸리면서 이상한 소리가 났다. 도대체 어찌 된 영문인가 싶어 반사적으로 후드를 열어보았다.

"무슨 일입니까? 뭐가 잘못됐다면 여기서 네 블록만 가면 올드카 박물관이 있는데."

갑자기 하늘에서 떨어진 사람처럼 등 뒤에서 한 남자가 말했다.

박물관으로 가서 주인인 페르난도 가르시아 리몬을 부르니 그가 하던 일을 멈추고 우리를 도와주러 날아왔다. 전시되어 있는 차 한 대를 분해하더니 부품 하나를 꺼내 그레이엄에 장착하니 시동이 걸렸다.

다음 날 페르난도는 우리를 위해서 파티를 준비하고 손님들을 초대하고 음식과 심지어 뮤지션까지 준비하였다. 멋진 말솜씨로 우리를 위해 건배까지 제의해서 우리는 감동의 눈물을 흘렸다.

"꿈은 사람이 살아가기 위한 이유이며, 꿈을 위해서 사람은 목숨까지 바칠 수 있습니다. 여기 두 젊은이가, 가진 것이라곤 젊음밖에 없는 두 사람이, 우리와 같은 두 사람이, 자기들의 목숨을 걸고 모든 것을 걸고 꿈을 찾으러 떠났습니다. 이들은 출발했고, 이제 승리를 거두어들이고 있습니다. 이들은 꿈 덕분에 서로를 사랑합니다. 오늘 우리 모두는 이들과 함께 여행을 하고, 이들과 함께 우리의 꿈을 실현합니다. 이들을 위해서, 이들이 목적지에 도착하고 그래서 우리가 도착할 수 있도록 건배!"

그렇게 아름다운 말과 다정한 우정 앞에서 어떤 감사의 말을 해야 할지 몰랐다.

"아름답고 사랑스러운 멕시코여, 우리 모두들 알래스카로 갑시다!"

겨우 이 말만 나왔다.

"갑시다!"

손님들이 이구동성으로 따라 했다.

"여러분과 뮤지션들께 부탁드리고 싶은 게 있는데요, 〈왕〉이란 노래 부를 수 없을까요?"

요청하자마자 뮤지션들이 연주를 시작했고 모두를 크게 노래 불렀다.

페르난도에게 인쇄소에 대해 물었다. 중앙아메리카에서 겪은 일들을 추가해서 다시 인쇄할 준비를 다 했기 때문이었다. 그는 즉시 친구가 운영하는 인쇄소로 데리고 가서 매우 저렴한 가격으로 인쇄할 수 있게 해주었고 또한 그들과 함께 일하면서 도와줄 수 있게 해주었다.

책을 인쇄하고 있는 동안에 페르난도는 벌써 박물관 회원들과 친구들에게 책을 팔고 있었다. 그들 중 한 명이 일간지 〈신테시스〉의 사장이었는데 그가 기자에게 우리와 인터뷰를 하라고 시켰다. 인터뷰가 끝나고 신문사 사장이 우리를 부르더니 몇 분간의 대화 끝에 질문을 했다.

"제가 당신들을 위해 할 일이 없을까요?"

"책을 좀 사주신다면……."

우리는 그의 질문에 놀라서 대답했다.

"아니, 그것보다는 더 좋을 걸로요. 달력을 만듭시다!"

"달력을요?"

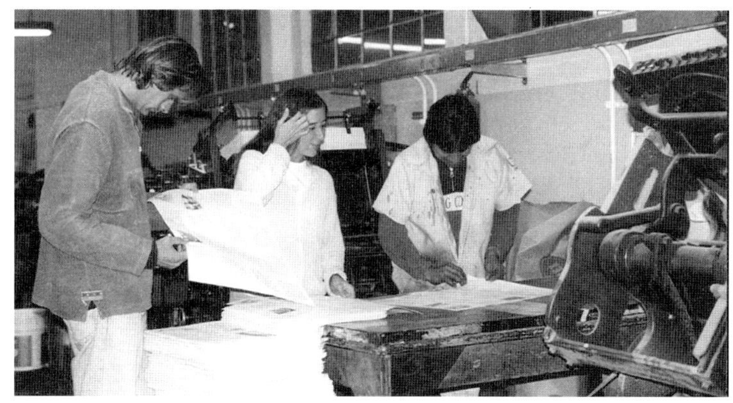

칸데와 나는 어리둥절해서 서로 쳐다봤다.

"네, 달력이요. 지금이 연말이라 그것을 만들어 팔기에 가장 좋은 때입니다. 달력 2천 부를 찍읍시다. 아니, 스페인어로 2천 부, 영어로 2천 부 찍으면 미국에서도 팔 수 있잖아요."

우리보다 더 관심을 갖고 생각을 하고 있던 사장의 목소리가 커졌다.

"양면에 칼라로 인쇄하면……. 여행 사진 좀 가져와서 우리 디자인 팀과 상담하고 열흘 있다가 샘플 보러 오세요."

"달력이라?"

우리는 서로에게 물었다.

달력과 책의 인쇄를 기다리는 동안에 푸에블라에 살고 있는, 베라크루스에서 알게 된 우루과이 사람 집에 머물렀다. 그는 멕시코 여자 카르멘과 결혼을 해서 두 딸을 두었는데 우리를 편하게 대해 주었다.

"이런 차를 타고 가는 당신들을 자동차 여행자들이 보면 무슨 생각을 할까요?"

우루과이 사람이 말했다.

"이 차를 봤을 때 나 자신에게 물었어요. '저게 뭐지?' 그리고 더 가까이 가서 보고는 생각했어요. '이 사람들은 여기서 뭘 할까? 어느 나라 차번호일까? 뭘 하고 있는 거지? 아르헨티나에서 알래스카로 여행하는 중이라는데……. 사실일까? 백만장자든지 아니면 미쳤든지…….' 당신들한테 엄청난 호기심을 가지면서 인사를 했어요. 당신들이 차를 세웠고 나는 갑자기 당신들을 집으로 초대해야겠다는 생각이 들었어요."

"그래서 여기 있잖아요."

카르멘이 기쁜 표정으로 결론지었다.

책 인쇄가 다 끝나고 인쇄비를 지불할 때가 되었다. 우리는 돈이 부족했는데 박물관의 한 회원이 인쇄비를 부담하였다. 그 많은 책을 다 어디에 둬야 하나 걱정이 될 정도였다. 그러나 그는 우리를 도와준 것을 무척 행복하게 여기며 책도 한 권 선물로 주었다. 그것은 아르헨티나 사람들인 앙헬과 네스토르가 포드T를 타고 알래스카까지 여행한 내용이었다. 그들이 에콰도르의 만타에 들렀다가 한 부부를 교회에 데려다 주었다는 말을 듣고 깜짝 놀랐다. 그 아르헨티나인들이 한겨울에 알래스카에 도착했다는 부분을 무척 감명 깊게 읽었다.

세상에서 가장 큰 도시로 가는 길

책 1,000권과 단돈 40달러를 가지고 푸에블라를 떠나 멕시코시티로 향하고 있다. 그 도시에 관한 놀랍고 아름다운 이야기들을 많이 들었다.

"칸데, 우리한테 일어났던 일들이 전부 시동이 안 걸렸기 때문이야."

"시동이 문제없이 걸렸다면 박물관 파티, 책, 달력, 친구들, 이 모든 것이 하나도 안 생겼겠지요."

"고장이라는 건 참 좋은 거야!"

"세상일이 다 그런 것 같아요. 우리한테 돈이 떨어지면 더 좋은 일이 생겼어요. 파나마에서는 비가 내리기 시작해서 중간에 차를 세워야만 했는데 대신에 꿈도 꾸지 못한 곳에서 여명을 맞이했잖아요. 콜롬비아에서는 배값이 없었기 때문에 사람들과 즐길 수 있었고요."

"무슨 문제든지 다 해결책이 있고, 거기다가 문제가 생길 때마다 좋은 일도 생기게 돼."

갑자기 우리 뒤를 따라오는 경찰차 사이렌 소리가 들려서 엄청 놀랐다. 차를 세우는 동안 멕시코 경찰에 대해 들었던 수천 가지 이야기들이 머리에 떠올랐다. 많은 사람들이 그들에게 뇌물을 주고 그들 말을 순순히 따르라는 충고를 해줬다. 그러나 우리는 뇌물은 단 한 푼도 주지 않을 거라 맹세했기 때문에 오후 내내 경찰과 다툴 마음을 먹었다.

백미러를 통해 경찰 한 명이 왼손에 뭘 들고 오는 것이 보였다. 벌금부과서일까?

"세우게 해서 죄송합니다만 당신들의 사진 한 장 찍는 기회를 주지 않는다면 보내드리지 않겠습니다."

그는 사진을 찍었다.

"우리 차하고 같이 한 장 찍으시겠어요?"

"그러죠, 당신들한테 범칙금 부과하는 것처럼 해서 한 장 찍어 주세요.”

헤어질 때 그는 셔츠에서 연방경찰 배지를 떼어내더니 우리한테 선물로 줬다.

고독과 도시

승용차와 트럭들이 붐비는 고속도로를 통해 거대한 도시로 들어갔다. 60년대형 밴이 다가오더니 우리 차 앞에 섰다.

“자동차 쇼에 가시는 거예요?”

밴을 몰던 젊은이가 소리쳤다.

“어디서 하는데요?”

우리는 물어보고 거기로 갔다. 책 팔 장소를 찾고 있었는데 그곳이 제격이었다.

자동차 엑스포는 신차 전시장이었다. 전 세계 모든 회사의 차들이 환상적인 무대에 전시되어 많은 사람들이 몰려들었다. 프로토타입과 제1세대 차들 그리고 예쁜 경차들이 화려한 조명 아래서 발표되었다. 음악과 레이싱 모델들도 있었다. 문 앞에서 이 낡은 차를 어떻게 가지고 들어갈까 생각하고 있었다. 몇 시간 전에 차 출품 회사 관계자들과 VIP손님들을 위한 개막식이 시작됐고, 일반인들은 들어갈 수 없다는 이야기를 들었다. 그때 푸에블라 박물관 주인인 페르난도 가르시아 리몬을 만나서 입장할 수 있었다. 그는 그 전시회를 기획한 비서한테 우리를 데리고 갔다. 여비서는 우리 이야기를 듣고는 무척 좋아하며 상황 봐서 상사한테 우리 이야기를 전할 것이며, 그도 이야기를 듣고 나면 우리가 하는 일에 도움을 줄 거라고 말했다.

대답을 기다리는 동안 우리 차가 잘 있는지 보러 갔다. 에스컬레이터를 내려가는데 커다란 유리문 뒤로 거리와 그레이엄이 보였다. 그런데 경찰 견인차가 우리 차를 견인하고 있었다! 은행에서 뛰어나오는 도둑들처럼 사람들 사이를 뛰어 차 있는 곳으로 갔다. 문 앞에 있던 경비원들은 상황을 전혀 파악하지 못하고 있다가 입장하는 사람들을 밀어젖히며 뛰는 우리를 보고는 쫓아오기 시작했다.

"멈춰요, 멈춰요!"

나는 견인하는 경찰들에게 소리 지르기 시작했다.

"이 지역은 주차 금지입니다. 그래서 죄송하지만 이 차를 견인하는 겁니다."

"안 돼요, 우리는 지금 전시장에 들어갈 준비를 하고 있습니다."

우리에겐 그레이엄을 견인해 가면 다시 찾을 돈이 없기 때문에 거짓말을 했다.

"죄송하지만 차 좀 내려주시고 이 젊은 친구들한테 무례하게 굴지 마십시오."

우리를 따라온 페르난도가 말했다.

"저는 임무를 수행하고 있어서 어쩔 수가 없습니다."

경찰이 대답했다. 전시장 경비들은 여기서 어떻게 해야 할지를 몰랐지만 그들이 나타난 것이 우리에게 힘이 되었다. 또한 전시장 촬영을 왔던 신문사 사진기자가 이 장면을 찍고 있었다. 페르난도는 이 기회를 놓치지 않고 가지고 있던 사진기자 출입증을 꺼내 경찰한테 보여주며 말했다.

"알겠습니다. 당신은 당신 일하고 나는 내 일을 하겠습니다. 벌써 우리는 당신 사진을 찍었고 이제 당신 이름만 알면 됩니다. 그럼 일간

지에 이 나라 전체에서 제일 부끄러운 멕시코인으로 당신 이름과 사진이 나갈 겁니다. 당신은 지금 누구 차를 견인해 가는지 전혀 모르고 있네요.”

얼굴이 창백해진 경찰은 모자를 똑바로 쓰고 바지를 올려 입더니 우리가 스페인 왕의 자식이라도 되는 것처럼 바라보았다. 그리고는 곧바로 우리 차를 내리고는 임무 수행을 하다 보니 결례를 하게 되었다면서 사과를 하고, 미리 알았더라면…… 하면서 수천 번의 사과를 더 했다. 그의 말을 들으며 페르난도를 보니 그가 눈을 찡긋거렸다.

이런 일을 또 당하지 않기 위해 전시장 아래에 있는 주차장에 차를 주차했다. 주차비를 시간당으로 아주 비싸게 받았지만 기회 닿는 대로 전시회 책임자에게 차를 보여줘야 했기 때문에 멀리 세우고 싶지 않았다.

그레이엄을 세워놓고 나서 페르난도가 가고 우리끼리만 있으니 고독감이 들었다. 그가 가까이에 있을 때는 모든 것이 쉬웠는데 이제는 우리 힘으로 해결해 나가야만 했다. 전시회 책임자의 비서를 다시 보러 갔더니 안타깝게도 오늘은 개막식이라 상사가 칵테일파티에 참석해서 손님들을 맞이해야 하기 때문에 우리를 만날 시간이 없다고 했다. 그 이야기를 들으니 조금 긴장이 되었다. 차를 내일 아침까지 주

차장에 놔두자니 주차비가 없고, 차를 뺀다면 내일은 전시장이 일반
인들에게 개방이 되니까 주차할 공간이 더 없을 것이기 때문이었다.
그렇다면 차라리 놔두는 것이 좋겠다. 그런데 우리는 어디로 가지?

우리 집이 당신 집이오

벌써 밤 9시가 됐다. 칸쿤에서 연락처를 얻게 된 한 가정에 전화를 했
다. 전화를 받은 사람은 우리에 대해 전혀 모르고 있어서 우리 사정을
다 이야기했다. 우리 말을 다 듣고는 그가 물었다.

"나한테 뭘 원하는 겁니까?"

"밤을 지낼 곳을 찾고 있는데요."

그에게 대답하니 아무 말이 안 들렸다. 전화를 끊은 것 같았다.

"여보세요?"

"네, 듣고 있습니다. 잠시 생각 좀 하고 있었습니다."

그 남자는 우리를 모르니 도와줄 수 있는 게 하나도 없다고 말할 수
도 있다.

"30분 후에 다시 전화 좀 주시겠습니까?"

약속한 시간이 흘러가길 기다리면서 얼마 남지 않은 페소를 낭비하
지 않기 위해 칵테일파티 장소에 들어가서 맛있는 음식들을 최고의 샴
페인에 곁들여 먹었다.

조금 있다가 다시 전화를 했다.

"30분 있다가 다시 전화 좀 주시겠습니까? 우리 집에는 공간이 없
어서 당신들을 재워 드릴 집을 찾고 있는 중입니다."

다시 파티 장소로 가서 정장을 입은 남자들과 드레스를 입은 여자

들 사이에 섞였다. 페르난도를 다시 찾았다.

"당신들 어디 있었어요? 내 딸이 당신들을 초대하려고 해서 내가 당신들을 찾아 데리고 가려고 했어요."

"정말 고맙습니다."

"40분쯤 뒤에 저기 있을게요."

칸데와 다른 파티 장소로 갔다. 이제는 갈 곳이 있다는 것을 축하하기 위해서였다. 우리가 자기 아버지의 친구도 아니고, 그냥 모르는 사람들이고 더군다나 시간이 10시 반인데 그 딸이 우리를 초대한다는 것이 이상했다. 그러나 전화를 거는 통에 돈이 더 부족해졌기 때문에 선택의 여지가 없었다.

정확히 40분 뒤에 그가 우리를 찾아와서 딸네 집으로 데리고 갔다. 딸과 남편과 세 명의 자녀들이 우리를 맞이하였다. 우리는 아이들 방에 있는 장난감들 사이에서 편안하게 지낼 것이다. 아이들은 자기들의 행복한 공간을 우리한테 내주고 자기들 부모와 잘 것이다. 그들은 집을 구석구석 안내해 주면서 이렇게 말했다.

"당신 집은 텔레비전이 아래층에 있으니 보고 싶을 때 언제든지 보십시오. 당신 집은 부엌이 이쪽에 있으니 원하는 게 있으면 마음껏 드십시오. 당신 집 열쇠는 이거니까……."

우리를 소개할 만한 것이 하나도 없는데도 그토록 마음을 열어주니 믿을 수가 없었다. 더군다나 그동안 우리한테는 항상 소개장과 보증서 같았던 차도 전시장 주차장에 있는 상황이었다. 그렇게 느리고 눈에 띄는 차로는 멀리 도망갈 수 없기 때문에 우리는 절대 나쁜 사람들이 아닐 거라는 말을 여행을 하면서 한두 번 들었다.

생각지도 못한 영업실적

다음 날 우리는 다시 전시장을 찾았다. 이제는 일반인들에게 개방이 되어 수천 명의 사람들이 줄을 서서 기다리고 있어서 우리는 주최 측에서 편의를 봐주기를 기대했다. 도착한 지 벌써 세 시간이 지났으니 더 기다린다면 큰 낭패였다.

"안녕하세요. 윌리엄 A. 메이어입니다."

우리가 전혀 모르는 어떤 남자가 우리 쪽으로 다가오면서 자기소개를 했다.

"이전부터 당신들을 여기 제 전시회에 모시고 싶었습니다. 저는 LA와 시카고에서도 전시회를 하고 있으니 거기에도 참석해 주시면 고맙겠습니다."

"대단히 고맙습니다."

우리는 놀라서 대답했다.

"레베카, 전시한 차들이 다 보이는 곳으로 이분들을 안내해 드리세요."

비서한테 말했다.

"대단히 고맙습니다만 한 가지 더 부탁드려도 될까요? 주차장에서 차를 빼내야 하는데 돈이 부족해서……."

전시회는 8일간 지속되고 11시부터 23시까지 개방된다고 레베카가 설명했다. 그녀는 우리 차를 한 전시관과 다른 전시관이 연결되는 문 바로 옆에다 세워놨다. 입장한 사람들은 전부 여기를 지나가야 할 것이다! 이런 환상적인 공간에서 우리 여행에 관한 이야기를 한두 번 시작하다 보니 수천 번도 더 하게 되었고, 그 결과 놀라울 정도로 책이 많이 팔려 생각지도 못한 영업실적도 올리게 되었다.

어떤 젊은이는 자기 동생과, 어떤 친구는 자기 애인과 책을 읽은 뒤에 다시 전시장을 찾았고, 모두들 큰 로고가 새겨진 비슷비슷한 새 점퍼들을 입었는데 그것을 본 순간 우리는 입을 다물지 못했다. 그것은 우리의 메시지로 우리가 옷 앞뒤로 붙인 로고였다. 그들이 가까이 와서 말했다.

"이것 팔아 보시라고 '창녀' 백 명 데리고 왔어요."

한 젊은 애가 뭔가 부드러운 것이 가득 들어 있는 검은 봉지를 내게 건네주었다.

"'창녀'라면 받을게요."

나는 웃으면서 봉지 안을 들여다봤다. 우리 로고와 모토가 들어 있는 '창녀'들이 있었다.

'꿈은 시작하면 이루어질 수 있습니다. 당신의 꿈을 시작하십시오.'

칸데와 내가 봉지 안에 있는 것을 다 꺼냈는데 그중에 아주 특별한, 아주 작은 사이즈의 우리 아기 것도 들어 있었다.

우리는 당혹스러웠다. 포옹을 하고 고맙다는 인사를 하면서 헤어질 때 자기들이 입고 있던 점퍼도 벗어주었다. 또 한 젊은이가 오더니 어떤 질문이나 말도 하지 않고 책 한 권을 요구했다.

"누구 이름으로 사인해 줄까요?"

칸데가 물었다.

"아니요. 대학교 총장님이 급히 찾으셔서요. 지금 연말 행사에 쓸 연설문을 작성하고 계신데 당신들한테서 샀던 책을 못 찾아서 나한테 다시 사오라고 시켰어요."

"안녕하세요, 저는 트럭 운전사입니다. 길에서 만나면 제가 타코 사 드릴게요."

한 남성이 중간에 끼어들었다.

"책을 읽고 다시 왔습니다."

한 남자가 손을 뻗어 나한테 뭔가를 넘겨주면서 말했다.

"받으세요. 여행에 쓰세요. 그렇지만 선물이라고는 생각지 마세요. 그냥 빌려주는 거예요. 오늘 당신처럼 어느 날 도움이 필요한 사람을 보게 되면 그에게 되돌려 주십시오. 나도 그런 도움을 받았으니 이제 당신한테 갚는 겁니다."

호기심 많은 어떤 사람이 물었다.

"기네스북 기록은 티에라 엘 푸에고에서 알래스카까지 25일이던데 당신들은 며칠이나 여행했습니까?"

"기록이 25일이라면 그 기록은 계속 유지되겠네요. 우리는 그 기록을 깰 수 없을 겁니다."

"안됐네요! 확실해요? 며칠이나 갈 겁니까?"

"아마 2년하고 25일은 갈 겁니다."

부활

멋진 차들을 많이 보고 난 후 책을 팔 진열대를 세우고 있는데 유명한 고급 차들 전시관에 있던 한 남자가 우리를 방문했다. 외모와 행동으로 봐서는 사업에 성공을 거둔 사람 같았고 옷도 잘 입고 있었다.

"내가 여기서 일한 지도 벌써 20년이 지났네요. 20년이 날아갔습니다. 돈을 좀 번 다음 내가 원하는 것을 찾아 하겠다는 마음으로 이곳에 들어왔어요. 그러나 20년의 세월은 빛의 속도로 지나갔고 이제는 뭘 해야 할지 모르겠습니다. 내가 진정 이 일을 좋아하는지도 모르겠어요. 다른 일들을 하고 싶었지만 모두들 나한테 지금 하고 있는 일과 지금 가지고 있는 것과 내 직업에 감사해야 된다고, 그리고 나보다 더 힘든 상황에 있는 사람들도 있다고 했어요.”

그는 잠시 말을 멈추었다가 뭔가 무거운 짐을 내려놓고 싶은 사람처럼 말을 이어갔다.

“벌써 20년이 흘렀고 이제는 시스템 속에서 따라가고만 있습니다. 시스템 속에서 내 일은 잘 돌아가고 있지만 나한테는 맞지가 않습니다. 내 일을 사랑하고 싶고, 내 일이 나한테 그리고 많은 사람들한테 도움이 되기를 바랐죠. 20년 동안 일했는데 나는 다른 사람의 엔진 부품에 지나지 않는다는 생각만 듭니다. 내 엔진은 켤 줄을 모를까봐, 고장날까봐, 고칠 줄 모를까봐 꺼두었어요. 20년이 지났습니다. 이제는 내가 하고 싶은 것을 위해서 할 수 있는 것이 무엇인지 알고 싶고, 또 변화하고 싶다는 마음이 커지는 만큼 두려움도 커졌어요.”

두려움과 편안함과 현실과의 타협과 자유를 향한 용기 부족으로 그가 품었던 꿈은 깨지고 말았다. 그 모든 것이 그의 꿈을 억누른 것이다. “일어나서 걸어라”라고 예수님은 죽은 사람에게 말씀하셨다. 이와 똑같은 말을 이 남자한테 해준다면 죽음에서 부활할 뿐만 아니라 그가 살아보지 못한 삶과 잃어버리고 의미조차 없어진 존재에서 부활할 수 있을 것이다.

“어느 중국 철학자가 말했어요. ‘천 마일도 첫 걸음부터 시작한다.’ 왜 일어나서 걸어가지 않으세요?”

그는 내 말에 아무런 대답도 하지 않고 나를 바라만 봤다.

“만일 놀이공원 티켓을 가지고 있다면 무엇을 하시겠습니까?”

“음…… . 일찍 일어나 제일 먼저 입장해서 제일 나중에 나올 것 같은데요.”

“놀이기구는 다 타실 겁니까?”

“네, 물론이죠. 기다리는 사람들 줄이 아무리 길게 늘어서 있다 하더라도 겁은 좀 나겠지만 내가 좋아했던 놀이기구는 다 탈 것입니다. 별로 관심이 없었던 것들도 타볼 거고, 그러고도 시간이 남는다면 다시 한 번씩 더 타서 본전을 완전히 뽑을 것입니다.”

“만일 놀이공원에 하루만 입장할 수 있는 티켓이 아니라 평생 회원권을 가지게 된다면 어떻게 하시겠습니까?”

그에게 생각할 시간을 몇 초 주었다.

“나는 죽은 뒤에 낙원이 있는지는 모릅니다. 어느 누구도 죽은 뒤에 다시 살아나서 그 이야기를 해준 사람은 없으니까요. 내 생각에는 우리가 살고 있는 이 세상이 낙원인 것 같습니다. 우리는 이 낙원에 즐기러 온 것이지, 즐거운 다음 생을 위해 희생의 삶을 살러 온 것이 아닙니다. 신은 우리에게 삶의 기적을 선물하셨는데 우리가 그 삶을 제대로 영위하지 못한다면 신이 우리에게 더 행복한 삶을 줄 필요가 뭐가 있겠습니까?”

우리는 아무 말 없이 서로 바라봤다. 그는 해맑은 미소를 지으며 나를 포옹하고는 갔다. 그 자리에서 그에게 한 말을 생각하다가 내가 참 많이 변했다는 것을 알게 되었다. 아마도 꿈은 전염이 되는 모양이다.

확실하게 전염되는 것은 ‘목테수마의 복수’였다. 거의 모든 관광객이 이 도시에서 그 병에 걸렸고 나도 고열에 시달렸다. 부리토나 엔칠라다나 아니면 새끼 염소 바비큐나 아니면 그 밖의 먹은 음식들 때문에 감염된 것 같았다. 4일간 아무것도 못하고 지냈고 칸데 혼자서 찾아오는 사람들을 맞이했다. 전시장에는 누워 있을 곳이 없었고 차 안에 있기도 불편해서 차 밑으로 들어가서 쉬다가 잠이 들었다. 거기서는 차 주위를 돌아다니는 수백 개의 발들이 보였고, 칸데가 여행에 대해 하는 이야기를 들을 수 있었다. 한 어린아이가 장난감 자동차를 떨어뜨렸다가 주워들면서 나를 봤다.

"아빠, 저 차 밑에 사람이 죽어 있어요!"

그 소리에 나는 잠이 깼고 수많은 사람들이 나를 바라보고 있었다.

소치밀코

전시회가 끝나고 집을 옮겼는데 전에 우리 집을 처분했을 때만큼 힘들었다. 수백 개의 가정에서 초대를 해서 다 받아들일 수 없었고 새로운 보금자리로 한 가정을 선택해야만 했다.

르노자동차 클럽 회원인 미겔의 집으로 가기로 했다. 그는 알래스카의 추위에 대비해서 우리 차에다 히터와 그 밖에 필요한 것도 설치해 주고 싶어 했다.

그와 그의 부인과 함께 일주일 이상 소치밀코의 아스테마 피라미드들을 둘러보았고 심지어 우리와의 작별을 위한 자동차 시가행진을 기획해서 같이 도시를 돌았다. 헤어질 때 그 부인이 칸데에게 말했다.

"남편이 당신들을 집으로 데리고 온다고 말했을 때 나는 미친 듯이 화를 냈어요. 전혀 모르는 외지 사람을 어떻게 집으로 데려오느냐고 따졌는데……. 이제 떠난다고 하니 안 갔으면 싶고, 당신들이 무척 보고 싶을 것 같아요. 여행 중에 당신하고 아기한테 도움이 됐으면 하는 마음으로 이걸 샀어요."

포장되어 있는 조그만 상자를 열어 보니 멕시코 수호신이자 아메리카대륙의 수호신인 과달루페의 성모 마리아 메달이 들어 있었다. 감동받은 칸데는 그녀에게 고맙다는 인사를 했다.

바퀴 휠

자동차 전시장에서 어떤 멕시코 사람이 자기들은 캐나다 비자를 신청할 수 없다고 말했다. 우리들은? 아르헨티나인들은 할 수 있다고 했다. 처음에는 혹시 우리한테도 비자를 거부하지 않을까라는 의심과 걱정이 앞섰다. 그러나 차분히 생각해 보니까 그런 일은 절대로 안 일어날 것 같았다. 신문스크랩과 사진들, 책 그리고 대사관 추천서 같은 것들을 서류철에다 일목요연하게 정리해 두었다.

그것을 보여줄 목적으로 캐나다 대사관으로 갔다가 그들이 그것을 볼 리가 없다는 것을 알게 되었다. 비자를 신청하기 위해 안타깝게도 돌려받을 수 없는 100달러짜리 인지를 붙였다. 조금 화가 났다. 부자국가가 겨우 몇 분 걸리는 서류 수속에 왜 그렇게 많은 돈을 받을까?

전 세계에서 온 사람들 틈에 끼어서 줄을 섰다. 마침내 우리 차례가 되어서 방탄유리로 된 창구로 가니 멕시코 여직원이 일을 하고 있었는데 그녀와는 마이크로폰으로만 이야기할 수 있었다.

"국적은요?"

"아르헨티나입니다."

그 여직원은 서류를 검토하더니 우리에게 어떤 등급을 배정하였다. 그리고 계속해서 물었다.

"돈은 얼마나 가지고 있습니까?"

"충분히 있습니다."

"은행계좌는 있습니까?"

"아니요, 그러나 원한다면 우리가 가지고 있는 것을 보여드리겠습니다."

우리 서류철을 꺼냈다. 그녀는 우리가 준 것을 전부 다 보면서 놀라는 눈치였다. 여행과 모험에 대한 부러움을 감추려고 했지만 그녀의 얼굴에 다 나타났다. 그녀는 계속 질문했다.

"직업은요?"

"전기기사와 비서입니다."

부러운 표정은 사라지고 걱정스러운 표정이 나타났다.

"뭐가 잘못됐나요?"

"아니에요. 이 서류를 전부 영사님한테 갖다 드릴 테니 잠시만 앉아서 기다리시면 다시 부를 겁니다."

우리는 그녀가 말하는 대로 앉았지만 매우 불안하고 초조했다. 우리 옆에서 기다리고 있던 사람들을 두 번째로 부르는 것을 봤다. 멀리서 그들의 얼굴 표정을 순간적으로 볼 수 있었는데 누가 비자를 받고, 누가 못 받았는지 알 수 있었다.

기다리면서 온갖 생각을 다 했다. 첫 번째 질문은 국적이었다. 다시 말해 어떤 장소에서 태어났느냐에 따라 가능성이 달라지는 것이다. 그래서 어떻게 옷을 입느냐도 중요했다. 깔끔하게 차려입고 서양인처럼 생길수록 더 유리했다. 그야말로 모든 것이 인종차별이었다. 잘사는 나라 국민은 어떻게 차려입어도 입국할 수 있다. 만일 당신이 그런 잘사는 나라 국민이 아니라 수입이 별로 없는 선생님으로 여기저기 돌아다니며 가르치기 위해서 여행하려고 한다면 입국할 수 없다.

우리 이름을 불러서 우리는 손을 꼭 잡고 자리에서 일어나 무시무시한 방탄 창구로 다가갔다. 여직원은 우리와 눈도 안 마주쳤는데 아마도 그러고 싶지 않은 모양이었다. 서류를 보고 나서는 우리한테 서류철, 일기장, 여권을 되돌려 줬다.

"캐나다로 갈 수 있나요?"

"아니요, 영사님이 비자를 거부했습니다."

"아니, 이유가 뭐죠?"

거칠게 따져 물었다. 죽고 싶은 심정이었다.

"이유는 말씀드릴 수 없고 비자가 거부되었다는 말씀만 드릴 수 있습니다."

"그렇지만 우리 꿈을 이루기 위해 알래스카에 도착하기 위해서는 캐나다를 통과해야만 합니다. 절대로 여기서 멈출 수는 없습니다. 영사님은 우리가 제출한 서류를 전부 다 보셨나요?"

"제가 영사님께 당신들 상황을 다 말씀드렸는데 은행계좌가 없다는 것을 문제 삼으셨어요. 그분들한테는 그것이 무엇보다도 가장 중요합니다."

여직원이 내 생각을 확인하면서 설명했다.

"죄송하지만 영사님하고 이야기 좀 할 수 있을까요? 부탁드립니다."

"아니요, 아무도 안 만나주세요. 한번 "노"라고 하면 '노'예요. 죄송합니다."

거부당하고 차별당하고 자존심이 구겨졌다는 생각이 들면서 풀이 죽었다. 마치 병에 걸린 사람들 같았다. 여권을 펼치고 거부라고 크게 직인이 찍힌 것을 봤다. 칸데는 캐나다에 입국할 수 없다는 것 때문이 아니라 그 직인과, 아무것도 할 수 없다는 무능력 때문에 울기 시작했다. 정말 끔찍한 기분이 들었다.

"은행계좌가 없어서 입국을 거부당했어요. 우리 집에는 비자 없는 사람들도 많이 와서 비자 있는 사람들처럼 특별한 대접을 받았는데."

칸데가 눈물을 흘리며 말했다. 국경의 다른 쪽에서 태어났고, 돈이 없다는 이유로 쫓겨났다. 우리가 하고 있는 일뿐만이 아니라 우리는 건강한 일을 하고 있는 좋은 사람들이라고 생각하고 있었기 때문에 거부당하리라고는 상상도 한 적이 없었다. 우리 두 사람은 무능력에 대한 분노의 울음을 터뜨렸다. 그 사람은 우리 얼굴조차도 보러 나오지 않았고 그렇게 부탁했는데도 만나주지 않고 차별하였다. 그에게 말조차도, 설명조차도 할 수 없을 만큼 우리는 무능력했다. 우리는 그 페이지를 여권에서 뜯어내고 싶었지만 굳이 그럴 필요까지는 없었다.

"칸데, 알래스카가 우리 목적지니까 어떻게 해서라도 도착할 거야. 우리는 한 사람이 우리 길을 가로막도록 하기 위해 여기에 온 것이 아니잖아."

"그는 꿈이 뭔지를 전혀 모르는 멍청이에요. 분명 그는 자기 일을 증오하고, 멕시코에 있는 것을 증오할 거예요. 어떻게 한 사람이 내 운명을 결정지을 수 있어요? 어떻게 자기 나라 사람들에게 꿈을 나누고 우리 이야기를 들려 줄 수 있는 기회를 빼앗을 수 있는 거죠?"

이 직인을 다시 돌려줄 방법이 없을까 생각해 봤다. 여행 도중에 만났던 캐나다 사람들과 우리를 모르면서도 편지를 보내준 사람들과 벌써 우리들한테 자기 집을 제공한 캐나다 올드카 클럽 회원들에게 편지를 쓰면 좋겠다는 생각이 들었다. 그들에게 여기서 일어났던 일을 써서 보내는 것이다. 그러나 좀 차분해지고 화를 가라앉히고 생각을 좀 더 해서 며칠 지나고 쓰기로 했다.

돈키호테, 로시난테 그리고……

남편은 우루과이 사람이고, 부인은 멕시
코 사람인 그 가정에 약속한 대로 크리스
마스를 보내러 푸에블라로 돌아왔다. 그
리고 달력도 찾아야 했는데 신문사 사장
이 말했던 4천 부가 아니라 7천 부나 되었
다! 그 많은 것을 어떻게 차에 실을지, 또
어떻게 다 팔지 엄두가 나지 않았다.

"누가 우리 사진이 들어간 달력을 사려
고 할까? 누가 일 년 동안 자기 집 부엌에
우리 얼굴이 들어 있는 달력이 걸려 있는
것을 좋아할까?"

우리 스스로에게 물어봤다. 처음으로
판매를 해보려고 한 도시는 케레타로였
다. 도착해서 자동차 쇼에서 만나 우리를 초대한 호텔에서 묵었다. 호
텔 건너편에 있는 한 신문사 편집실에서 내일 조간신문 인쇄를 마감
하고 있다가 다시 우리 이야기를 1면에 싣느라 작업을 재개했다.

다음 날 아름다운 석조건물들 사이에 위치한 중앙광장으로 가서 주
차 금지 팻말이 붙어 있는 곳에 주차하고, 우리 여정이 표시되어 있는
지도를 사진과 함께 걸어놓았다. 그리고 그레이엄 앞뒤 옆쪽으로 달
력을 다 붙였다. 눈에 띄는 차 때문에, 신문 기사 때문에, 혹은 왜 그
렇게 사람들이 모여드는지 궁금해서 금방 사람들이 몰려들었다.

한 사람이 달력을 사면서 사인을 부탁했다. 그리고 또 한 사람이,
또 다른 사람이……. 고개를 들어 보니 우리 달력을 사겠다고 손에 돈

을 들고 있는 사람들 줄이 길게 늘어서 있었다. 자기들끼리 질문하는 소리가 들렸다.

"선물 뭐 준대요?"

"선물이 아니라 달력을 판대요."

"저 사람들이 누군데요?"

"우리도 모르겠지만 사인을 하고 있는 걸 보니까 유명한 사람들인가 봐요."

밤에 멕시코 대학교 총장님과 같이 저녁을 먹으러 갔다. 그러나 우리는 밥을 어느 정도 다 먹을 때까지도 그가 누군지 몰랐다.

"나는 자동차를 사랑하는 사람도 아닌데 왜 자동차 쇼에 갔는지 모르겠어요. 거기서 당신들을 봤고 책을 한 권 샀어요. 그 책이 무척 마음에 들어서 연말 종강 강연할 때 그 책 인용을 많이 했습니다. 그때 많은 학생들이 얻은 것은 자신들의 꿈이나 자기 부모님들이 바라던 꿈이었습니다. 어쨌건 대부분의 학생들은 자신들의 인생에서 한 발 더 앞으로 나갔습니다. 수천 명의 학생들이 변호사, 의사, 건축기사 자격증을 따지만 자기 꿈을 좇는 사람은 얼마나 있을까요?"

그 말을 듣고 또 우리 꿈이 다른 사람들에게 도움이 될 수 있다는 것을 알고 무척 기뻤다. 그가 전시장을 찾은 이유가 바로 이것이었을지도 모른다. 우리가 조용히 그의 말을 생각하고 있는데 그의 친구가 정적을 깨면서 말했다.

"당신들 차는 돈키호테가 타고 가던 로시난테 같아요. 그리고 당신은 키가 크고 말랐고, 조금 정상이 아닌 걸 보니 분명히 돈키호테를 닮았어요."

그는 나를 가리키고 나서는 칸데에게 시선을 돌렸다.

"반면에 당신은……."

그가 잠깐 말을 멈추어서 우리는 그가 칸데에게 '산초 판사'라고 말할 거라 생각하고는 전부 같이 웃었다.

"둘시네아를 닮았어요. 이 차, 이 부인 그리고 당신은 『돈키호테 데 라 만차』의 제2부이고, 당신들의 아름다운 여행이야기의 결말이 무척 기대됩니다."

네 자신을 보는 것처럼 내 자신을 봤다

케레타로를 떠나기 전에 편지 한 통을 써서 캐나다에 있는 지인들에게 전자메일로 보냈다. 편지로 비자 관련 상황을 알리고 답장을 기다리겠다고 했다. 그리고서 아름다운 산미겔 데 아옌데로 가서 거기서부터 신비스러운 과나후아토까지 여행을 했다. 아메리카대륙에 온 것이 아니라 유럽의 어느 도시에 있는 것 같았다.

과나후아토에서는 미라 박물관을 구경했다. 건조한 지역의 아무도 찾지 않는 묘지에서 부서지지 않고 미라가 된 시체들이 전시되어 있었다. 수백 구의 미라가 있는 통로를 따라 들어갔다. 장화 신은 미라부터 알몸의 미라도 있었다. 출산하다가 아기하고 같이 죽은 여인들도 보였다. 모두 고통스러운 얼굴이었고 육신은 수척해 있었다. 제일 끝 조금 앞에 팻말을 들고 있는 미라가 있었다. 몇몇 사람은 그것을 읽으면서 웃었고 또 어떤 사람들은 생각에 잠겼다.

'네 자신을 보는 것처럼 내 자신을 봤다. 네가 나를 보는 것처럼 네 자신을 봐라.'

칸데와 나도 생각에 잠겼다. 모든 사람은 살면서 죽음과 경주를 하고, 거기서 항상 이기는 것은 죽음이라는 생각이 들었다. 그러나 승리는 경주하는 동안에 있는 것이지, 마지막에 있는 것이 아니다. 우리는 이 경주에서 달리고 즐긴다.

우리가 방문하는 곳 중에는 아구아스칼리엔테스 가까이에 있는 시에나가스 데 마타 농장이 있었다. 거기로 차를 몰았다. 길은 황량하고 사람이라고는 한 명도 안 보였고, 태양은 뜨겁게 내리쬐고, 땀으로 옷이 몸에 착 달라붙었다. 한낮의 뜨거운 열기 때문에 차를 세워야만 했다. 그렇지만 어디에? 아스팔트는 너무 뜨거웠고, 그늘이라곤 눈 씻고 봐도 없어서 계속 갔다. 타르 냄새보다는 뜨거운 바람이 차라리 나았다. 반대편에서 트럭 한 대가 오고 있었다. 우리를 지나가자마자 뭔가 어둡고 둥근 것이 그 차바퀴에서 빠져나와 굉장한 속도로 땅바닥으로 떨어졌다가 우리 쪽으로 날아왔다. 금속 부딪히는 소리와 유리 깨지는 소리가 들렸다. 반사적으로 나는 몸을 숙였는데 또다시 부딪히는 소리와 칸데의 비명이 들렸고 유리가 사방으로 튀었다. 그리고는 조용해졌다. 칸데를 보니 이마에 상처가 났는데 심한 정도는 아니었다. 무척 놀란 그녀는 나를 바라보았다. 내 손은 피범벅이었고 백미러로 얼굴을 보니 작은 상처가 많이 있었다. 피는 났지만 아프지는 않았다. 칸데는 걱정스런 표정으로 두려움에 떨었다.

"뭐예요?"

칸데가 물었다.

"아마 돌인 것 같아. 날아오는 것을 봤거든. 어디에 있지? 어디로 날아갔을까?"

뒷좌석을 살펴봤지만 찾지 못했다. 고개를 들어 보니 천으로 된 지붕에 큰 구멍이 나 있었다. 손을 넣어 더듬어 보니 자몽보다도 더 큰 돌 하나가 있었다.

"이걸 맞았으면 당신은 죽었을 거예요."

아직도 불안해하고 있는 칸데가 돌을 보고는 말했다.

"만일 당신한테 무슨 일이 생겼으면 어쩔 뻔했어요?"

이런 생각을 하면서 그녀는 더 긴장했다.

"이 사막 한복판에서 당신을 데리고 어디로 갈 수 있겠어요?"

그녀는 나를 도와 내 몸에 박힌 유리를 빼냈다. 유리조각을 하나하나 빼낼 때마다 만일 돌이 내 얼굴로 직접 날아왔으면 어떻게 됐을까, 라는 말을 계속했다. 그리고 앞유리와 지붕에 난 구멍들을 자세히 살펴보더니 자기 두 팔을 뻗어 구멍 크기를 재보았다. 만일 그때 몸을 숙이지 않았더라면 분명 큰일이 났을 것이다.

내려서 차 앞을 살펴보았다. 헤드라이트는 첫 번째 충돌 때 부서졌고, 경고등은 내가 고개를 숙였을 때 망가졌다. 그 다음에 돌은 앞유리로 날아갔고 마지막으로 차 지붕과 부딪친 것이다. 돌에 고무 자국이 난 걸로 봐서 분명히 트럭 뒷바퀴 두 개 사이에 끼어 있다가 우리를 지나는 그 순간에 빠진 것이다. 칸데를 도와서 차 시트 청소를 대충 하고 계속 길을 갔다.

멕시코 카우보이

사고 직후 60미터 정도 가니까 농장 입구가 나왔다. 1650년부터 린콘 가야르도 집안 소유의 농장이었다. 그 당시는 대단위 농장이어서 36만 헥타르의 면적에 1,850명의 주민이 살고 있었다. 또한 다른 도시들이 부러워할 만한 교회도 가지고 있었고 마을과 댐도 가지고 있었다.

'폰초' 린콘 가야르도가 우리를 맞이했다. 그는 소떼를 몰고 있어서 우리는 그를 기다려야 했다. 그는 세월을 비켜가는 사람처럼 젊어 보였다. 이 사람한테는 늙음이 아직 기다리고 있어야 할 것 같았다. 폰초는 전형적인 멕시코 카우보이여서 그를 만난 것은 우리에게 행운이었다.

우리는 그 집과 농장 역사가 무척 마음에 들어서 그에게 이야기를 좀 더 해달라고 부탁했다. 그는 먼저 교회와 집 정면을 보여주었다. 몇 개의 깨진 석상들과 수많은 총구멍이 보였다.

"판초 비야(멕시코의 혁명가)예요."

카우보이가 말하고 나서 집 내부를 보여주고 안마당에 있는 큰 탁자에서 그의 아들과 함께 저녁을 먹었다. 밥을 먹으면서 농장이 이전만큼의 규모는 아니라고 말했다. 혁명, 농지개혁과, 가족들이 나누어 갖고 그리고 일부는 팔아서 규모가 줄었다고 했다. 그래도 오래된 집과 마구간과 그 밖의 건물들이 그 황금세기를 재현하고 있었다.

밤에 우리는 '주교의 방'에서 잤다. 그렇게 이름 붙인 이유는 주교가 미사를 주관하러 아구아스칼리엔테스에서 왔다가 묵고 간 곳이기 때문이었다.

폰초는 우리가 그곳 역사에 무척 관심을 갖는 것을 보고는 그 농장에 관한 책 한 권을 선물로 주었다. 우리는 감사의 표시로 우리 책을 선물하였다.

"어떻게 벌써 여행 책이 나왔어요? 아직 여행이 안 끝났잖아요?"

"폰초, 이것은 당신 농장 같은 거예요. 아직까지 존재하는 것에 관해 읽는다는 것은 아름다운 일이고, 우리 책은 아직까지 일어나고 있는 것에 대한 것이에요."

"어디서 인쇄했어요?"

"레온에 있는 조그만 인쇄소에서 새로 찍은 거예요. 거기에서 매우 규모가 큰 책 전시회가 열렸는데 우리도 참가했어요."

내가 대답했다.

"임신은요?"

"역시 레온에서 확인했어요. 병원장 따님 집에서 묵었어요. 거기서 초음파 검사를 하니까 신기하게도 아기가 보이던데요."

칸데가 매우 기쁘게 말했다.

"딸이에요, 아들이에요?"

"그 여의사한테 우리는 알고 싶지 않다고 말했는데도 세 번씩이나 계속 알려주겠다고 했지만 끝끝내 우리가 거절했어요. 끝까지 모르고 있다가 나중에 보는 것이 더 좋을 것 같아서요."

"임신 이야기를 하니까 생각났어요. 나도 암소들 임신 여부를 검사하러 가야겠네요."

카우보이 아들이 말했다.

"그 말은 내가 암소를 닮았다는 뜻인가요?"

칸데가 투덜댔다.

"임신 4개월이 되니까 그렇게 많이 다른 것 같지는 않네요."

젊은 아들이 웃으면서 상황을 정리하는 의미로 자기하고 같이 가자고 했다. 나는 부탁을 해서 카우보이 복장으로 갈아입고, 창이 넓은 멕시코 모자를 쓰고 다른 6명의 남자들과 칸데와 같이 소들을 몰러 나갔다. 외양간에서 칸데와 수의사는 암소를 한 마리씩 손으로 검사했다. 그녀는 그것이 전공이었기 때문에 그 일을 하면서 행복해 보였다. 수의사와 함께 암소의 임신이 확인될 때마다 축하했고 그 기쁨은 다른 모든 이들에게 옮겨졌다.

외양간 옆에 있는 노점에서 젊은이 한 명이 안장을 팔기 위해 주인을 기다리고 있었다. 그는 미국에 밀입국하기 위해 리오그란데를 건너갈 계획이었다. 그는 서류와 약간의 돈 말고는 아무것도 가져갈 수 없었다. 만일 잡힌다면 다 압수당할 것이기 때문에 돈도 조금만 가져가야 했다.

"만일 잡히면요?"

"돌려보내겠지만 다시 시도할 겁니다. 나는 잃을 것도 없고, 꼭 가고 싶어요. 나는 그들보다 거기서 살 권리가 더 있습니다. 전 세계에서 살고 일하고 꿈을 이룰 곳을 찾아 이민 온 사람들이 그 나라를 일으켰습니다. 그런데 이제 그들의 자식들과 손자들이 이민자들을 거부하고 있습니다. 그들은 아메리카인들이라고 하는데 내 피부 색깔을 가진 사람이나 내 종족인 사람은 아무도 없습니다. 우리 부모님은 조부모님처럼 여기서 태어나셨고 그렇게 세대를 거쳐 왔는데 그러나 이제 우리는 몰래 건너가서 일하고 살아야 합니다. 그들은 우리를 이용하고 학대하고 차별합니다. 우리를 '불법체류자들'이라고 부르고, 우리가 종족과 혈통을 서류로 증명할 수 있을 때 우리는 '아메리카인들'입니다."

우리도 캐나다 입국비자가 거절당했을 때 그와 같은 것을 겪었기

때문에 그의 말에 충분히 공감이 갔다. 자기 부모님이나 조부모님도 언젠가 입국을 신청했다가 거부당했을 바로 그 사람이 한 거부였다.

"미국으로 많이들 가나요?"

우리끼리만 있을 때 폰초에게 물어보았다.

"네, 많이들 가죠. 능력이 있고 결단력이 있고 뭐든지 하려는 용의가 있는 사람들은 항상 갑니다. 그들은 일을 더 하고 싶어 하고, 더 발전하고 싶어 하고, 더 성장하고 싶어 하는 사람들입니다. 거기서는 그들을 거부하고, 여기서는 그들을 잃습니다. 거기서는 그들에 대해 나쁘게 말하고 나쁜 시선으로 보고 범죄자로 몰아붙입니다. 물론 죄를 짓는 사람도 있겠지만 대부분은 일하기 위해서 위험을 무릅쓰고……."

조금의 흙으로

사고를 당했던 그 길로 해서 다시 떠났다. 사고 장소 주변을 지나갈 때 묘한 기분이 들었는데 입구에 '방문객이여, 당신을 여기서 기다립니다'라는 글이 적혀 있는 공동묘지를 지나갈 때는 몸이 오싹했다. 나는

"나는 아직 걸어가야 할 길이 많이 남아 있으니 당신은 좀 더 기다려
야 할 겁니다"라고 대답했다.

차를 정비하기 위해 아구아스칼리엔테스에서 차를 세웠다. 쉐보레
자동차 대리점까지 갔더니 원래는 그 브랜드 차만 정비하지만 대리점
주인인 구스만 형제들 중 한 명이 우리 차를 정비해 주겠다고 했다. 다
시 말해서 그들은 이 시간 이후로 그레이엄 페이지도 정비할 것이다.
그런데 솔직히 말해서 이 차 브랜드 정비를 한다고 해서 그들 작업량
이 늘어나지는 않을 것이다.

아무도 부품비를 받으려고 하지 않았다. 그리고 수리를 도와주려고
하는 사람들은 넘쳤다. 우리는 숙소에서 인터넷으로 새로운 소식이
들어왔는지 확인해 봤다. 놀랍게도 캐나다인들은 서둘러 답장을 보내
왔고, 모두들 꿈을 꾸는 자의 입국을 거부한 자기 나라에 대해 수치심
을 느꼈다.

우리는 매우 따뜻한 초대를 받았을 뿐만 아니라 그들이 자기 친구
들과 친척들에게 우리한테 편지를 쓰라는 부탁까지 해서 심지어 교회
에서 보낸 편지까지 받았다. 일간지들에 실을 수 있게 여행 사진들과
자료를 보내달라는 메일도 두 통 받았다. 그 메일들을 읽으면서 날아
갈 듯이 기뻤다. 대사관 직원만이 우리의 입국을 거부한 것이지, 캐나
다는 아니었다.

차 수리가 다 끝나고 몇 킬로미터나 되는 길을 일일이 손으로 돌을
깔아 만든 도로를 매우 천천히 힘겹게 달려 오전에 어느 광산 입구에
도착했다. 그 산 반대편에 있는 또 다른 광산과 연결되는 터널로 차를
타고 들어가서 광산의 다른 쪽 입구로 나오니 놀랍게도 마을이 하나
나타났다. 그렇게 우리는 광산을 통해서 세상과 연결되어 있는 레알

데 카토르세 마을로 들어갔다. 협곡에 위치하면서 2,800미터 고도에 자리 잡은 이 작은 마을에 살고 있는 주민은 8백 명도 채 안 되었다.

은광 덕분에 부자 마을이 되었고 인구가 4만 명일 때도 있었다. 모든 건축물은 돌과 진흙으로 지어져 있었고, 많은 집들이 폐허가 되었다. 다리, 공동묘지, 극장, 오래된 교회를 지나 투우장까지 지나갔다. 마을이 산기슭에 자리 잡고 있었기 때문에 오르막과 내리막의 연속이었다.

우리는 매우 오래된 집에서 소음과 영혼으로 가득 차 있는 아주 큰 방에다 짐을 풀고 폐광들과 유령마을을 돌아보았다.

밥을 먹으면서 이 마을을 무척 좋아하고 페요테라고 부르는 선인장을 찾고 싶어 하는 여행자와 인사를 나누게 되었다. 이것은 원주민들이 의식을 치를 때 환각제로 사용되었다.

"괜찮다면 내일 같이 가시죠. 그것이 있는 곳을 잘 아는 사람 한 명을 고용했습니다. 효능이 워낙 뛰어나다고 하던데 아마 별이 보일 겁니다."

"고맙지만 사양하겠습니다. 우리는 페요테 찾으러 여기 온 것이 아닙니다."

"그렇지만 페요테는 여기에서만 자라니 꼭 맛을 보고 가셔야 할 겁니다."

"여행 중에 몇몇 사람들이 마약을 권했지만 거절했습니다. 우리가 찾는 것은 일시적으로 기분 좋게 만들어 주는 것이 아니라 영원히 행복하게 해주는 것입니다. 나중에 혹시 필요할지는 모르겠지만 지금은 뭐를 먹기보다는 뭔가를 함으로써 행복해지고 싶어요."

칸데가 말했다.

"중독될까봐 두려워서 그러는 것이 아닙니다."

여행자는 내 말에 다소 놀라워했다.

"우리는 이미 사랑과 꿈과 삶에 중독되어 있습니다. 우리가 더 많은 사랑을 가질수록, 더 많은 사랑을 원할수록 더 많은 꿈을 이루고, 이루고 싶어할수록 삶에 애착을 갖게 됩니다."

다음 날 폐광으로 나 있는 길로 갔다. 어두컴컴해서 무서웠다. 버려진 마을들을 둘러봤다. 다 무너지게 된 교회 안에서 양떼를 몰고 있는 목동을 봤다. 날씨, 장소, 산 그리고 목동에게서 평화스러움이 전해졌다. 한참 동안 그와 이야기를 하다 보니 비록 이 조그만 세계에서 얼마 되지 않는 양떼를 몰고 있지만 모든 것을 갖고 있는 그가 부러웠다.

그는 자기 양 한 마리 한 마리의 성격에 대해 다 이야기했다. 어떤 것들은 다른 것들보다 성격이 더 좋고, 전부 이름이 있다고 말했다. 자기 개들의 뛰어난 점에 대해서도 이야기했다.

"이 양들은 내 것이 아니라 내 개들 것입니다. 그리고 이 개들은 내 것이 아니고 내가 그들의 것입니다. 개들이 양떼와 나를 돌봅니다."

그에게 우리를 여행자들이라고 말하고 우리가 하는 일에 대해 말하자 그가 말했다.

"살기 위해 일하는 것은 좋지만 일하기 위해 사는 것은 나쁩니다. 살기 위해 먹는 것은 좋지만 먹기 위해 사는 것은 나쁩니다. 살기 위해 여행하는 것은 좋지만 여행하기 위해 사는 것은 더 좋습니다. 여행은 잘하고 계십니까?"

"지금까지는 정말로 좋아요. 그러나 앞으로의 일은 조금 걱정스럽네요."

캐나다 비자 문제는 언급하지 않고 대답했다.

“당신은 믿으십니까?”

“뭘요?”

“앞으로 닥칠 문제들을 해결할 수 있고 해결할 줄 아는 당신 자신을요. 당신이 자신을 의심한다면 다른 사람들도 당신을 믿기 어려울 겁니다.”

우리는 이치에 맞는 목동의 말을 가슴 깊이 새기며 레알 데 카토르세로 돌아오다가 진흙으로 벽돌을 만들어 직접 자기 집을 짓고 있는 사람을 봤다. 그것을 보면서 우리는 조금의 흙으로 벽돌 한 장을 만들 수 있고, 벽돌 몇 장으로 집 한 채를 지을 수 있고, 집 몇 채로 마을이 형성될 수 있고, 몇 개의 마을로 나라를 이룰 수 있고, 몇 개의 나라로 대륙이 하나 형성될 수 있고, 몇 개의 대륙이 흙을 만들 수 있다는 생각이 들었다. 조금의 흙으로 벽돌 한 장을 만들 수 있고…… 모든 것이 다시 시작된다.

그것이 삶이고, 역사다

계획과 할 일이 많이 있는 몬테레이에 도착했다. 그중에 하나가 외가쪽 친척들을 만나는 일이었다. 대가족인 그들은 우리를 매우 사랑스럽게 대해 주었다. 몇 시간 동안 아르헨티나 친척들과 여기 친척들에 대해 이야기했고 그 다음에 우리 여행에 대한 이야기를 들으려고 우리 앨범 주위에 앉았다.

앨범을 한 장 한 장 넘기면서 이야기할 준비를 했다. 칸데는 혼자 떨어져 앉아서 종이와 연필을 가지고 글을 쓰기 시작했다. 뭘 쓰는지 궁금했지만 기다렸다. 다 쓰고 나서는 종이에다 감정을 옮기는 것이 필요했다고 말하면서 쓴 것을 보여주었다. 나는 그걸 읽었다.

'사진을 보면서 나는 거꾸로 여행한다. 감정들과 마음들을 본다. 나의 눈은 기억으로 흐려진다. 다시 여행을 하지만 계속 가고 싶지 않다. 거기에 남아서 살았던 것을 살고 싶다. 다음 사진으로 넘어가고 싶지 않다. 그러면 또 거기서 머물고 싶어진다는 것을 나는 알고 있으니까. 앨범에서 세월은 흘러갈지도 모르지만 사람들은 나한테 요구한다. 우리는 기억을 이야기하지만 그러나 사진을 보면서 다시 그 삶을 산다. 그것들은 영화이고 성실한 시간들이다. 나라들은 실제 시간보다 더 빨리 지나간다. 인쇄된 사진들에서 에너지가 솟아난다. 그것들은 사진만이 아니라 삶이고 역사다.'

이 장소는 우리가 휴식을 취하며 쉬기에 안성맞춤이었다. 그러나 밤중에 나는 배가 너무 아파서 일어났다. 잠시 뒤에 고통이 사라지는가 싶더니 조금 있다가 통증이 더 심해졌다. 너무 아파서 별이 다 보였다. 칸데는 내 신음에 깨서 아파서 몸도 못 펴고 구부정하게 방을 왔다갔다하는 나를 보고는 놀랐다. 급기야 나는 토하기까지 했다. 우리는 어떻게 해야 할지 몰랐다.

아침이 되자마자 문을 연 병원을 찾았다. 병원을 발견했을 때는 이미 고통이 많이 사라졌다.

"결석입니다."

여의사가 진단을 내렸다.

"물을 많이 드십시오. 좀 더 확실한 진단을 내리기 위해서는 초음파를 찍으셔야 하는데 제 소견으로는 벌써 소변으로 배출된 것 같습니다."

다시 만나자, 라틴아메리카여

마치 마술처럼, 마치 여행 규칙처럼, 멕시코를 떠나기 전에 누에보 라레도에서 우리는 결코 잊지 못할 작별인사를 했다. 올드카들이 중앙 광장까지 행진을 벌인 것이다. 우리가 멕시코에서 받은 수천 번의 포옹 중에서 마지막은 이 행사를 준비한 오스카르 차바리아가 해줬다.

언어와 법과 문화가 크게 차이나는 거대한 나라의 입구에 와 있다는 초조함을 그들의 뜨거운 애정 덕분에 달랠 수 있었다. 마치 새로 여행을 시작하는 것처럼 여행의 새로운 구간 앞에 있다는 느낌이 들었다. 처음으로 겁이 나면서 같은 질문을 반복했다. 어떻게 될까? 무엇이 우리를 기다릴까?

"나는 미국을 가보고 싶지만 라틴아메리카를 떠나고 싶지 않아요. 여보, 나는 슬퍼요."

칸데는 뺨으로 흘러내리는 눈물을 보이지 않으려고 나를 껴안았다.

"라틴아메리카 사람들이 편안하게 대해 주어서 집이 그립지 않았어요. 그러나 이제는 다른 문화와 다른 사고방식을 가진 나라에서 남은 임신기간과 출산이 걱정돼요. 내 가까이에는 당신하고 이 아기밖에 없는데……."

"만일 입국을 거부당하면 어떻게 하죠?"

한 남자가 물었다.

"그들이 왜 우리를 거부할 거라 생각하세요?"

"부인이 임신한 것을 알게 되거나, 아니면 돈을 얼마나 가지고 있는지 보여 달라고 하거나, 그것도 아니면……."

"저 사람 말도 일리가 있어요. 당신들은 지금까지는 형제 국가들, 라틴아메리카 국가들을 지나왔지만 그러나 미국인들은 이유도 없이 입국을 거부할 겁니다. 그리고 당신들을 돌려보낼 겁니다.”

또 다른 사람이 말했다. 그들의 말이 옳다는 것을 우리도 안다. 그래도 그 목동의 말은 나에게 자신감을 불러일으켰고 이제는 내가 그 자신감을 전파시켜야 한다.

“걱정 마세요, 나쁜 일은 안 일어날 겁니다. 우리를 믿으세요. 꿈을 방해하는 것은 아무것도 없습니다.”

미국과 캐나다
Estados Unidos y Canadá
여기까지:
32,409km
2년 1개월째
White Horse
Hyder
Pince George
Vancouver
Seattle
Portland
Chicago
Detroit
Buffalo
Halfmoon
Boston
Cleveland
Nueva York
Denver
Saint Louis
Kansas
Washington D. C.
Hershey
Nacional
emite
P. Nacional
Gran Canyon
Greensboro
Fort Worth
Los Angeles
Jackson
San Antonio
Houston
Laredo
Quebec
P.E.I.
Montreal
Halifax
Ottawa
Toronto

다시 시작하다

리오그란데로 들어오지 못하게 쳐진 철조망에 표들이 많이 붙어 있었다. 새로운 삶을 찾다가 죽은 사람들의 이름이 새겨져 있었다. 우리는 미국으로 들어가기 위해 길게 늘어선 사람들 사이에서 차례를 기다렸다. 불안하고 초조하고 두려웠다. 무엇이 우리를 못 들어가게 할까? 우리한테 무슨 질문을 할까? 그들이 우리 입국을 거부할 수 있을까? 그들이 꿈의 땅이라고 부르는 그곳에 혹시 우리 꿈이 들어가지 못하는 것은 아닐까? 우리를 반겨주는 사람들을 만날 수 있을까, 아니면 우리끼리일까? 계속 길을 갈 수 있는 돈을 마련할 수 있을까?

줄 선 사람들이 움직였고 이제 우리는 거의 다리에 다다랐다. 멕시코와 라틴아메리카와 작별하는 마지막 순간까지 우리와 함께 한 오스카르 차바리아와 마지막 포옹을 나누었다.

"진짜로 아르헨티나에서 알래스카까지 여행하시는 겁니까?"

한 남자가 영어로 물었다. 막 강을 건너온 차들을 통솔하고 있었다.

"네."

"다른 차 좀 구할 수 없었어요?"

우리한테 갈 곳을 가리키면서 우스갯소리로 물었다. 그 다음에 한 남자가 우리를 맞이하면서 우리가 인사해도 일언반구의 대꾸도 하지 않고 그레이엄을 보고도, 우리 여행에 대해서도 전혀 놀라움을 보이지 않았다. '검사필'이라고 찍힌 용지를 주면서 우리에게 갈 곳을 가리켰다.

차를 주차시키고, 검사를 기다렸다. 한 남자가 먼저 통관서류를 작성하라고 했다. 넓은 사무실로 들어갔더니 그곳에서도 사람들이 길게 줄을 서서 기다리고 있었다. 우리 차례가 되어 여권을 제출하면서 우리 옆에 있는 한 쌍에게 입국을 거부하는 장면을 봤다. 이유가 뭐냐고 그들이 물었지만 담당자는 아무런 대답도 하지 않고 기계적으로 그 다음 사람을 불렀다. 9월 11일 이후 검사가 더 강화되었고 이제는 조금만 의심이 가도 입국을 거부했다.

"당신은 캘리포니아, 샌프란시스코에서 태어나셨네요?"

"네."

"영어 못 하세요?"

"거의 못 합니다. 거기서 태어나기만 했어요. 한 살 때부터 아르헨티나에서 살았습니다."

내 얼굴을 살피고 여권을 자세히 보면서 위조여부를 살피더니 여권을 돌려주며 말했다.

"웰컴 홈, 가이."

우리한테 더 이상 질문하지 않았다. 칸데는 6개월 체류를 신청했지만 3개월만 허락해 줬다.

"연장할 수 있나요?"

칸데가 물었다.

"우리가 지금 여행하는 차로 알래스카까지 가려면 3개월 이상이 필요합니다."

"물론입니다. 만기가 되면 연장신청 할 수 있습니다."

그레이엄으로 돌아와보니까 주변에 제복을 입은 사람들이 많이 몰려와 있었다. 다섯 명이 차를 검사하고 있었는데 그중 세 명은 무장군인이었고 다른 두 명은 여기서 일하는 직원 같았다.

"무슨 일이지?"

칸데한테 물어보는데 창자가 꼬이는 것 같은 통증이 밀려왔다. 그녀는 어깨만 으쓱거렸다. 그들이 우리한테 다가왔다.

"이 차 주인들이십니까?"

군인 한 명이 물었다.

"네."

내가 떨리는 목소리로 대답했다.

"우리는 지금까지 2년 동안 여행하면서 32,200킬로미터를 달렸고 목표는 알래스카까지 가는 겁니다."

"와우, 멘, 당신들 정말 미쳤네요."

그가 말하는데 다른 사람들이 감탄사를 연발하는 것이 들렸다.

"정말 좋겠다! 끝내준다!"

질문이 이어졌다. 칸데와 나는 서로 쳐다보며 안심을 했다. 그들은 더 이상 차를 검사하지 않고 우리 이야기를 더 듣고 싶어서 질문을 했고 헤어질 때도 우리 손을 세게 잡고 악수하면서 알래스카로 가는 길을 가르쳐 주었다.

국경을 떠나 미국으로 들어가면서 우리는 여행의 새로운 단계를 시작한다는 만족감과 국경을 쉽게 통과했다는 행복감에 기분이 좋아서 키스를 했다. 이것을 자축하고, 또 각 나라에서 가장 전통적인 음식을 맛보는 우리의 습관을 충실히 이행하기 위해 맥도널드 앞에서 차를 세웠다.

모하도

산안토니오까지 계속 갔다. 누에보 라레도에서 알게 된 멕시코시티 토박이 몇 사람의 집에서 묵었다. 그곳에 도착했을 때 우리는 이미 유명인사가 되어 있었다. 몇 사람들이 우리를 보러 자동차 작업장으로 왔고, 심지어 TV 방송국 기자들도 취재하러 왔다. 대부분의 인터뷰는 스페인어로 해서 빨리 할 수 있었지만 영어방송인 경우에는 대답하기가 어려워서 시간이 걸렸다.

이전에 도색을 제대로 하지 못해서 검은 색이 많이 벗겨져 작업장에서 도색을 거의 새로 다시 했다.

우리가 묵고 있는 집 주인의 한 살짜리 딸인 시틀랄리가 칸데를 여러 번 껴안았다.

"아마 아들을 낳을 겁니다."

그 애 어머니가 자신 있게 말했다. 아들이라? 우리는 아들 이름은 아직 생각도 하지 않고 있었다. 딸일 거라는 기분이 들어서 아메리카라는 이름을 생각하고 있었다. 아들 딸 중에서 특별히 누구를 편애해서가 아니라 단지 예감이 그랬다.

작업장에서 만난 사람들 중에서 '모하도(스페인어로 '젖은 사람'이라는 뜻)'가 한 명 있었다. 리오그란데 강을 불법으로 건너다가 물에 젖은 사람들을 그렇게 불렀다.

"나는 코요테도 없이 혼자서 강을 네 번이나 건넜어요."

"뭐 없이라고요?"

"돈을 받고 국경을 넘게 해주는 사람들 없이요."

그가 설명했다.

"두 번은 국경경비대에 붙잡혔고 두 번은 다음 날 다시 건넜어요."

"무섭지 않았어요?"

"무섭죠. 그러나 국경경비대가 아니라 농장 주인들이 무섭습니다. 여기서는 그들을 비호하는 법이 있어서 만일 당신이 그들 농장 안에 있으면 총으로 쏠 수 있습니다."

그는 임신한 자기 부인이 건너올 수 있도록, 그리고 자식이 여기서 태어날 수 있도록 하기 위해 필요한 서류를 만드는 데 드는 비용을 일을 해서 충당했다고 말했다.

"무슨 문제가 있나요?"

"우리 애가 18세가 될 때까지 기다려야 합니다. 그때가 되면 우리 애가 나의 미국 시민권을 신청할 수 있으니 그때까지는 조심 또 조심해야 합니다. 만일 불법체류자로 잡히면 우리를 본국으로 송환시킬 수 있고, 그러면 우리 애만 혼자 남을 수도 있습니다."

그레이엄의 도색을 새로 하고, 배터리와 발전기를 새로 교체하고 산안토니아를 떠났다. 이 나라에서는 부품 하나를 교체하는 일이 거의 없고 부속을 통째로 바꾸기 때문에 큰 폐차업소로 가서 쉐보레 차량의 발전기 하나를 떼어서 우리 차에다 달았다. 거기에 있는 많은 차들은 라틴아메리카에 가져가서 조금만 고치면 길을 쌩쌩 달릴 수 있는 것들이었다.

마음이 이끄는 곳

텍사스를 달리다가 갈림길에 도착했다. 두 개의 길을 선택할 수 있었다. 하나는 서쪽으로 해서 알래스카에 직접 가는 것인데 이 길로 가면 분명히 4개월 안에 도착할 수 있을 것이고, 겨울이 되기 전에 출산할 수 있을 것이다.

또 다른 길은 동쪽으로 가는 것인데 그레이엄 페이지 클럽 모임에 참석하고 뉴욕, 워싱턴, 토론토, 캐나다 수도 오타와, 그리고 우리 차가 태어난 디트로이트를 들를 수 있다. 물론 이 길은 훨씬 더 멀어서 시간과 돈이 더 많이 든다. 우리는 더 많은 곳을 방문하고 싶기에 거리는 무섭지가 않다. 그러나 시간이 걱정되었다. 이 길을 선택한다면 아기를 차에 태워 여행을 해야 하니 1년을 더 기다려 내년 여름이나 돼야 알래스카에 도착할 수 있을 것이다. 더군다나 돈이……. 우리는 출산비용도 없고, 모든 것이 다 비싼 나라에서 그렇게 오랜 기간 여행을 할 만큼 돈도 없었다. 책은 아직 팔고 있지만 스페인어로 되어 있다. 북쪽에서는 라틴아메리카 사람을 만나기가 더 어려울 것이다. 수예품도 가지고 있지만 그것만 팔아서는 그리 멀리 가지 못한다. 칸데가 그림을 계속 그리지만 그것을 팔아서 여행을 하려면 매일 그려야 하는데 그건 불가능한 일이다.

"어떻게 하지?"

옆에 앉아서 우리 앞에 놓여 있는 갈림길을 바라보고 있는 칸데에게 물었다.

"내 생각에는 서쪽으로 가는 게……."

그녀는 입을 다물었지만 뭔가 더 말하고 싶어 하는 눈치였다.

"느낌은 동쪽으로 가고 싶어요."

기어를 1단에 놓고 클러치를 풀고 핸들을 돌려 차를 동쪽으로 향했다. 마추픽추 올라갈 때 스페인 사람이 했던 말이 기억났다.

"당신 마음이 이끄는 데로 가면 절대로 잘못된 길로 들어서지 않을 겁니다."

지금까지는 어떤 길로 갈 것인가를 결정하지 않았기에 빠른 선택을 하는 데 도움이 되었다. 우리가 좀 더 생각했다면 서쪽으로 갔을 것이다. 그러나 마술의 세계가 기다리고 있는 쪽으로 갔다. 마음이 동쪽으로 이끌었다.

사방으로 뻗어 있는 고속도로를 타지 않고 마을을 통과하는 조그만 길로 갔다. 그래서 집들을 아주 가까이서 보고 지나가면서 미국이 어떤 나라인지를 알 수 있었다. 황량한 사막을 지나다가 주유소가 어디 있는지 물어보려고 조그만 마을의 바에서 차를 세웠다. 큰 트럭들이 있었는데 그중 두 대의 후드에 긴 소뿔이 붙어 있었다.

문을 열어젖히고 옛날 서부 영화 속으로 들어갔다. 나무로 지은 집들, 콧수염을 기르고 흰 셔츠를 입은 바텐더, 두 개의 탁자를 차지하고 있는 카우보이들은 실내에서도 모자를 쓰고 있었다. 바 안에 겨우 두 걸음을 옮겨 놓는데 모두들 나를 보려고 난리법석을 피웠다. 내가 강한 인상을 준 모양이었다. 앞유리를 열어 놓고 차를 몰고 온 통에 머리는 산발이었고, 콜롬비아 맥주 아길라의 로고가 새겨져 있는 노란 티셔츠, 구멍투성이의 짧은 바지……. 내가 주문한 것은 우유 한 잔이었다.

요정과 천사들

휴스턴이 두 팔을 활짝 벌리고 기다리고 있었다. 코스타리카에서 알게 된 아르헨티나 부부 집에서 묵었다. 그들은 아들과 며느리 그리고 손자와 함께 부촌의 큰 집에서 살고 있었다. TV가 있는 거실에서 짐을 풀었는데 부부는 두 살짜리 손자가 놀기 위해 내일 아침 6시 전에 우리를 분명 깨울 거라고 말했다.

그러나 다음 날 9시가 넘어서 일어났는데 집안이 조용했다. 부엌으로 내려갔더니 집안이 엉망진창이었다. 가장 눈에 띈 것은 집안에 사람이 아무도 없다는 거였다. 어떻게 해야 할지 몰랐고 상황도 이해가 안 되었고 단지 추측만 할 수 있을 뿐이었다. 30분 정도 기다리고 있으니 그 부부가 나타났다.

"이렇게 깨워서 미안해요."

"깨우다니요? 30분 전에 일어난 건데요."

칸데가 말했다.

"뭐라고요? 아무 소리도 못 들었어요? 며느리가 욕실에서 간질 발작을 하다가 머리를 부딪쳐 피를 많이 흘려서 응급전화를 했더니 구급차가 경찰하고 같이 와서 온 동네 사람들을 다 깨웠어요. 그러는 와

중에 손자가 깨서 우는데 달랠 수가 없었어요. 그래서 결국 모두 같이 병원에 갔는데 당신들은 정말 아무 소리도 못 들었어요?”

“전혀요.”

“다행이네요. 이제 당신들은 휴스턴에 있는 아르헨티나 사람이 주최하는 모임에 가야 하니 준비하세요. 많은 사람들이 와서 당신들을 기다리고 있을 겁니다.”

떠나기 전에 이메일을 확인했다. 우리는 여행을 하면서 계속 책을 팔았는데 거기에는 경제적인 이유도 있었고 그 여행에 관한 책을 통해서 우리 메시지를 전하고 싶다는 이유도 있었다. 그러나 언어라는 큰 암초에 부딪혔다. 이 책을 번역하고 그 번역본을 교정하고 디자인하고 인쇄하는 데는 너무 큰돈이 들었다.

그런데 오늘 기적이 일어났다. 가장 필요한 순간에 과테말라에서 한 친구가 영어로 번역한 것을 보내준 것이다. 리차드 스케즈라는 사람이 우리 책을 보고는 좋아하며 영어번역을 해주겠다고 제의해서, 그때 그 자리에서 고맙다고 하면서도 너무 힘든 작업이라 그가 과연 할 수 있을까 반신반의했는데 지금 그것이 아무런 대가도 치르지 않고 우리 손에 있는 것이다.

모임에 참석해 생각보다 훨씬 많은 아르헨티나 교민들의 뜨거운 환영을 받았다. 모두들 저 멀리에서 출발해 무사히 도착한 우리를 축하해 주고 뜨겁게 환영해 주면서 서로 초대하겠다고 난리들이었다. 자기 집으로 가자고, 낚시 가자고, 식사하자고……. 심지어 의사까지 와서 칸데한테 검사를 해주겠다며 산부인과 명함을 주고 갔다. 게다가 요정들도 나타났다. 후아티나는 미국인인데 아르헨티나 남자와 결혼했다. 라틴아메리카에 관한 것에는 뭐든지 관심을 보이며 우리 책 번역한 것을 수정해 주겠다고 하면서 시간이 많이 걸리는 작업이니까 자기들 집에서 같이 지내자고 초대했다.

우리의 목표를 듣고는 북 디자이너인 또 다른 아르헨티나 여인이 남편과 같이 책을 디자인해 주겠다고 제의했다. 이제 우리한테는 책 인쇄만 남았다. 왜 이런 일이 일어나는지 생각하면서 산에 있는 교회에서 만났던 양치기 목동의 말을 떠올렸다.

"뭐든지 할 수 있고 어디든지 갈 수 있습니다. 믿음을 가진다면……."

모임에서 일어나기 전에 운 좋게도 조그만 인쇄소를 운영하는 콜롬비아인을 소개받았다. 그가 원가로 인쇄를 해줄 거였다.

후아티나와 에두아르도의 집에 머물면서 일을 시작했다. 휴스턴에서 며칠만 있을 생각이었는데 책 출판 관계로 여러 부류의 사람들을 만나면서 벌써 한 달 이상을 보냈다.

여러 초대 중에서 포드T로 유럽 전역을 여행한 부부의 식사 초대에 응했다. 부부의 여행이야기도 놀라웠지만 이들이 여행 동안 보여준 선행에 비할 만큼은 아니었다. 이들 부부는 어린아이들과 이미 다 큰 아이들을 많이 입양한 것이다. 그들은 타인에 대해, 자신들의 꿈에 대해 무한한 사랑을 가지고 있었다.

그 남편인 피터는 오래된 차들에 대해 잘 알고 있어서 보험에 대해 물어보았다. 이 나라에서는 보험을 의무적으로 들어야 하는데 아직까지 우리는 보험에 들지 못했다. 미국 현지에 등록된 차량이면서 오래된 차라면 보험료가 매우 싼데, 지금 우리가 하고 있는 여행은 모험 성격이 강하다는 이유로 매우 높은 보험료를 책정하고 있었다. 그는 우리가 하고자 하는 말뜻을 파악하고는 내 말이 끝나자 말했다.

"당신 차 보험에 관해서는 내가 잘 압니다. 나도 보험 일을 하거든
요."

피터의 말에 깜짝 놀랐다.

"조그만 보험회사를 운영하는데 올드카 보험 상품도 있어요."

칸데와 나는 멍하니 서로 쳐다봤다. 우리는 어떻게 항상 딱 알맞은
곳에만 떨어질까? 이 여행에서 만난 모든 것이 의도해서 만난 것이
아니라 우연히 이루어진 것이다. 헤어질 때 그 부부는 수예품을 사주
었고, 다음 주에 열리는 올드카 클럽 모임에 그것들을 가져가 보라고
했다.

그 모임에서는 우리를 성대하게 맞이해 주면서 여행에 대한 강연도
부탁했다. 우리는 여행에 대해 사람들한테 이야기해 주고 싶었고, 참
석자들은 우리 이야기를 듣고 싶어 했기 때문에 조금씩 나아지기 시
작한 영어로 의사소통이 이루어졌다.

모임에서 하드만 가족을 알게 되었는데 그들은 포드T를 타고 텍사
스에서 알래스카까지 두 번이나 여행을 했다. 여행과 꿈에 대해 이야
기를 하다 보니 두 시간이 지나갔다. 이야기를 끝내고 차 바퀴를 구할

수 있는 곳을 아는지 물어보았다. 지금 우리 차에 달린 트랙터 타이어
로는 더 이상 달리기가 힘들었다. 그 남자는 즉시 자기 가방에서 올드
카 타이어만 다루는 회사 잡지 한 권을 꺼냈다. 타이어 가격을 보고 우
리는 얼었다. 한 개당 125달러였다.

"출산하고 나서 다시 생각해 보는 게 좋겠네요."

내가 말했다. 다음 날 책 제본 작업을 계속하고 있는데 전화벨이 울
렸다. 우리한테 온 전화였다.

"미국 주변에 살고 있는 친구들한테 당신의 상황과 꿈에 대해 이메
일로 알려줬어요."

벤 하드만이 흥분된 목소리로 말했다.

"당신 차의 낡은 타이어 이야기도 했는데 그들이 타이어를 다섯 개
나 사줬어요! 켄터키, 몬타나, 테네시, 텍사스, 알래스카에서 기부를
해줬어요. 어떤 사람들은 타이어값의 1/4, 또 어떤 이들은 1/2, 또
다른 사람들은 타이어 1개를 살 수 있는 돈을 기부했어요. 거기다가
우리 의도를 들은 코커 타이어 회사는 스페어타이어를 기부했어요."

우리를 전혀 모르는 사람들이 왜 도와주느냐고 물어보자 그가 대
답했다.

"이루어야 할 꿈이 있기 때문이죠."

타이어를 찾기 위해 브라이언까지 가니 그의 친구들이 맞이해 주고
숙소 제공에 타이어 교체 작업과 그 밖의 정비까지 도와주었다.

밤에는 그 지역 클럽에서 우리를 위한 모임도 주선했다. 미국에 와
서 처음으로 미국인들에게로만 둘러싸였다. 그러나 맞이해 주는 방식
과 적극적으로 도와주려고 하는 친절한 모습 때문에 라틴아메리카에
있는 것 같은 착각이 들었다. 유일하면서도 큰 차이점은 언어였다.

그들은 새 타이어로 갈아주고, 조리기구도 만들어 주었다. 벤 하드만이 사각 냄비를 만들어 줬는데 그 바닥을 엔진에다가 설치해서 열을 다 빨아들였다. 그 조리 기구는 음식값이 너무 비싼 이번 여행에서 아주 기발한 아이디어 상품이었다.

헤어지자마자 새 장난감을 가진 어린아이들처럼 그 기구를 시험해 보았다. 닭고기 수프를 얹어 놓았더니 몇 킬로미터 안 가서 차 안에 맛있는 냄새가 나기 시작했다. 텍사스의 뜨거운 오후에 나무 밑 그늘에 차를 세우고 맛있고 따뜻한 수프를 먹었다.

새 소음기를 단 차는 매우 멋있어 보였다. 거기다 이제는 훨씬 빨리 달릴 수 있게 되었다. 속도가 20% 정도 빨라졌다. 전에는 시속 40킬로미터로 갔는데 이제는 시속 50킬로미터가 되었다.

국경: 뜨거운 지역

아르헨티나 영사와 다른 사람들의 권유로 미국에 온 지 한 달 반 만에 이민국에 가서 비자 연장을 신청했다. 이것 때문에 새벽 4시에 갔는데 벌써 줄이 길게 늘어서 있었다. 전 세계 사람들이 다 있었다. 스무 번까지 온 사람도 있었고 우리처럼 처음인 사람들도 있었다. 대부분 미국에 정착하고 싶어 했다.

일단 건물 안에 들어갔더니 번호표를 주는데 결코 우리 차례가 돌아오지 않을 것 같은 번호였다. 마침내 우리 차례가 되어서 갔더니 끔찍하게도 단 몇 초 만에 끝났다.

"이것은 연장이 안 됩니다. 당신들은 떠나야 합니다."

덩치 크고 무뚝뚝한 남자의 제스처에 우리는 힘이 다 빠졌다.

"그렇지만 연장할 수 있다고 들었는데요."

칸데가 말했다.

"여기 뒤편을 안 읽으셨군요. '갱신 불가'라고 분명하게 적혀 있잖아요. 돌아가셔야 합니다."

"그렇지만 이 여자는 내 아내입니다. 나는 여기서 태어났고 내 아들도 그렇게 되기를 바랍니다."

"임신부는 이 여성분이지, 당신이 아니잖아요. 이 분은 가셔야 합니다. 아르헨티나 비행기를 타고 가서 서류를 다시 만들어 오십시오."

"그렇다면 혹시 나는 권리가 없습니까?"

그 직원은 알아듣지 못할 말을 몇 마디 하고는 돌아서 갔다. 그의 말을 믿을 수 없었다. 다른 창구에 가서 다시 물었다. 안 된다고 하면서 그렇지만 원한다면 변호사들한테 자문을 구할 수 있다고 했다.

세 명의 변호사한테 갔는데 다들 대답이 똑같았다. 칸데가 그린카드를 발급받도록 내가 요청을 할 수 있는데, 문제는 텍사스에서는 이 절차를 진행하는 데 시간이 이삼 년 정도 걸리고, 비용도 2천 달러가 든다는 거였다. 거기다가 수입이 없기 때문에 누군가 후견인이 있어야 하고 고정주소가 있어야 한다는 거였다. 그 기간 동안에 칸데는 이

나라 밖을 나갈 수 없을 거라고 했다.

"우리는 이 나라에서 정착하고 싶은 것이 아니라 알래스카까지 여행을 하고 있는 중입니다."

내가 세 번째 변호사에게 설명했다.

"제 생각에는 임신한 부인의 배가 눈

에 띨 정도로 부르면 입국을 허락하지 않을 것 같습니다. 그러니 불법으로 지내시는 것이 더 좋은 방법 같습니다."

여행 내내 어떠한 나라에서도 불법을 저지른 적이 없었는데 다른 사람도 아닌 바로 변호사들이 그렇게 하라고 충고하니까 어안이 벙벙했다. 왜 지금, 그것도 알래스카 바로 코앞까지 와서 그런 짓을 해야 하나? 그렇게 한다고 해서 해결되는 것은 아무것도 없다. 미국을 떠나 캐나다를 거쳐서 미국 영토인 알래스카로 들어가려고 할 때 비자 기간이 지난 걸 보면 입국을 거절할 것이다.

보다 실질적인 해결책을 찾기 위해 영사관으로 갔다. 그들도 할 수 있는 것이 하나도 없었다. 다만 우리 여행과 비교하기 힘든 몇 개의 경우를 이야기해 줬다.

"한 달 반 머무르고 있을 때 알래스카로 왜 빨리 안 갔어요?"

"이 차와 아내의 임신으로 도착할 수 없을 것 같았어요. 적어도 출산 예정일보다 15일에서 20일 전에는 도착해야 하고, 또한 알래스카에 빨리 도착하는 것이 우리 여행의 본질은 아닙니다. 중요한 것은 도착지가 아니라 가는 과정이에요. 우리는 많은 것을 배웠고, 이 마지막 단계에서도 배울 것이 많다는 것을 알고 있어요."

이 나라에서 나가서 다시 들어오는 것 말고는 다른 돌파구가 보이지 않았다. 칸데는 비자갱신이 필요했지만 7개월 된 태아의 안전이 문제였다. 거기다가 임신부가 멕시코 국경을 육로로 지나간다는 것은 매우 힘든 일이었다.

휴스턴에 거주하는 모든 아르헨티나인들 사이에서 우리 문제에 대한 이야기가 많이 오갔다. 여행사를 운영하는 한 사람이 카리브 해 크루즈여행을 우리한테 제공했다. 그런 여행을 하는 사람들에 대해서는 이민국에서도 훨씬 유연한 태도를 보였다. 그 제의가 무척 마음에 들었고, 이제 크루즈 여행은 한 가족이 되기 위한 부부로서의 이별식이 될 것이다. 그러나 다음 날 그 아르헨티나 여자가 전화를 해서 임신 7개월인 여성은 배나 비행기를 탈 수 없다고 알려줬다.

모든 사람들의 충고에도 불구하고 육로로 해서 멕시코로 돌아가기로 했다. 많은 사람들이 다시는 우리를 못 볼 사람들처럼 작별인사를 했고, 국경까지 가는 이틀 동안 계속해서 휴대전화로 전화를 줘서 우리와 같이 지내는 거나 마찬가지였다. 1928년 차에서 이동 전화를 받으니까 이상했다. 휴스턴으로 항상 암 치료를 받으러 오는 어떤 부인에게 전에는 3개월 비자를 발급해 주더니 최근에는 단지 10일간의 체류만을 허가했고, 자기 여종업원과 같이 오고 싶어 했던 어떤 부인은 비자를 받지 못했다는 등 부정적인 이야기를 전하는 전화들이 너무 많이 걸려 와서 전화기를 창으로 던져버리고 싶을 정도였다.

산안토니아에 머무르는 동안 친구들을 다시 방문했다. 몇몇 '모하도'들은 우리를 다시는 만나지 못할 것 같은 걱정 때문에 만일 우리 입국이 거부될 경우 도움이 될 만한 자료들을 갖다 주었다.

라레도 쪽으로 다시 길을 떠났다. 불안했지만 서로를 안심시키려고 노력했다. 지금 하고 있는 일이 올바른 것이고, 우리가 꿈을 이루고 있고, 나쁜 일은 절대로 일어나지 않을 것을 확신하고 있었다. 길을 가다가 이민국 직원들이 차 트렁크를 열고 담요와 옷들 사이에 숨어 있던 두 사람을 끄집어내는 것을 보고 놀랐다.

국경도시에 도착하자마자 지난번에 여기를 지나가다 알게 된 칠레 작가를 보러 갔다. 그는 우리 문제를 해결해 줄 수 있을 거라고 말했다. 그는 이 도시 시장 선거에 출마하는 여변호사를 도와주고 있는데 그 변호사가 이런 업무에 전문가라서 뭔가 도움이 될 수 있을 거라고 했다. 그리고 우리 일이 정치적으로 그에게 도움이 될 수 있을지도 모르겠다고 했다. 그가 여변호사를 만나러 간 사이 그의 집에서 기다렸다. 시간이 지났는데도 그는 돌아오지 않고 전화도 한 통 없었다. 밤이 다 되어서야 나타났지만 아무런 해결책도 가져오지 못했다.

“칸데, 여기서 기다리고 있어. 국경에 가서 은행잔고 확인해 보고 올게.”

사무실 창문 앞에다 차를 주차했다. 들어가서 처음 여기에 왔던 것처럼 줄을 섰다. 창구에 다가가자마자 우리 기사가 실린 미국 일간지들을 다 끄집어냈다. 직원한테 지금 하고 있는 것에 대해 이야기하고, 주차시킨 차를 보여주었다. 단지 여권 보는 것에만 익숙해져 있던 직원은 내 말뜻을 이해하지 못하고 문제가 뭐냐고 물었다.

“제 아내와 제가 출국해서 이 비자로 다시 입국할 수 있는지 알고 싶습니다. 어떤 문제가 있을까요? 뭐 또 다른 요구사항이 있을까요?”

직원은 여권을 가져가 상사한테 보여주면서 상황을 설명했다. 상사는 비자를 발급해 주라고 했다. 직원이 다시 나한테로 왔다.

“멕시코로 가셔서 커피 한 잔만 마시고 오십시오.”

나는 칸데를 찾으러 뛰어나갔다. 차를 타고 시간을 보니 거의 8시가 다 되어서 이 시간에 직원이 바뀌지나 않을까 걱정되었다. 칠레인 집까지 처음으로 액셀을 세게 밟으며 갔다. 칸데가 그레이엄에 탔을 때 나의 성공담을 이야기했다. 그녀는 기쁜 마음에 소리를 질렀다.

멕시코로 지나갔지만 커피는 마시지 않았다. 다리를 지나자마자 차를 돌려 다시 다리를 지나갔다. 차를 다시 심사장에 놔두고 재빨리 이민국 사무실로 향했다.

칸데는 배가 나온 것을 감추기 위해 검고 헐렁한 옷을 입고 있었다. 그녀는 또 같은 의도로 서류가 들어 있는 큰 문서철을 한 팔에, 다른 팔로는 내가 좀 전에 가져왔던 일간지들을 들고 있었다. 다시 줄을 서서 창구 뒤에 있는 직원을 바라보니 마음속에서 큰 절망감이 밀려왔다.

"멕시코로 갔다가 오라고 말했던 직원이……."

"누군데요?"

칸데가 궁금해서 속삭였다.

"없어. 직원들이 다 바뀌었어."

"어떻게 하죠?"

"우리는 수영장으로 뛰어든 거야. 이제는 물이 있는지 봐야 해."

앞으로 나오라는 신호를 하자 칸데가 내 뒤로 숨었다. 창구에 다가가자 창구에 몸을 바짝 붙이면서 배를 감추었다.

"안녕하세요. 칸델라리아와 허먼이라고 합니다. 아르헨티나에서 알래스카까지 이 차로 여행하고 있는 중입니다."

새로운 직원한테 우리를 소개하면서 일간지들을 보여주었다. 그는 이것이 허락된 건지 아닌지 몰랐지만 나는 계속 말했다.

“우리 여행 특성상 최대로 가능한 체류 허가가 필요합니다.”

직원은 우리를 바라보면서 한마디도 하지 않고 호기심 어린 눈으로 일간지들을 살펴보았다. 칸데는 다시 서류를 작성하려고 했지만 불안한 마음에 제대로 되지 않았다. 직원은 서류를 완전히 작성하고서 고개를 들지 않고 신문을 뚫어지게 보면서 말했다.

“6개월 이상은 드릴 수가 없습니다.”

우리는 기뻐서 펄쩍 뛰며 말했다.

“그럼, 6개월 안에 여행을 끝내야겠네요.”

“아니, 아닙니다. 그때 가서 갱신할 수 있습니다.”

우리한테 일간지를 돌려주고는 여권을 쥐고 직인 찍을 곳을 찾았다. 그가 직인을 찍는데 사무실에서 새로운 직원들이 나왔다. 한 직원이 우리 일을 봐주고 있는 직원 뒤에 멈춰서니 이 직원은 하던 일을 멈추고는 6개월 체류 도장을 찍어주지도 않고 가버렸다. 믿을 수가 없었다. 한 가지 일에서 벗어나니 더 나쁜 일이 닥쳤다.

“어디까지 이야기하셨어요?”

새로운 직원이 물었다. 칸데는 일간지들을 꺼내 보여줬다. 이전 직원처럼 그 직원도 이해를 못하겠다는 표정이었다.

“6개월 체류 도장을 찍어 주시려고 했는데 왜냐하면······.”

칸데가 설명을 시작하는데 사무실에서 상사가 나왔다. 내가 혼자 알아보러 왔을 때 본 그 상사였다.

“그 아르헨티나 분들 원하시는 대로 해드려.”

“원하시는 게 뭐죠?”

“6개월 체류하는 겁니다.”

우리는 같은 대답을 했다. 팍! 직인 찍는 소리가 들렸다. 말할 수 없이 행복한 기분으로 사무실에서 나가니 차가 사람들에 둘러싸여 있었다. 이번에는 평온한 마음으로 모든 질문에 대답했다.

내 안에 있는 독수리

다른 길로 해서 휴스턴으로 돌아가서 희소식을 알리니 많은 사람들이 놀랐다. 이제 목적지는 그레이엄 클럽 모임이 있는 노스캐롤라이나 주 그린즈버러였다. 먼저 달라스 근처로 가서 클럽 회장을 만나고 자동차 전시회에 참석해서 책과 수예품을 팔고 전국 각지에서 온 사람들과 이야기를 나누었다. 많은 사람들이 우리가 거의 알아듣지 못하는 각 지방 사투리로 자기들 사는 곳에 들르면 꼭 자기 집에 와서 지내라고 말했다. 우리는 완전 귀머거리가 되어서 대부분 손짓과 몸짓으로 대화를 나누었다.

　　루이지애나에서는 40대 이상의 올드카를 소유하고 있는 사람 집에서 머물렀다. 전부 주인이 수선을 하는 단계에 있었지만 작동되는 것은 한 대도 없었다. 집안은 천장까지 부속품으로 가득 차 있었고, 우리가 자는 침대 밑도 예외는 아니었다. 이 남자의 인생은 두 명의 아들과 차에 대한 계획 그리고 반란군으로 이루어져 있었다. 그의 가족은 남부 출신이고 전쟁에서 양키들에 맞서 싸웠다. 오늘날 다시 전쟁이 일어난다면 또다시 싸울 거라고 생각하고 있었다. 남부 반란군 복장과 그 당시 대포와 무기 사진들을 차 옆에서 끄집어내면서 그가 말했다.

　　"남부에서는 당신들을 아주 잘 대접할 건데 여기 북부에서는⋯⋯.

양키들은 우리하고 달라서……."

항상 여기 사람들은 좋고, 저기 사람들은 나쁘다는 이야기뿐이었다. 여기 미국 남부에 오기 전까지는 남부 사람들은 외지 사람들을 안 좋아하고 인종차별주의자들이고 라틴아메리카 사람들을 반겨주지 않는다는 아주 안 좋은 이야기를 들었다.

미시시피 강 도로변에 있는 레스토랑에서 포드 클럽 회원들이 기다렸다. 저녁 식사를 마치고 차 옆에서 단체 사진을 찍으려고 밖으로 나갔다. 그런데 차가 기울어져 있었다. 여행을 시작한 지 처음으로 타이어가 터진 것이다. 내가 타이어를 갈려고 했지만 나이 든 회원들이 자기들이 하겠다고 나섰다.

클럽 회원인 존과 제인의 집으로 갔다. 숲속에 있는 맑은 강물 앞의 그 집은 무척 예뻤다.

다음날 구멍 난 타이어 튜브를 손질하고 있는데 이웃에 사는 젊은 부부가 환영한다며 맛있는 것들을 광주리에 한가득 담아 왔다. 젊은 남편은 차 좌석 시트가 다 해진 것을 보고는 시트 덮개를 다시 해주겠다고 제안했다.

이 집에서나 저 집에서나 칸데는 사람들의 사랑을 독차지했다. 멕시코를 떠나기 조금 전부터 주위 사람들은 임신한 그녀를 다정다감하게 대해 주었다. 전에는 내가 아름다운 부인을 데리고 여행하는 영웅이라는 인상을 사람들한테 줬는데, 이제는 칸데가 임신한 몸으로 오래된 차로 대륙을 횡단하면서 남편을 데리고 세계여행을 하는 슈퍼우먼이 되었다. 나를 운전사 취급하지 않는 것이 그나마 다행이었다. 갑자기 그녀가 관심 대상 1위가 되었고, 그 다음은 그녀의 임신, 그 다음이 차, 그리고 제일 마지막이 나였다. 게다가 모두들 나한테 임신한 그녀를 잘 보살피라고 말했다. 그러면 나는 누가 보살펴 주지? 나는 좀 샘이 났다. 사람들이 칸데한테 잘 대해 주는 것 때문이 아니라 앞으로 태어날 아기한테 나는 샘이었다. 그녀가 나한테 관심을 안 쏟을까봐 걱정이 되었다.

지금까지의 여행에서 그래 왔던 것처럼 우리가 묵고 있는 집의 식구들에게 어떤 종교를 믿는지 묻지도 않고 그들과 함께 교회에 갔다. 우리는 교회에 가면 미사뿐만 아니라 강론도 열심히 들었다. 요즘에는 우리가 하고 있는 여행과 관련된 메시지를 항상 들었다. 이번에는 존과 제인과 같이 참석했다. 미사를 주관하는 신부님이 말씀하셨다.

"새끼 독수리가 둥지에서 떨어졌습니다. 한 농부가 그것을 보고는 주워서 주머니에 보관하였다가 농장에 도착해서 닭들 사이에 풀어 놓았습니다. 독수리는 닭들처럼 먹고 자고 행동하면서 자랐습니다. 독수리가 어느 정도 자란 어느 날 한 남자가 지나다가 닭장 안에서 옥수수를 먹고 있는 독수리를 보고 '어떻게 독수리가 닭들 사이에 있나요?'라고 물었더니, 농부가 '무슨 독수리요?'라고 대답했습니다. '저기 닭들 사이에 있는 거요.' '이 닭장에는 닭들밖에 없습니다.' '저거 보세요. 저기 있는 것은 세상에서 가장 공격적인 독수리입니다.' '말씀 드렸다시피 나는 닭들밖에 없습니다.' '기회를 주신다면 제가 독수리라는 것을 확신시켜 드리겠습니다. 저 새를 헛간 지붕까지 가지고 가서 거기서 독수리가 나는 것처럼 날려보겠습니다.'라고 지나가던 행인이 제안했습니다. '저 닭을 잡아서 지붕에서 던지면 닭처럼 나는 것을 보게 될 겁니다.' 행인은 지붕에 사다리를 걸쳐 놓고, 독수리를 잡고 사다리를 올라가 가장 높은 곳에서 놓았습니다. 독수리는 날개를 펄럭이다 닭처럼 땅에 떨어졌습니다. '한 번만 더 허락하신다면 독수리라는 것을 보여드리겠습니다.' '닭을 날게 하려면 생각보다 더 많은 시간이 걸릴 겁니다.' 농부의 경고에도 불구하고 행인은 다시 올라가서 독수리를 멀리 던졌지만 독수리는 날개를 퍼덕이다가 닭장으로 떨어졌습니다. '보셨죠? 닭입니다.' '저 독수리를 저한테 파시겠습니까?' '네, 저는 닭들을 팝니다.' 행인은 값을 치르고 큰 산길을 올라갔습니다. 높은 절벽 가장자리에 도착해 독수리를 놓았습니다. 독수리는 닭이 하는 것처럼 퍼드덕거리기 시작했고, 절벽에서 떨어져 죽을지 모른다는 두려움 때문에, 날갯짓을 더 힘차게 하기 시작하더니 드디어 날개가 공기를 품고 날기 시작했습니다. 독수리는 더 높이 날아올라 지평선에서 사라졌습니다. 닭 안에 있던 독수리가 깨어난 것입니다."

신부님의 강론은 이어졌다.

"왜 우리는 독수리인데 닭처럼 행동할까요? 우리는 닭들 사이에서 자랐고, 주변에 있는 것들처럼 되어야 한다고 생각합니다. 물론 닭이 되는 것이 더 편할 수도 있습니다. 그러나 우리는 독수리들이기 때문에 주위에서 닭이라고 말하고 반복하더라도 독수리처럼 행동해야 합니다. 우리는 닭이 아니라 독수리입니다."

강론이 끝나고 내 안에 있는 독수리가 힘찬 날갯짓을 시작했다. 칸데가 내 옆으로 가까이 와서 매우 작게 말했다.

"닭들을 절벽으로 밀어붙여 독수리들이 날 수 있도록 우리 여행 끝내고 책 한 권 써요."

길

미사가 끝나고 식사를 하면서 우리 여행에 대해 이야기를 했다.

"길을 잃을까 무섭지 않아요? 만약에 길을 잃으면 어떻게 될까요?"

"길을 잃는다는 것은 존재하지 않습니다. 길을 벗어날 수는 있지만 잃는 것은 아닙니다. 무엇이 길이죠?"

최근에 나는 길이라는 것에 대해 많이 생각했다. 길이 어디에서 시작하는지는 안다. 그것은 우리 집 문에서 시작하는데 무한하기 때문에 끝이 없다. 끝나는 것 같으면 그 길을 지나가는 다른 길이 나타나거나 아니면 또 다른 길로 연결되고…….

끝없는 길을 보고 있으면 자유로운 기분으로 걸어보라고 길이 유혹하는 것 같다. 이 열병은 일단 감염되면 어떠한 것으로도 치료가 되지 않는다. 길을 걷다가 멈추어도 길은 다시 유혹하고, 길을 밟을 때마다 심장은 그 유혹을 느낀다.

진흙길, 흙길, 먼지가 풀풀 나는 길, 포장길이 있고 검은 길, 회색 길, 검붉은 길이 있다. 온갖 형태, 온갖 색깔의 길들이 있다. 산을 오르고, 언덕을 내려가고, 해안을 따라가고, 길게 뻗어 있고, 강과 계곡과 사막을 가로지르는 길들이 있다. 발자국이 한 개, 두 개, 세 개, 훨씬 더 많이 나 있는 길들이 있다. 길은 마을과 도시를, 여러 나라들을, 산과 해안을, 사막과 초원을 이어준다. 길을 통해 사람은 다른 사람들과 헤어져 떠나고, 바로 그 길을 통해 사람은 새로운 지평선들과 새로운 문화들을 만난다. 사람은 다양한 방식의 삶, 느낌, 기도가 있다는 것을 배우게 되고, 그것들을 같이 공존하게 하고 서로 섞이게 해서 진정한 가치를 가지게 만든다.

길은 특히 신념을 시험하는 곳이다. 사람은 길에 들어서면 신의 손에 있게 되고, 다음 커브길에서 무엇이 기다리고 있는지 그리고 무슨 일이 일어날지 모른다. 길은 가르쳐 주고, 사람은 배울 때 변화한다. 나를 붙잡은 것은 길이고 나는 그 길을 중단할 수가 없다. 길은 끝나지 않고 계속 이어지고 나를 현상의 세계나 아니면 상상 속으로 데리고 간다. 어느 발자국에서 시작된 그 길을 이제 나는 아메리카 전 지역으로 데리고 간다.

대상

앨라배마 주에 캐딜락을 많이 갖고 있는 차 수집가의 집에서 올드카 클럽 회원들이 기다리고 있었다. 많은 사람들이 차에서 내리는 우리를 보고는 다소 놀라면서 말했다.

"이런 등급의 차라서 나이가 좀 든 사람일 거라 생각했습니다."

그리고는 워싱턴 D.C에 있는 국회에서 하루 동안 계양되었다는 증명서와 함께 큰 성조기를 선물로 주었다.

아름다운 길을 따라 계속 가면서 그레이트스모키 산맥 국립공원을 지나서 노스캐롤라이나 주 그린즈버러에 도착했다. 거기서는 오래전부터 마이크와 마리안이 기다리고 있었다.

출산 예정일이 2주밖에 안 남았다. 출산 당일부터 그 이후로는 분명히 어려운 여정이 될 것 같아서 마음이 불안하였다. 마이크와 마리안은 그런 우리를 반갑게 맞이하였고 모든 것을 제공해 주었다. 집, 우정, 도움. 이것들은 지금처럼 집과 식구들과 멀리 떨어져 있는 이런 때에 아주 절실한 것들이었다. 또한 이웃에 사는 그레이엄 클럽의 또 다른 부부 회원인 밥과 제닐은 필요한 것을 제공했다. 특히 그 부인은 자기 아이들 재웠던 요람을 우리 아기에게 주려고 아직까지 보관하고 있었다.

첫 번째 주말에 마이크와 마리안과 함께 각자의 그레이엄을 타고 자동차 모임이 있는 조그만 마을에 갔다. 참가자들이 직접 최고의 차를 뽑는 거였다. 주차할 곳을 찾으며 어디를 봐도 빛이 나는 최고급 브랜드의 멋있는 차들 옆을 지나갔다. 150대의 환상적인 차들 속에서 우리 차가 이길 가능성은 많아 보이지 않았다. 우리 관심사는 책을 파는 것이었다.

'제발 만지지 마세요 Por favor no tocar'라고 관람객들에게 부탁하는 글귀와 입장번호가 적혀 있는 용지를 받았다. '노 no'를 지우고 차에다 붙이니까 '제발 만지세요 Por favor tocar'라고 되었다. 사람들이 차를 쓰다듬고 손바닥으로 두들겨 보고, 아이들이 차에 오르는 것이 우리의 축복이라고 여겨졌다.

오후가 되면서 몇몇 지역 신문사들의 취재가 있었고 시장도 방문하여 책을 사 가지고 갔다. 책을 사서 자기들 차 근처로 가 앉아서 읽는 사람들을 보고, 또 그들이 읽고 나서 감상평을 말해 주니 아주 기분이 좋았다.

그중에서 가장 깊은 감명을 받은 것은 열 살 되는 아이의 방문이었는데, 거의 온종일 우리 곁을 떠나지 않았다. 그 아이를 데리고 온 할아버지는 번쩍거리는 스튜드베이커를 가지고 있었다.

투표 시간이 되자 그 할아버지는 환상적인 프랭클린에 투표하려고 했는데 손자가 제동을 걸었다.

"안 돼요, 할아버지. 그것 말고 이 차에 투표해요."

우리를 가리키며 말했다.

다른 두 사람의 대화 소리도 들렸다. 그들은 지도 앞에서 벌써 우리 이야기를 들었고 한 사람이 다른 사람에게 말했다.

"미안하지만 나는 자네 차에 투표하지 않고 이 차에 하겠네."

그는 우리 차 번호를 적기 위해 친구 차 번호를 지우면서 사과했다. 우리는 상이 15개니까 그중에 한 개는 받지 않을까라는 기대를 조금 하고 있었다. 시상이 시작되었고 대상 발표가 천천히 다가오고 있었다.

"대상은……."

진행자가 큰 트로피와 금화가 들어 있는 가방을 높이 쳐들면서 발표했다.

"대상의 영광은 멋진 꿈을 가진 부부의 차, 1928년 그레이엄 페이지에게 돌아갑니다!"

우리는 펄쩍펄쩍 뛰며 환호성을 질렀다. 많은 사람들이 껴안고 축하해 주었다. 정말로 행복했다. 대상을 받은 것보다는 이런 수준의 전시회에 감히 명함도 내밀기 어려운 그런 차에서 이루어지고 있는 꿈에다 진정으로 투표해 준 사람들 때문에 감동받았다.

따뜻한 마음

집에서 자연분만을 하고 싶었다. 거기다가 이것은 엄청나게 경제적인 방법이었다. 부모가 된다는 것을 알고 나서부터는 돈을 절약해서 모아 왔지만 병원에서 아무 탈 없이 정상 분만하는 데 드는 7천 달러나 만 달러에는 한참 모자랐다.

그린즈버러 시에 유일하게 딱 한 군데 있는 조산원을 찾아갔다. 그러나 임신 진행이 많이 되어서 돌봐줄 수 없다고 했다. 출산이면 다 똑같은 출산일 텐데 이해가 되지 않았다.

주립 메디케어 센터에 도움을 청하러 갔다. 한 직원이 일상적인 질문을 하고 나서는 비록 내가 이 나라에서 태어났고 아기를 기다리고 있지만 내가 이 나라 거주자가 아니기 때문에 아무런 도움을 줄 수 없을 거라고 아주 단호하고 냉정하게 말했다.

거절당하고 나서 아무 말도 하지 않고 거리로 나갔다. 도와주는 사람은 아무도 없고 차별대우를 받고 있다는 생각에 서글픔을 느끼면서 서로 껴안았다. 그렇게 차를 타고 위민즈 병원으로 갔다. 거기서 우리를 맞이해 준 사람은 간호사나 의사가 아니라 행정직원이었다. 그녀에게 상황을 이야기했다. 지금 병원비가 모자라는데 그림을 그리고 전기 일을 하거나 병원 홍보를 해서 갚을 수 없겠느냐고 물었다. 그녀는 조용히 듣고 있었다.

"여기는 이윤을 추구하는 개인병원이라서 자선사업을 하지 않고 투자자들에게 이익을 돌려줘야 합니다."

"그렇지만 우리는 지금 도움이 필요합니다. 아내가 지금 아기를 낳으려고 하는데……."

말하는데 나도 모르게 눈에 눈물이 가득 고였다. 그 담당직원은 아무런 표정의 변화도 보이지 않았고 나는 그녀의 태도를 바꾸지 못했다. 그런데 그때 내 관심을 끈 것은 그녀의 가슴에 걸려 있는 크고 화려한 십자가였다. 그것은 마치 그녀가 자기 종교를 무척 사랑한다는 것을 세상에 보여주고 싶어서 매달고 있는 것 같았다. 십자가를 보고 생각이 떠올랐다.

"만일 요셉과 마리아가 부인께 도움을 요청한다면 어떻게 하시겠습니까? 다시 마구간으로 돌려보내시겠습니까?"

이런 상황이 일어나리라고는 꿈에도 생각 못 해본 사람처럼 여직원의 표정이 딱딱하게 굳었다. 한동안 아무 말 없이 가만히 있다가 기분 나쁜 듯이 대답을 했다.

"나는 그냥 여기서 일하는……."

"부인."

그녀가 분명 신앙심이 깊다는 증거품 앞에서 나는 고통스럽게 말을 이어갔다.

"하늘나라에 가게 될 때 성 베드로가 들어가지 못하게 하면 왜 안 되느냐고 물어보시겠죠. 그때 성 베드로가 뭐라고 할지 아세요? '부인, 나는 그냥 여기서 일하는 사람입니다.'"

낙심하며 그 병원에서 나왔다. 인간에 대한, 건강에 대한 그런 냉정

함을 믿을 수가 없었다. 우리는 그 어느 때보다도 집으로 돌아가고 싶었다. 거기서는 병원에 가면 아무것도 묻지 않고 돌봐줄 텐데. 에콰도르, 벨리즈, 멕시코에서도 다 그랬는데……. 전부 다 저개발 국가들인데……. 그런데 여기서는, 그것도 내가 태어난 이 나라에서는 우리한테 문을 꼭꼭 닫았다.

침묵에 빠져 집으로 돌아갔다. 머리를 분노로 가득 채우고 싶지 않았고 또 그럴 시간도 없었다. 뭘 할 수 있을지 생각해야 했다. 신호등 앞에서 칸데가 내 손을 잡더니 자기 배에다 얹었다. 발로 차는 것이 희미하게 느껴졌고 내 아이가 느껴졌다. 우리의 사랑으로, 우리 친구들의 우정으로, 그리고 많은 사람들의 사랑으로 생긴 이 아이가 세상에 나오려고 하는 것을 그들이 안다면 얼마나 행복해할까?

“칸데, 신문사에 연락해서 이야기하자. 그들이 기사를 써줄 수 있을 거야.”

갑자기 생각이 떠올랐다.

“우리가 오기 전에 마이크와 마리안이 벌써 전화했고, 도착하고 나서도 했어요. 그런데 관심을 가진 신문사가 한 군데도 없었어요.”

“전화도 다시 해보고 이메일도 보내서 우리 소식이 대중들의 관심을 끌 거라는 것을 신문사의 누군가가 깨닫게 해야 돼.”

오후에 신문을 사서 사회와 인간에 관한 기사를 쓰는 기자들에게 이메일을 보냈다. 몇 시간 뒤에 그들에게 전화를 하기 시작했다.

“안녕하세요. 저는 허먼이라고 합니다. 우리 여행과 그린즈버러에서 하고 있는 일에 대한 이야기를 당신 메일로 보냈습니다.”

“아, 네, 읽었어요. 그런데 기사로 내보낼 수는 없을 것 같습니다. 전화 주셔서 감사합니다.”

"안녕하세요. 저는 허먼이라고 합니다. 메일을 하나 보냈는데
…….”

“언제 보내셨다고요? 한 번 봅시다. 아, 네, 여기 있네요. 참 흥미로
운 여행인데 제 기사 스타일은 아니네요.”

“안녕하세요. 저는 허먼이라고…….”

“언제까지 계실 겁니까? 혹시 기사로 낼 수 있을지도 모르니 몇 주
있다가 전화 주시면 한 번 뵙죠.”

계속 연락했지만 돌아오는 건 부정적이거나 어정쩡한 대답뿐이었
다. 언론의 도움이 필요한 바로 이 도시에서 그 도움을 받는 것이 더
힘들었다. 이제 전화해 볼 데가 두 군데 남았다.

“제 이름은 허먼이라고 하는데 당신 앞으로 이메일을 보냈습니다.”

“안녕하세요. 당신 이야기를 무척 흥미롭게 읽었습니다.”

불확실한 톤의 여자 목소리가 들렸다.

“당신 이야기를 취재할 수 있는지 편집장에게 물어봐야 합니다. 전
화번호 알려주시면 연락드리겠습니다.”

전화번호를 알려주고 편집장에게도 이메일을 보냈다. 조금 있다가
전화가 울려서 칸데가 받았다.

“안녕하세요. 당신들 이야기를 기사화하는 것에 대해 남편분과 이
야기했던 기자입니다. 실례지만 지금 어디 계십니까?”

매우 초조하게 그 기자를 기다렸다. 누가 노크를 해서 문을 열어 보
니 매우 젊은 아가씨가 자신을 피아 컬리라고 소개했다. 자기는 지금
단기 인턴으로 일을 하고 있기 때문에 자기 기사로 우리가 유명해질
거라는 꿈은 꾸지 말라고 계속 다짐을 받았다. 그리고 자기 기사가 실
릴 가능성은 거의 없다고 말했다. 사진기자가 같이 안 온 것을 보니 엄

살은 아닌 것 같았다. 있는 힘을 다 모아서 우리 여행과 꿈에 대해 열정과 기쁨으로 이야기했다. 그녀는 조금씩 이야기에 빠져들었고 그레이엄을 보는 순간 마음까지 열었다.

"잘 알겠습니다. 신문사로 돌아가서 편집장님께 말씀드리고 사진기자를 보내도록 설득해 보겠지만 아무것도 확실하게 약속드릴 수는 없어요. 당신 이야기는 영화 같아요. 저한테 해주신 이야기는 기사로 쓸 수 있을 뿐만 아니라 영화로 찍을 수도……. 게다가 임신까지 하셨다니 금상첨화 아니에요?"

젊은 여기자는 출산으로 우리에게 어떤 일이 일어날 건지 자기에게 이야기하라는 구실을 주면서 말했다. 그녀가 가면서 자기가 좋은 기사를 쓸 수 있을 거라는 확신을 갖는 모습을 우리는 봤고, 혹시 사진기자를 보내준다면 그 사진 한 장이 많은 도움이 될 수도 있을 거라는 생각이 들었다.

"거기 계실 거예요? 사진기자 확답 받았어요."

그녀는 30분 뒤에 전화로 알려줬다. 다음 날 신문을 사러 달려나갔다. 우리 기사를 찾으려는 희망으로 한 장 한 장 살펴보았는데 마지막 페이지까지 없었다. 실망감이 너무 컸다. 집으로 가는데 밖에서부터 전화벨 울리는 소리가 들렸다.

"아까부터 계속 전화했어요."

여기자가 말했다.

"좀 더 자세히 알고 싶어서 질문할 게 더 있어요. 지금 거기로 가도 될까요?"

그녀가 이야기했다.

"편집장님이 이 기사에 관심을 많이 보이시고 사진들도 좋아하셔서 일요일 신문 생활섹션 커버로 내보내자고 감히 부탁드렸어요. 지금까지 그것을 요청한 기자가 없으니 계속 그렇게 되기를 기원하죠. 만일 다른 기자가 그것을 신청한다면 나는 분명히 힘들 거예요. 나는 이 기사가 내가 하고 싶었던 타입이라서 무척 마음에 들어요. 거기다가 솔직히 고백하건데 이게 저의 처음 기사예요. 사진도, 섹션 커버도.”

우리를 위해 뭐든지 해줄 용의가 있는 마이크와 마리안은 우리 상황을 가슴 아파하면서 자기들 집에서 아기를 낳자고 제안했다. 그러나 이를 위해서는 산파가 필요했다. 마이크가 도와줄 사람을 알아냈다. 그의 사무실 건너편에 있는 기술자인데 자기 딸을 출산할 때 직접 도운 경험이 있었다. 위대한 해결책이었다. 이제 그가 도구들을 가지고 오는 일만 남았다! 우리는 무엇보다도 불안감 때문에 그들과 한참 웃었다.

일요일, 꼭두새벽부터 전화통에 불이 났다.

“이렇게 일찍 전화해서 죄송합니다만 방금 당신들의 기사를 읽고 기다릴 수가 없었어요. 당신들 꿈에 동참하게 되어서 기뻐요. 그림이 남아 있으면 한 점 사고 싶은데요.”

얼떨떨한 상태로 전화를 끊었다. 수화기를 내려놓자마자 다시 전화벨이 울렸고, 그 다음에 또 울렸고, 그렇게 4일 동안 계속해서 울렸다.

아기 옷과 용품들을 제공하겠다는 전화와, 그림, 책, 수예품 문의가 계속 왔다. 아기 바구니 14개와 아기 차 시트 7개를 받았다. 가장 중요한 것은 산부인과 의사, 산파, 마취과 의사, 간호사, 소아과 의사들이 무료로 진료를 해주겠다고 전화를 준 것이다.

교회에서도 우리 종교를 묻지도 않고 아기 목욕시킬 사람들을 모으

고 다른 이벤트도 열겠다고 전화를 줬다. 또한 자동차 클럽들에도 초
대해 주고, 자선기금도 모아주었다. 집은 우리 이야기의 일부분이 되
고 싶어서 왔다 가는 사람들과 미래의 삼촌, 이모, 할아버지, 할머니
들로 북적거렸다. 이 모두를 따뜻한 마음으로 맞이해 준 마이크와 마
리안은 따로 이야기의 한 장을 차지할 자격이 있는 사람들이었다.

다시 어린아이가 되다

새 한 쌍을 그리고 있는 칸데를 바라보았다. 그녀의 배를 유심히 보면
서 손으로 쓰다듬으니 움직임이 느껴지면서 여기 모여 있는 아름다운
사람들이 보인 것과 같은 반응을 나도 했다.

내가 느낀 것을 쓰고 싶었고, 쓴 마테차에서 단맛이 나고 가장 하찮
은 것도 중요하게 느껴지는 이 순간을 다른 사람들과 나누고 싶었다.

아빠라는 타이틀이 주어질 날이 며칠 남지 않았는데 나는 아빠 되
는 공부를 하지 않았다. 책을 찾아봐도 답이 없었다. 내가 뭘 해야 하
느냐고 물어보면 다들 이렇게 대답했다. "다 알게 돼요." 때가 가까워
지고 있었다. 딸일까, 아들일까? 나는 꿈 많은 아기가 태어나기를 바
랐다. 무엇을 해야 하지? 아기를 어떻게 잡아야 하지? 어떤 느낌이 들
까? 사랑의 결정체를 팔에 안으면 어떨까? 아기를 보면 어떨까? 세상
이 다르게 보일까? 모든 것이 다르게 느껴질까?

새로운 감정이 내 안에 퍼졌다. 그것은 처음 느껴보는 새로운 사랑
이고 영원히 함께 할 사랑이다. 영원히? 설사 그것 때문에 고통 속에
빠지더라도? 할머니와의 관계가 깨지더라도? 커서 배신을 하더라도?
아! 그럼 나는 어떻게 할까? 아들, 너에게 부탁하고 싶은 것은 인내뿐

이다. 나는 지금까지 한 번도 아빠가 되어본 적이 없어서 너와 함께 나는 배운다.

'신이시여, 제가 준비할 시간을 단지 9개월만 주셨네요! 너무 짧은 것 같지 않으세요?'

그러나 한편으로는 빨리 아빠가 되고 싶었다. 뭐하려고? 놀고, 〈마누엘리타〉와 어릴 적에 불렀던 노래들을 전부 다시 부르고, 모래사장에서 성을 만들면서 "다 큰 사람이 뭐하고 있는 거야"라는 말이 아니라 "자기 꼬맹이 아이와 노는 아빠 좀 봐, 정말 보기 좋다"라는 말을 듣고 싶다. 또 피라미하고 올챙이를 잡고 진흙 쿠키를 만들고 소꿉놀이 등 모든 놀이를 다 하고 싶다.

'신이시여, 저는 우리 아기가 사랑하고 꿈꾸고 신념을 갖는 것만 배워서 그것들을 갖기를 바랍니다. 그러나 제게는 매뉴얼이 없어서 혼자 힘으로는 할 수 없으니 도와주십시오! 칸데와 인연을 맺게 해주신 당신께 감사드립니다. 그녀를 처음 만났을 때보다 지금 더 그녀를 사랑합니다. 그녀는 더 예뻐졌고, 더 아름다운 마음씨를 갖고 있습니다. 그러나 저는 이제 더 이상 그녀의 제임스 딘이 아닌 것 같습니다. 그러니까 이제는 아기 옷과 모자와 양발만을 짜고 제 것은……. 그럼 저는? 물론 감사드립니다. 아기가 태어나면 칸데는 제 것을 짜줄 시간이 있을까요? 시간이 있으면 저를 포옹해 줄까요? 아기가 '엄마는 내 거야'라고 항상 말하지 않을까요? 물론 저는 아빠가 된다는 생각에 행복합니다. 그러나 누군가한테 질투심이 생기고 그것을 어떻게 치유해야 할지 모르겠습니다. 신이시여, 그녀에게 저를 잊지 말라고 말씀 좀 해주십시오, 아시겠죠?'

"허면, 무슨 생각하고 있어요?"

칸데가 내 생각을 중단시켰다.

"이 새들 마음에 들어요? 이제 액자 만들어 줘요."

새로운 날

오늘은 6월 4일, 놀라서 잠에서 깼다. 칸데가 7시쯤 벌떡 일어났다. 침대에서 물이 흐르는 것을 느끼면서 나는 꿈을 꾸고 있다고 생각했다. 그러나 그게 아니었다. 그녀가 "양수가 터졌어요"라고 소리 질렀을 때 꿈은 시작된 것이다.

너무 긴장되었다! 그토록 기다렸던 날이 온 것이다. 어떻게 해야 하지? 칸데는 침착하게 평상심을 잃지 않았지만 나는 놀라 당황해서 자리에서 가만히 있지를 못했다. 어떻게 된 거지? 아직 예정일이 4일이나 남았는데……. 그 어느 때보다도 그날이 선명하게 기억났다.

새로운 생명의 방문을 통보하는 그 성스러운 액을 닦아내고 칸데는 차분하게 목욕을 했다. 마리안이 칸데를 도와줬고 마이크는 뭘 어떻게 해야 할지 몰라 창백한 얼굴로 집안을 들락날락했다.

우리 둘만의 마지막 여행을 하기 위해 차에 올라탔다. 마이크는 자기 차로 따라올 것이다. 그레이엄도 흥분을 했는지 급히 시동을 걸었다. 나는 운전을 하면서 생각하고…… 기도하고…… 아기가 여기서 나오지 않기를 기원하고……. 칸데는 산통을 느끼고 있었다. 이 길은 알래스카 가는 것보다 더 길었다.

병원에 도착하니 의사가 산모를 검사했다. 우리는 기쁨이 넘쳐흘렀는데 의사가 이쪽저쪽을 살피더니 초음파 촬영을 준비하고서 설명했다.

"전치태반이라서……."

우리는 쓰러질 것 같았다. 초음파 화면에 나타난 아기는 정상 자세로 찍히는 것을 거부하고 있었다. 왜 저런 자세로 있을까? 의사가 말했다.

"자, 어떻게 할까요? 원하신다면 저는 수술을 하지 않습니다. 자연분만을 시도할 수 있습니다. 자궁 상태는 아주 좋습니다."

의사의 설명을 듣고 나니 제왕절개 수술도 그리 놀랄 만한 것이 아니었다. 자연분만만이 이 새 생명에게 유일한 탈출구가 아니었다.

"그러나 위험이 따른다는 것은 알고 계셔야 합니다."

"어떤 위험인데요?"

"아기가 발부터 나오고 머리가 마지막으로 나오면 머리가 중간에 걸려서 나올 수 없거나 숨을 못 쉬게 될 수도 있습니다. 이것은 당신들이 결정해야 합니다. 그런데 아기가 벌써 나오고 있네요."

3분 정도 우리끼리만 있게 되었다. 아, 얼마나 소중한 시간인가! 칸데와 나는 이것이 우리의 믿음을 시험하는 거라는 생각이 들었다. 우리는 키스를 했다. 지니고 있던 과달루페 성모 메달을 공중으로 던졌다. 만일 성모상이 나오면 자연분만이고 반대편이 나오면 수술하기로 하였다. 메달이 칸데 배 위에 떨어졌다. 성모 마리아가 우리를 보고 웃고 계셨다!

"혹시 모르니까 마취는 하겠습니다."

우리 결정을 들은 의사가 칸데에게 말했다. 칸데가 침대에서 동의를 하고는 수술실로 가면서 기도했다.

"당신의 뜻대로 하소서. 아멘."

우리를 둘러싸고 있는 모든 것에 날개가 달려 있는 것 같았다. 모든 것이 순리대로 진행되어 갔다. 칸데는 당황했고 마취할 시간도 없었다. 의사가 힘을 주라고 했다.

"힘주세요, 힘주세요."

의사가 다시 말했다. 이 아기는 최초의 반란으로 자신의 뒷모습을 보여줬다. 정상적으로 튼튼하고 건강하게 태어났다. 아기만 태어난 것이 아니라 엄마, 아빠, 사랑, 믿음도 새로 태어났다.

"아들입니다."

우리는 서로 껴안고 울었다. 아기는 세상에 나와 처음으로 울음을 터뜨렸고 우리도 계속 울었다. 간호사가 조그마한 아기를 우리에게 안겨주었다. 너무 작아서 내 두 손 안에 쏙 들어왔다. 부드러운 피부, 가벼운 몸무게가 느껴졌고 내 손에서 하늘이 만져졌고 처음으로 내 아들을 가슴에 안으니 사랑의 감정이 온몸을 휘감았다. 아름다운 삶을 시작하고 꿈을 꾸기 시작하고 인생이 무엇인지를 보려고 세상에 나온 아기가 무척 예뻐 보였다.

아빠로서 너를 안고 있는 이 몇 초간의 순간이 내 인생에서 가장 아름다운 시간이다. 엄마도 너를 갖고 싶어 했고 내가 너를 엄마한테 데려다 주었다. 엄마 눈에 사랑의 눈물이 반짝이면서 흐르고 있다.

칸데가 힘든 목소리로 정말로 행복하다고 말하면서 새로운 우리 가족은 처음으로 포옹을 했다.

아들아, 우리 둘 사이에 있는 너는 건강하고 울음을 그치고 평화롭게 눈을 감고 있다. 그러나 너의 손은 꼼지락거리고 있다. 뭔가를 찾으면서 내 손가락을 잡고 내 인생을 잡고 영원히 나를 잡는다. 우리 아들 팜파, 너를 사랑하고 이런 축복을 주신 신에게 감사드린다.

"축하합니다. 당신들의 결정이 옳았네요."

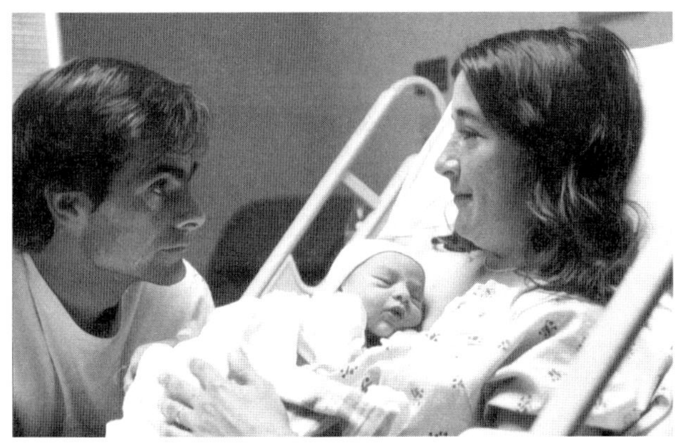

의사가 말했다.

"우리가 결정한 것이 아니라 단지 믿음을 따른 것뿐입니다."

"새로운 여행객의 이름은 뭐죠?"

"나우엘 팜파입니다."

꽃과 선물을 가지고 많은 손님들이 병원에 방문했다. 심지어 TV방송국에서도 왔고, 일간지에도 팜파의 출생을 알리는 기사가 실렸다.

우리는 '집'으로, 작은 집이지만 세상에서 가장 큰 공원이 있는 집으로, 다시 말해서 세상으로 다시 들어갔다.

"그레이엄, 알래스카까지 새로운 대원을 네가 무사히 데리고 가야해."

우리 세 사람이 차에 오를 때 내가 차에게 말했다. 차는 자기 무릎에서 우리 아들을 흔들며 재우기까지 했다. 뒷좌석에서 새근새근 숨을 쉬며 자고 있는 팜파를 보니까 마음이 평화로워졌다. 마이크와 마리안의 집에 도착하니 화려한 화환으로 집을 장식하고 "집에 온 것을 환영합니다" "아들이다!"라는 글을 적은 종이를 문에다 붙여 놓고 기

다리고 있었다. 우리 부모님이 우리를 맞이해 준 것처럼 그들은 세상에서 가장 뜨거운 사랑으로 우리를 환영했다.

오후에 세 대의 그레이엄, 다시 말해 마이크와 밥과 우리 그레이엄이 풍선과 화환으로 장식을 하고서 만났다. 세상에 태어난 첫째 날을 맞이하는 팜파를 세 대의 차에 태우고 축하했다.

그 다음 이틀 동안 모두에게 새로 태어난 조카와 손자를 인사시키기 위해 많은 모임에 참석했다. 자동차 모임, 교회 모임, 여러 그룹 모임. 팜파는 계속해서 선물을 받았는데 그중에서 손으로 직접 짠 옷이나 아기 이름을 새긴 담요 같은 선물은 매우 감동적이었다.

여기서 한 달 머무르면서 여의사 루카스한테서 부모가 되는 공부를 배웠다. 팜파와 함께 여행의 새로운 단계가 시작될 것이다. 그것은 알래스카 여행이라는 꿈으로 뭉쳐진 어느 가족의 새로운 시작이었다. 어떻게 될까? 항상 하는 질문이었다. 어디서 여행이 바뀔까?

당신은 손님입니다

마이크와 밥이 자기 부인들과 함께 준비한 그레이엄 페이지 모임 날이 다가왔다. 5일 동안 열렸고 미국과 캐나다 전역에서 자기 차들을 가지고 사람들이 참석했다. 다양한 모델의 차들이 약 20대 정도 모였다.

어느 날 전부 차로 행진을 하고서 야외에 있는 어느 집 앞에 주차를 하고 대화를 나누려고 정원에 앉았다. 참석자들은 우리가 지금까지 여행하면서 경험한 이야기 몇 개를 올려놓은 클럽 홈페이지를 통해서 우리 여행에 대해 알고 있었다. 그러나 미국에서의 이야기는 아직 쓰지 않았기 때문에 이 나라에서 어떤 일이 있었는지는 전혀 몰랐다.

"이 나라에 들어온 이후로 여행이 어땠어요?"

한 사람의 질문에 우리가 어떤 대답을 할지 모두들 궁금해하며 우리를 쳐다봤다.

"생각했던 것보다 훨씬 좋았습니다. 상상도 못한 일을 많이 겪었습니다. 자동차 보험, 타이어, 비자 연장 그리고 이제 팜파가 태어난 것까지요. 일이 생길 때마다 최선을 다해서 잘 해결했습니다. 가장 신기했던 것은 여기 들어오기 전에 사람들한테서 여기서는 개개인 집에서 우리를 초대해 주지 않을 거라는 말을 들었는데 여기 온 지 4개월이 지났지만 우리 경비로 숙박한 날은 단 하루밖에 없었습니다. 한 가지 예를 들어 말씀드릴게요. 그레이트스모키산맥 국립공원에 있는 어느 주유소에서 한 남자가 나타나서 일상적인 질문 몇 개를 하더니 자기가 산장을 한 채 가지고 있는데 묵고 가겠냐고 물었어요. 그리고는 자기 밴으로 우리를 환상적인 그곳으로 데려다 줬습니다. 그뿐만 아니라 강으로 데리고 가서 스킨 스쿠버도 하고 어제는 팜파를 보기 위해 거기서 왔더군요. 과테말라에서 알게 된 또 다른 사람은 우리를 축하해 주러 플로리다에서 날아왔고 그 밖에도 놀랄 만한 일이 참 많았습니다. 매우 초라한 트레일러하우스에서 자고 있을 때…….”

빌 콘리는 자기 부인과 다른 캐나다인들과 함께 공원산책을 한다는 핑계로 우리를 다른 사람들과 떼어 놓았다. 비자 문제로 캐나다인들과 이야기했는데 우리한테 일어났던 일을 부끄럽게 여겨 해결해 주고 싶었던 것이다.

“캐나다인들이 방문하라고 초대를 많이 했나요?”

빌이 물었다.

“네, 가족들, 클럽들, 단체들에서 수백 통의 초대장을 보내줬어요.”

“신문에 실린 기사 때문에 당신들 이야기가 많이 알려졌을 겁니다. 그 기사를 복사해서 가지고 왔는데 여기 보시면 당신들의 꿈같은 여행이야기와 길에서 만난 사람들 그리고 기사 마지막 부분에는 캐나다가 당신들 입국을 거부하고 여행에 종지부를 찍게 한 유일한 나라라고 칸데가 언급한 말이 실려 있습니다. 이러한 초대들 때문에 당신들 상황은 달라졌습니다. 이제 캐나다로 오시라고 부탁하는 사람들이 우리가 됐습니다. 캐나다 당국은 외국인의 비자신청은 거부할 수 있지만 우리가 당신들을 초청하는 것을 거부할 수는 없습니다. 당신들을 지지하는 이러한 초청뿐만 아니라 많은 캐나다인들이 국회위원들에게 당신들의 상황을 이야기하려고 전화를 했습니다. 국회에서 다룰 의제를 결정하는 분이 올드카들을 소유하고 있고 캐나다 클럽 회원입니다. 그분이 이야기를 듣고는 무척 화를 냈습니다.”

“또한 다른 캐나다인들도 워싱턴에 있는 대사관에 전화를 해서 우리가 비자를 신청하러 갈 거라고 알렸습니다.”

칸데가 덧붙였다.

"심지어 최후의 방법으로 자기 보트로 우리를 불법 입국시켜 주겠다고 제의한 사람도 있었어요."

내가 말했다.

"그럴 필요까지는 없을 겁니다. 멕시코 주재 캐나다 대사관 직원 한 명이 멍청하게 일을 처리했다고 해서 우리까지 그렇게 할 필요는 없지요."

빌이 결론지었다. 모임 마지막 날 시상식이 있었다. 회사 설립자 그레이엄 가문의 후손이 모임에서 가장 어린 회원인 팜파에게 상을 수여하였다.

우리는 최장거리를 운전했다는 이유로 만장일치로 상을 받았고 꿈같았던 5일간 메일을 통해서만 알고 있었던 사람들을 만났고 그리고 사람들은 자기들 집을 제공하고 후원을 해주었다.

시가행진

한 달 만에 여의사 루카스가 이제 여행할 수 있겠다고 허락을 했다. 7월 4일, 우리를 환대해 준 이 도시 시민들에게 감사한 마음을 전할 수 있는 좋은 생각이 떠올랐다. 이날 열리는 독립기념일 행진에 참가하는 것이었다.

프론트펜더에는 마취과 의사 아들들이 앉았고, 차 안에는 우리와 마이크 그리고 마리안이 있었고, 발 디딤판에 아는 얼굴들이 많이 올라섰다. 차가 전진하자 박수 소리와 덕담이 들렸고, 모두들 팜파를 보고 싶어 하면서 그의 이름을 외쳤다. 칸데가 뒷좌석에서 이쪽저쪽 창문으로 팜파를 보여주었다.

연일 이어지는 파티에 완전히 파김치가 돼서 밤에 집으로 돌아왔다. 칸데가 짐을 정리하면서 꽤 심각하게 말했다.

"헤어지는 시간이 다가올수록 더욱더 그 시간을 생각하고 싶지 않네요. 지금까지 여행하면서 떠나왔던 곳에서 가졌던 정이 여기서도 들었나 봐요. 앞으로도 계속해서 새롭게 배우는 것들과 새로 만나는 사람들은 마음속에서 쉽게 지워지지 않을 거예요. 다른 때와 마찬가지로 이번 만남에서도 나는 많이 배웠고 성장했어요. 내일 떠날 때, 작별인사하면서 눈물이 나올 것 같아요. 저들이나 나나 다음의 만남을 기약할 수 없고 대부분의 경우에 다시 만나지 못하잖아요. 나는 저들의 나눔의 정에 감동받았어요. 하루나 한 달 정도는 참을 수 있겠지만 평생은 힘들 거예요. '언젠가 다시 만나겠죠'라고 말하면서도 안타까운 마음은 떨칠 수 없을 거예요. 그런 시간이 안 왔으면 좋겠지만 나는 그렇게 살아야 한다는 것을 알고 있어요. 왜냐하면 더 많은 놀라운 일들과 더 많은 사람들이 우리를 만나려고 기다리고 있어서 우리는 길을 계속 가야 하기 때문이에요."

칸데가 예상했던 대로 우리는 그린즈버러를 떠나면서 뜨거운 눈물을 흘렸다. 마이크와 마리안은 우리를 위로하면서 몇 년 내로 우리를 만나러 아르헨티나에 오겠다고 약속했다. 다시 만나리라는 희망을 품고 길을 떠났다.

우리가 해왔던 대로

여행 중에 스폰서가 되어주겠다는 연락이 두 군데서 왔다. 무척 놀랐고 어떻게 해야 할지 결정을 해야 했다. 스폰서가 생긴다는 것은 한편으로는 여행을 계속하는 데 필요한 돈을 벌 필요가 없다는 뜻일 것이고 그러면 다른 것에 더 많은 시간을 투자할 수 있다는 뜻이다. 결국 편리한 안전장치다.

그러나 한편으로는 만일 차에다 그 회사 스티커를 붙인다면 우리 여행이 아무런 대가도 바라지 않고 오로지 사랑으로 맞이해 주고 후원해 준 사람들 때문이 아니라 전부 스폰서 덕분으로 가능했던 것처럼 비쳐질 것이다. 게다가 모든 것이 가능하다는 것을 보여주려는 우리 의도는 "아, 스폰서가 있으면 쉽지"라고 평가절하될지도 모른다.

또한 우리는 책 파는 것이 좋았다. 이것은 사람들을 만나고 사람들을 독수리가 되게끔 만들고 경제적으로 도움을 받을 수 있는 방법이었다. 이것뿐만 아니라 책 판매는 상상도 할 수 없는 장소들에서 이루어졌다. 주차장, 길거리, 도서전시회, 시장판, 식당, 길모퉁이, 공원, 학교, 자동차전시회…….

이야기와 모험과 꿈이 담겨 있는 멋진 책, 우리가 보고 배운 이야기, 어떤 사람들한테는 모험이 되고 어떤 사람들한테는 엉뚱한 짓이 되는 이야기들이 담긴 책, 독자들의 꿈을 되살리고 그것을 시험하는 책.

우리 책 판매는 이동판매였다. 딱 한 번 만났을 때, 딱 한 번 판매기회가 주어졌다. 그래서 같은 장소에서 판매하는 경우는 거의 없었다. 그 만남들은 우연이 아니었다. 차와 우리가 지나가는 장소에서 자기들 꿈을 되살리고 우리 꿈의 일부분이 되려는 사람들이 구매자가 된 것이다.

우리는 스폰서가 거의 필요치 않았고, 칸데와 나는 우리 힘으로 여행을 계속하고 싶었다. 여행의 진수는 돈이 다 떨어졌을 때 시작되었다. 왜 이제 와서 이것을 깨트려야 하나? 다시 연락이 와서 신경 써줘서 고맙다는 인사를 하고 지금까지 해왔던 대로 여행을 계속할 거라고 알려줬다.

사랑의 공식

차는 경치와 조화를 이루며 그것의 일부분이 되었다. 우리는 기복이 심하고 차가 거의 다니지 않는 좁은 도로를 달렸다. 매컨기 마을에 가기 위해 버지니아와 펜실베이니아에 있는 조그만 아미시파 공동체 마을들로 둘러싸여 있는 나무다리를 건넜다.

이 조그만 마을에는 아무런 계획도 없다가 갑자기 오게 되었다. 전날 묵었던 집 식구들이 여기서 큰 규모의 올드카 전시회가 있다는 사실을 알려 준 것이다. 책 판매 때문에 관심이 갔다. 전시회는 내일인데 벌써 많은 자동차들과 판매대와 천막들이 설치되어 있었고 사람들도 인산인해를 이루고 있었다.

"벌써 다 찼어요. 내년까지 예약이 다 됐어요. 2년 전에 미리 예약을 해야 돼요. 허가증이 없으면 아무도 못 들어가요."

몇 사람이 이야기해 줬다. 우리는 내일 이야기를 잘해 봐서 장소를 구할 수 있을지 알아보기로 했다.

미국에 들어와서 두 번째로, 팜파와 함께는 처음으로 차에서 잘 준비를 했다. 그때 한 가족이 다가와 자기 집으로 초대해서 고맙다고 인사를 하고 목욕과 식사만 부탁했다. 내일 전시장에 입장하기 위해서 꼭두새벽부터 자동차 옆에 있고 싶었다.

그 집에 도착하니 사랑이 넘치는 정도가 아니라 지나치게 많은 가정이었다. 어릴 때부터 입양한 자식이 7명이나 되었다. 어린아이들을 입양하면 문제가 많을 거라고 대부분 생각하지만 이 부부는 그렇게 생각하지 않고 사랑의 공식으로 모든 문제들을 풀었다.

"아이들한테 사랑을 주세요. 그것이 필요한 거예요. 아이들이 일을 저지르면 그것은 관심이 필요해서 그런 거예요. 자기들한테 우리의 시간과 관심과 사랑을 달라고 하는 거예요."

부인이 말했다.

아침에 전시회 담당자와 이야기할 수 있는 방법을 찾다가 올드카 클럽의 중요한 관리자인 빌을 알게 되었다.

"여기는 기준이 매우 엄격하고 까다로워서 제가 어떻게 도와 드릴 수가 없네요. 1월에 허쉬에서 개최되는, 세계에서 가장 큰 자동차 전시회에는 당신들을 초대하겠습니다."

조금 있다가 쾌활한 성격의 관리자와 말할 기회를 가졌고 그는 전시회장 중앙에 있는 깃대 밑에 자리를 제공해 줬다. 엄청나게 넓은 공간이 순식간에 사람들로 꽉 찼다.

전시회 3일 동안 우리는 많은 사랑을 받았다. 공원책임자는 수영장과 샤워장 쿠폰을 줬고 전시회 조직위원들은 아침을 제공했고 지나가던 많은 사람들은 탄산수와 주스와 샌드위치를 갖다 주었다. 그런 것을 못하게 막을 방법이 없었다.

책도 많이 팔았고 이 지역뿐만 아니라 다른 곳에도 와서 지내고 가라는 초대도 엄청나게 많이 받았다.

새로운 시도

차로 워싱턴 시티에 들어가는 것은 생각보다 훨씬 더 간단했다. 강을 따라 나 있는 포장도로로 가다 보니 뒤에 오는 차들이 고속으로 달릴 수 없었다.

도시에 들어온 다음 파울리타 집에 가는 것은 어렵지 않았다. 그녀는 칸데와 초등학교 다닐 때부터 아주 친한 친구였는데 몇 년 전부터 서로 만나지를 못했다. 그녀들이 서로 얼싸안고 어린 시절을 떠올리며 이야기하는 모습은 무척 감동적이었다.

이 도시에는 돌아다닐 곳도, 볼 것도 무척 많았다. 박물관들 구경하는 데만도 며칠이 걸렸는데 우리 관심을 그리 끌지는 못했다. 지금은 캐나다 비자 해결이 급선무였다.

아르헨티나 대사관에 가니까 아직 우리에 대해 아무것도 모르면서도 반갑게 맞이해 주었다. 호르헤 오세야 공사는 꿈에 동참하고 싶은지 우리 차에 올랐다. 기자회견을 열어 주어서 여러 나라 채널로 방송이 나갈 수 있게 해줬다. 미주기구(Organization of American States, OAS) 본부로 데려가서 우리를 아메리카대륙 대사로 임명받게 해주었고 저녁에는 자기 친구들과 함께 맛있는 바비큐를 대접했다.

다음 날은 공사와 함께 서류정리를 하면서 하루를 보냈다. 기존에 준비했던 서류에다가 캐나다 초청장들, 여행 이유서, 일기, 책, 아르헨티나 대사 추천서, OAS 추천서를 첨부했다.

"이 정도면 충분할 겁니다."

공사는 용기를 북돋아 주면서 직원한테 복사, 번역, 추천서 작성을 시켰다. 공사와 함께 비자 신청을 하러 캐나다 대사관에 갔다. 비자를 받는다는 것이 쉽지 않다는 것을 이미 경험으로 잘 알고 있었지만 거부한 것을 다시 철회할 수 있는지 알고 싶었다. 비자 신청을 하기 위해서 두 번째로 인지세를 내고 서류를 작성했다. 빈 칸에 '예, 아니오'

를 표시하는 세 가지 질문이 있었다. 첫 번째 질문은 ‘테러나 다른 중범죄에 가담한 적이 있습니까?’ 두 번째는 ‘마약이나 다른 중범죄로 체포된 적이 있습니까?’ 그리고 세 번째는 마치 ‘중범죄’라도 되는 것처럼 ‘비자를 신청해서 거부당한 적이 있습니까?’였다.

전 세계에서 모인 사람들 틈에서 줄을 섰다. 잊기 어렵고 기분 나쁜 기억들이 떠올랐다. 차례가 되어서 공사가 우리를 소개하려고 하자 담당 여직원이 그를 제지했다.

“비자 신청한 분이 누굽니까?”

“이 부인인데 제가 알려드릴 게 있어서……..”

“그렇다면 부인 혼자서 신청하십시오.”

아주 퉁명스럽게 그의 말을 잘랐다. 칸데가 신청서를 보여줬고 공사가 서류철을 건넸다.

“우리는 캐나다에 가고 싶은데 괜찮으시다면 이거 한 번 검토해 보세요.”

칸데가 말하는 동안 여직원이 제일 먼저 본 것은 신문에 크게 실린 차하고 우리 사진이었다.

“많은 캐나다 분들이 초대해 주셨습니다.”

“당신들이 아르헨티나에서 알래스카까지 여행한다는 그분들이세요?”

그녀의 질문에 놀랐다.

“당신들을 기다리고 있었습니다.”

그 이후로는 모든 것이 탄탄대로였다. 그녀는 원하는 것이 뭐냐는 질문만 했고 거기에 공사가 대답했다.

“최장기간의 복수 입국 비자를 받는 거죠.”

우리가 바라는 대로 이루어졌다. 행복한 기분으로 아르헨티나 대사관으로 돌아오자마자 캐나다 친구들한테 전화를 하니까 그들이 말했다.

"당신들을 기다리고 있으니 빨리 오세요."

전화를 끊고 승리의 기쁨에 젖어 얼싸안았다. 패배를 인정하면 승리를 얻게 된다.

결말은 이미 정해졌다

차가 점점 더 가속되기 시작하는데 도대체 영문을 알 수가 없었다. 엔진에 손을 대보고 대사관 수위와 함께 나사를 몇 개 조이고 대충 손을 봤다. 한편 칸데는 우리를 위해서 건물 안에다 특별히 준비해 준 장소에서 책과 수예품을 팔고 있었다.

집으로 돌아가는데 차가 다시 고장이 나고 갈수록 문제가 더 심각해져서 파울리타 집에서 세 블록 떨어진 어느 모험사진작가 집 앞에서 멈췄다. 그가 재빨리 나와서 우리 사진을 찍기 시작하면서 도와줬다.

그에게 전화를 빌려서 70살이 넘은 파라과이 사람인 피노에게 연락했더니 도와주러 왔다. 그는 〈탱고와 밀롱가〉라는 라디오 방송에서 알게 되었다. 우리 인터뷰를 듣고는 자기 책을 선물하려고 방송국을 찾아왔다. 최근에 출판된 책이었는데 1951년에 다른 부부 한 쌍과 함께 파라과이에서 뉴욕까지 포드T를 타고 여행한 이야기가 실려 있었다.

하룻밤 사이에 그 책을 다 읽었다. 출발한 지 얼마 안 돼서 수중에 돈이 다 떨어졌고, 같이 간 부부가 아기를 갖게 되어서 콜롬비아에서 출산했다는 내용이 들어 있었다. 코스타리카에서는 뗏목을 만들어 밀림 속을 흐르는 강을 건너다가 차가 1.5미터 깊이의 물에 빠졌다. 차를 건져내는 것을 도와줄 사람이 없어서 강의 다른 편에서 다시 조립할 생각으로 차를 분해하였다. 나중에 미국에 거의 다 도착했을 때, 뒤에서 차가 쳐서 앞의 차와 충돌하면서 바퀴 4개의 나무 휠이 다 부서졌다. 경찰이 폐차장으로 견인해 갔지만 그는 포기하지 않았다. 그는 나무 한 개를 구해서 휠들을 만들기 시작했다. 폐차장 주인이 그의 그런 결단력을 보고는 폐차된 포드T를 선물로 주어서 그는 거기서 필요한 부품들을 구할 수 있었다. 뉴욕에 도착해서 꿈을 이룬 피노는 인생의 반려자를 찾고 거기서 새로운 인생을 시작했다.

지금 우리는 매우 아름다운 조지타운 지역의 거리에서 그의 지휘 아래 차에 무슨 일이 있는지 검사하고 있다. 후드, 라디에이터, 냉각팬, 연료분배 파이프커버를 해체했다. 피노는 벨트문제인 것 같다고 생각했다.

많은 사람들이 와서 보고는 의견을 제시하고 질문을 했다. 사진작가 로버트 하이만은 우리가 작업하는 데 방해가 되지 않도록 모인 사람들에게 우리 책에서 읽은 내용을 이야기하면서 즐겁게 해주었다. 그가 홍보를 매우 잘해서 호기심으로 모여든 모든 사람들에게 한 권씩 팔았다.

오후에 피노와 함께 계속 일하고 있는 동안에, 모인 사람들 중 몇 명이 집안 잔디밭이나 그레이엄 발 디딤판에 앉아서 인생과 꿈에 대한 이야기를 나누었고 사진작가는 모두에게 음료수를 제공하였다.

"길을 가다가 이런 일을 겪으면 어떻습니까?"

"이제는 익숙해졌습니다."

내가 대답했다.

"사람들은 자신들의 길을 천천히 가더라도 어디로 가는지는 알고 있죠."

한 사람이 끼어들며 말했다.

"다른 사람이 가지고 있지 않는 것을 사업가가 가지고 있는 것이 무엇이죠? 발전하는 사람과 그렇지 못한 사람들의 차이점은 뭐죠?"

나이가 지긋한 사람이 물었다.

"인내력? 아니면 노력인가요?"

한 사람이 대답했다.

"아니요. 인내를 가지고 열심히 일하는 사람은 많습니다. 그러나 그들도 계속 같은 벽에 부딪히면서 더 이상 앞으로 나아가지 못합니다."

"그러면 뭐죠?"

내가 너트에서 눈을 떼지 않고 물었다.

"그것은 상상력입니다. 상상력을 이용해서 상품을 만든 것입니다. 많은 이들한테는 가려서 보이지 않는 것을 그 사람들은 그것이 어떻게 될 건지 그리고 그것을 무엇으로 발전시킬 건지 상상합니다. 이미 일어난 일에 이끌리지 않고 잃어버린 것이나 단체거부 때문에 울지 않고 그 상황에 적응하고 결국 극복합니다. 한 사람이 새롭고 간편하고 단순한 상품을 개발해서 백만장자가 되면 우리는 왜 자신한테는 그런 일이 안 일어나는지 물어봅니다. 그것은 바로 우리가 상상력을 사용하고 싶어 하지 않기 때문입니다. 우리는 모든 것이 발명되었고 태양 아래 새로운 것은 없다고 생각하지만 그러나 가정에서 사용하는 별것 아닌 물건도 상품 개발로 이루어진 것입니다. 당신의 상상력을 상용하고 그것을 이성과 잘 결합하면 백만장자가 될 것입니다."

"죄송합니다만 지금 주제가 뭐죠?"

사진작가가 그에게 물었다.

"당신이 말했잖아요."

그가 나한테 말했다.

"돈이 다 떨어졌을 때 집으로 돌아가지 않고 여행을 계속 했다고요. 그리고 각 나라에 들어갔을 때마다 새로운 일들을 다시 상상하기 시작하면서 판매상품을 바꾸고 각 지역의 경제적 상황에 맞추고 판매 전략까지 수정했다고요. 당신은 차와 판매상품을 가지고 각 나라에 도착했고 수백만 명의 사람들이 매일매일 힘겹게 살아가는 나라들에서 여행을 하고 일을 하고 떠나면서 그들을 행복하게 해주었습니다."

"네, 그랬죠. 그렇지만 항상 사람들의 도움을 많이 받았습니다."

"사람들은 도와줘도 달라질 것이 없는 사람은 도와주지 않고, 뭔가를 하고 그것을 위해서 싸우는 사람을 도와줍니다. 당신들은 당신들이 머무는 곳에서 목표와 꿈을 좇아가는 것을 보여 줬고, 그것을 위해서 가능한 모든 것을 다 했습니다. 그런 모습 앞에서 사람들은 당신들을 돕고 싶은 마음을 거부할 수가 없었을 겁니다."

"사람들이 거부할 수 없기 때문에 우리를 돕는다는 것은 상상도 못했습니다. 그 말은 마치 그들한테 도움을 준 사람들이 바로 우리라는 것 같아서 참 듣기는 좋습니다만 우리가 받은 도움의 가치를 폄하하는 것 같습니다."

"회사가 어떻게 성장을 하고 강해지고 많은 수익을 내는지 아세요?"

"아니요, 잘 모릅니다."

"회사 직원 개개인들에게 주인의식을 느끼게 만드는 겁니다. 자신들의 동작 하나하나가 회사의 운명을 결정한다고 믿게 만들고 회사 발전을 위해 아이디어가 있으면 발표하게 하는 겁니다. 복사용지, 통신비, 청소용품들, 각종 비품, 전기 등등을 가능한 한 아끼게 하는 겁니다. 자기 회사니까요."

그는 잠시 말을 중단하고 나를 빤히 쳐다보았다.

"제가 이런 말씀을 드리는 이유는, 당신들은 당신들을 도와주는 사람들 개개인들에게 이 꿈이 자신들 꿈이기도 하다고 느끼게 해주기 때문입니다. 그래서 당신들의 꿈은 아주 성공적인 회사처럼 작동하고 있는 것입니다. 설사 이런 사실을 인식하고 있지 않다 하더라도, 당신은 사람들을 성공으로 이끄는 도구들을 사용하고 있습니다. 당신의 꿈이나 회사는 이미 정해진 결말을 가지고 있습니다. 그것은 성공입니다."

나는 무슨 말을 해야 될지 몰라 생각에 잠겼다. 내 꿈을 회사라고 부르는 것이 마음에 들지 않았고 결말이 정해졌다는 것은 더더욱 그랬다. 물론 도착할 거라는 신념은 가지고 있지만 종착지가 어디인지, 어떤 곳인지 계획도 안 세웠고, 알지도 못한 채 우리는 1미터 더 전진할 때마다 살아 있음을 깨닫는다.

비록 피노가 도와주기 위해서 할 수 있는 일은 다 했지만 그는 우리 꿈의 진정성과 열정을 이해하지 못하는 것 같았다. 〈탱고와 밀롱가〉 라디오 프로그램 스태프들이 다른 해결책을 가지고 왔다. 아르헨티나 사람이 운영하는 챔피언 카센터로 차를 견인해 갔다. 그곳에서 일하는 히스패닉(미국에 거주하는 라틴아메리카 출신자들) 기술자 중 한 명인 기예르모가 차 수리를 담당했는데 결국 기화기가 문제였다.

밤에 그의 집에 자러 갔다. 그는 이민 온 히스패닉들이 많이 거주하는 동네에서 살고 있었다. 그와 그의 아들과 함께 공놀이를 하러 나갔다. 우리 집에서 멀리 떠나온 것 같지 않았다. 운동장에 도착해서 다른 사람들과 팀을 구성해서 지금 붙고 있는 두 팀의 승자와 시합을 하자고 했다. 기술자와 그의 아들은 축구공을 다루는 데 천재였고, 내가 아르헨티나 사람이라 다른 사람들은 나도 그렇게 잘할 거라고 생각했다. 그러한 이유 때문에 처음에는 최전방에서 공격수로 뛰라고 했다. 그러나 내가 너무 못하니까 조금씩 조금씩 내려오라고 하더니 결국에는 나를 운동장 밖으로 내보낼 지경에 이르렀다.

준 것은 잊고 받은 것은 기억해라

뉴욕에 들어가는 길은 정말로 복잡했다. 다리, 터널, 고속도로와 차량이 너무 많아서 고속도로에서 출구를 빠져나가지 못하고 다른 길로 들어섰다. 애버뉴에 도착하는 데 뉴욕을 거의 한 바퀴 다 돌았다. 처음 간 곳은 아르헨티나 영사관이었다. 거기서는 우리 도착을 알고 있었고 지낼 곳을 알선해 주었다.

그들이 가르쳐 준 대로 브롱스로 갔다. 이 지역은 안으로 들어갈수록 액션영화 무대 같아 보였다. 영사관에서 알려준 교회 앞에 도착했다. 문을 두드리니 부인 한 명이 나와 마리아나라고 소개하면서 우리가 도착한 사실을 알렸다.

"카를로스 신부님께 말씀드릴게요."

조금 있다가 그와 함께 돌아왔다. 신부님은 미소를 지으며 칸데에게 아기를 안아보자고 했다. 그리고 우리를 환영하며 마리아나가 두 블록 떨어져 있는 그녀의 집으로 우리를 데려갈 거라고 했다. 그녀는 우리를 도와주게 돼서 무척 행복하다고 했다.

"마리아나, 잠깐만 와보세요."

그녀가 갔다.

"마리아나는 교회 사무국에서 일해요."

신부님이 말하면서 차 쪽으로 다가갔다.

"야, 정말 놀랍네요. 정말 멋있는데요!"

"차를 무척 좋아하시나 봐요?"

"아닙니다. 당신들이 하고 있는 것을 좋아합니다. 물론 차가 매우 예쁘지만 당신들이 하고 있는 일은…… 영광스럽습니다."

"신부님! 나쁜 놈들이 주차장 철조망을 넘어 저기에 있어요! 경찰을 부를까요?"

마리아나가 소리쳤다.

"아니요, 뭐하게요? 애들이 장난치고 있는 것뿐이에요. 이제 저기로 가서 허먼과 칸델라리아의 차를 주차시킵시다."

그의 대답에 우리는 얼었다. 우리는 지금 세계적으로 악명 높은 브롱스에 있고, 우리가 저기서 200미터 떨어진 곳에서 혹시 눈을 붙일 수 있다면 자고 있을 동안에 건달패들이 철망을 뛰어넘어 들어오는 이런 곳에 그레이엄을 주차시켜 놓는 것이다.

신부님은 주차장에서 기다리고 있을 테니 우리보고 동네를 한 바퀴 돌아보라고 했다.

"칸데, 들었어? 주차장에 건달패가 있는데 어떻게 하지?"

"모르겠어요, 무서워요."

한 바퀴 돌며 보니까 거리가 완전히 주차장이었다. 신부님이 문을 열어 놓고서 들어오라는 신호를 했다.

“신부님, 차를 여기 놔둬도 안전할까요?”

문고리가 휘어진 것을 보면서 내가 물었다.

“네, 믿음을 가지세요.”

신부님의 대답에는 확신이 있었다. 도대체 내가 어떻게 된 거지? 어떻게 나의 수호천사를 잊었지? 나쁜 일은 일어나지 않을 거라는 믿음을 어떻게 두려움 때문에 잊을 수가 있을까? 어떻게 내가 이렇게 됐지? 뉴욕에 들어온 이후로 나는 신경쇠약에 걸렸다. 들어올 때는 어떻게 이렇게 도로가 복잡한 도시에 들어올 수 있을까, 어디에 잠자리를 마련할 것인가를 생각했다. 이제 이 도시에 들어와서 맨해튼에서 브롱스까지 한 바퀴를 돌아보고 잠잘 곳과 주차할 곳을 구했다. 나는 신경이 예민해져서 어떻게 우리를 위해서 모든 것이 사전에 다 준비되었는지를 보지 못했다. 심호흡을 하고 긴장을 풀고 정신을 다시 가다듬었다.

“네, 신부님 말씀이 옳습니다. 제 신념을 포기하면 안 되겠죠?”

신부님은 교회 식당으로 초대했다. 식탁 위에 접시 하나에 포크와 나이프가 두 세트 놓여 있고 물잔이 하나 있었다. 신부님은 접시 한 개를 더 찾더니 음식을 둘로 나누고 다른 잔에 물을 채웠다.

“자, 드세요. 아주 맛있어요.”

“신부님은 벌써 드셨어요?”

“아니요, 그렇지만 걱정 마세요.”

“아닙니다, 신부님. 다른 걸 찾아보겠습니다.”

“아닙니다. 나는 당신들과 음식을 나누면서 포만감을 느낍니다. 제발 이 행복한 순간을 빼앗지 마세요.”

우리는 음식을 싹싹 비웠다. 우리 때문에 한 사람이 굶었다는 특별

244

한 재료가 들어가서인지 무척 맛있었다.

단호하고 의연한 모습

비록 아직까지 주택대출금을 갚고 있었지만 마리아나의 집은 컸다. 그녀는 항상 세를 놓던 방을 우리에게 내줬다. 그녀의 남편 마르셀리노는 우리가 있고 싶으면 언제까지라도 있으라고 했다. 그녀가 만들어 준 맛있는 아침을 먹고 있는데 남편이 머리를 흔들며 말했다.

"정말로 미친 부부야! 외계에서 온 화성인들이야."

그때부터 우리 별명은 '화성인'이 되었다.

그 도시를 구경 다녔다. 자유의 여신상을 보기 위해 카페리를 탔다. 여신상은 유명해서 많은 사람들이 찾았고 그것은 모든 이들에게 새로운 가능성과 새로운 지평선의 세계에 온 것을 환영하는 것 같았다. 쿠바와 쿠바 사람들이 자유의 중요성을 나한테 절실하게 가르쳐 주었다. 여신상은 생각했던 것보다 훨씬 더 컸고 더 아름다웠다. 내가 느끼는 자유처럼 여신상은 아주 단호하고 의연한 모습으로 서 있었다.

카페리로 돌아왔더니 놀랍게도 투어가 아직 다 끝난 것이 아니었다. 우리는 어떤 섬으로 갔는데 그 섬은 처음 이 대륙으로 이민 온 사람들이 배에서 내려 처음으로 발을 디딘 곳이었다. 전 세계에서 온 이민자들은 거기서 서로 어울리며 음식을 나누어 먹었다. 그들은 수백 가지 언어의 메아리가 들렸던 곳에서 기다렸고 서로 모르는 사람들로 가득 찬 헛간에서 같은 꿈을 꾸면서 잤다. 이제는 박물관이 된 그곳의 벽에는 수백 장의 사진이 걸려 있었는데 입고 있는 옷으로 봐서 얼마나 다양한 사람들이 모였는지를 알 수 있었다. 집시들, 터키인들, 그리스인들, 러시아인들, 스페인인들……. 장거리 여행과 불확실한 앞날에 대한 불안감으로 모두들 얼굴은 피곤해 보였지만 가까이 가서 사진을 자세히 보니 그들의 눈에서는 광채가 났다. 절대로 꺼지지 않는 희망의 빛이었고 그 어느 때보다도 지금 더 빛나고 있었다.

침묵을 깨트리고 싶지 않았다

뉴욕 어디를 가도 주차하기가 쉽지 않았다. 노숙자들이 음식을 찾아 쓰레기통을 뒤지는 바로 그 길모퉁이에서 세계에서 가장 부호들이 가장 긴 리무진을 타고 다니는 곳이 뉴욕이었다. 세계 경제를 움직이는 회사 건물들 입구는 밤에 그들에게 피난처 같은 역할을 하고 있었다.

이 도시에서는 전 세계 음식을 다 맛볼 수 있고, 그 전에는 한 번도 들어보지 못한 언어를 사용하는 공동체지역을 방문할 수 있었다. 심지어 이 도시에서는 여러 가지 언어와 영어가 섞여서 우리가 해석이 불가능한 포스터를 많이 볼 수 있었다. 그 포스터 중 하나를 따라가다가 쌍둥이 빌딩이 있는 곳에 도착했다. 이곳에서는 가슴 아픈 침묵이 흘렀고 이곳을 지나는 어떤 차도 경적을 울리지 못했고 우리 주위로 몰려든 많은 사람들도 전부 침묵을 지키고 있었다. 몇 사람이 사진을 찍었지만 그 누구도 우리보고 미소를 요구하지 않았다. 너무나 많은 사람들이 죽은 곳에서, 만일 우리가 더 일찍 왔더라면 우리도 죽었을지도 모를 곳에서 침묵을 깨트리고 싶지 않았다.

무거웠던 마음에서 벗어나 퀸즈로 갔다. 바비큐 식당, 정육점, 제과점, 유리가게, 바, 사교클럽, 미장원과 우리를 맞이하는 이 지역 사람들의 친절함 때문에 2년 반이라는 시간 속에서 그리워했던 아르헨티나에 돌아온 것 같았고, 잠시나마 멀리 떠나왔다는 생각을 잊을 수가 있었다. 차를 주차하자마자 많은 인파가 먼지를 일으키며 다가왔다. '이것'을 타고 아르헨티나에서 여기까지 왔다는 사실을 그들은 믿지 못했다.

"제 꿈은 이 차를 몰고 여기서 우리 집 문까지 가는 거예요."

한 젊은이가 말했다.

"당신들을 보니까 우리나라가 세계 챔피언이 된 것처럼 행복하네요. 이것이 바로 월드컵이잖아요!"

다른 사람이 말했다. 많은 아르헨티나인들이 아르헨티나 물건들을 사고 바비큐 요리를 먹거나 고국 사람들을 만나려면 반드시 지나가야 하는 길이어서 우리는 바로 그 모퉁이에 몇 번이나 갔다. 그들한테 책을 팔았는데 거의 모두가 다 사주었다. 거리 카페에서 아르헨티나 음악을 들으며 음식을 먹으니 기분이 아주 좋았다.

성찬대에 오르다

일요일이 되어서 미사에 참석하라는 카를로스 신부님의 연락을 받고 거절할 수가 없었다. 브롱스에는 수천 명의 히스패닉들이 살고 있어서 미사는 스페인어로 진행되었다. 신부님은 우리 차를 비록 금지구역이긴 하지만 교회 앞에 주차하라고 부탁했다.

"웨딩카라고 생각하고 경찰도 그냥 놔둘 겁니다."

신부님이 안심시켰다. 그리고 우리를 맨 앞줄에 앉게 하고는 미사를 시작했다. 성당은 꽉 찼고 정말 아름다웠다. 우리는 오랜만에 스페인어로 미사를 들었다. 미사가 거의 다 끝나갈 무렵에 신부님은 우리를 불안하게 만드는 말씀을 하셨다.

"오늘 자신들의 꿈을 좇고 있는 아주 아름다운 분들이 함께 자리를 했습니다. 들어오실 때 다들 보셨을 테지만 아주 아름답고 오래된 차도 같이 왔습니다. 그 차를 타고 이분들은 아주 멀리서부터 거의 3년간의 여행 끝에 여기에 도착하셨고 여행 중에 새로운 가족구성원을 얻는 축복을 받았습니다. 자, 칸델라리아, 팜파, 허먼, 성찬대로 올라오셔서 당신들의 여행과 꿈에 대해 이야기해 주십시오."

신부님은 우리를 완전히 놀라게 해 놓고서 이야기를 부탁했다.

"신부님 말씀대로 하느님께서 축복을 내리셔서 우리를 가족으로 만들어 주셨습니다. 팜파뿐만이 아니라 지금 우리가 만나고 있는 경이로운 아메리카 가족 때문에도 이런 말씀을 드리는 겁니다. 그 어느 때보다도 지금 우리에게 가장 많은 형제가 있는 것 같습니다. 당신들 조국들을 지날 때마다 모든 분들이 자기 집으로 초대해서 음식을 같이 나눠 먹고, 우리를 위해서 자기들 시간을 썼습니다. 그분들은 집 문과 마음을 활짝 열어주면서 우리가 아주 특별한 곳에서 사랑을 듬뿍 받고 있다는 느낌을 갖게 해주었습니다. 이런 분들이 여러분 동포라는 사실에 여러분들은 아주 행복해하고 자부심을 가지셔야 합니다."

내가 말을 마치자 신부님은 우리를 자리로 돌아가지 못하게 하고는 미사를 끝내고 우리를 교회 문까지 데리고 갔는데 거기서 세 사람이 손에 양동이를 들고는 소리쳤다.

"이 여행객들이 자신들의 꿈을 이어갈 수 있게 힘을 합칩시다! 여행객들을 위하여!"

모두가 도와준다고 하니 즐거워서 그런 건지, 아니면 우리 때문에 돈을 걷는다니 부끄러워 그런 건지 모르겠지만 우리는 어찌할 바를 몰랐다. 어쨌든 우리가 뭘 어떻게 생각할 겨를도 주지 않고는 바로 책을 사기 시작했고 사는 사람마다 다 자기가 어느 나라 사람인지를 이야기하는데 그들의 말투로도 대충 짐작이 되었다. 판매가 다 끝나고 나니까 3백 달러 이상이 모여져서 모두에게 감사하다는 인사를 했다.

마음과 마음으로

타임스퀘어를 가보지 않는다면 뉴욕에 온 것이 무슨 의미가 있을까? 아침 일찍 차를 가지고 거기로 갔다. 좋은 장소에 주차를 하고 자리를 잡고 책을 팔았다. 한 여자경찰이 다가오는 것을 보고 차를 옮기라고 하는 줄 알고 이제 파티는 다 끝났다고 생각했다. 어떤 사람이 와서 같이 사진 한 장을 찍자고 말할 때까지 그 경찰은 우리를 뚫어지게 쳐다보고 있었다. 놀랍게도 그녀는 우리 모습이 좋아 보여서 그랬던 것이고 책도 한 권 사갔다.

마흔 살쯤 되어 보이는 멋지게 차려 입은 남자가 신호등에서 기다리고 있다가 파란불이 켜졌는데도 지나가지 않고 우리를 쳐다보고 있었다. 그가 다가와서 말했다.

"당신들은 수백만 명의 사람들이 꿨지만 이루지 못한 꿈을 이루고 있습니다."

우리는 이 말을 수천 번도 더 들었다. 그러나 내가 이 일을 하는 것은 수백만 명의 사람들과 차이를 두기 위해서가 아니라 내 자신을 위해서이다.

"지금 팔고 있는 책은 무슨 내용입니까?"

"한마디로 요약하자면 꿈을 이루는 비밀은 시작이라는 겁니다."

"좋네요. 한 권 주세요."

너무 빠른 시간에 책이 팔려서 오히려 내가 놀라서 물었다.

"질문 하나 해도 되겠습니까? 당신은 꿈을 위해서 무슨 일을 하고 있습니까?"

"어제, 바로 어제 내 인생의 계획을 세웠습니다. 나는 내가 하고 있는 것이 무엇인지, 또 내가 무엇을 위해서 그것을 하고 있는지 모릅니다. 당신은 왜, 무엇을 위해서라는 질문을 스스로에게 해본 적이 있습니까? 아니면 왜 이 세상에 나왔는지, 이 세상을 위해서 무엇을 하고 있는지 물어본 적이 있습니까? 한 번씩 나는 자문해 봅니다. '아들하고 호수에서 낚시를 하거나, 아내하고 해변이나 산이나 그 밖의 어떤 곳에서라도 산책을 하는 대신에 내가 지금 여기서 무엇을 하고 있는 거지?' '어떻게 모든 일이 다 복잡하지? 왜 좀 더 편안하게 친구들이나 사랑하는 사람들하고 지낼 시간이 나지 않는 걸까?' 나는 연봉도 많이 받는데 그것을 쓰면서 즐길 시간이 없습니다. 일과 출장 때문에 하루에 11시간을 집 밖에서 생활합니다. 내 아내도 일을 하는데 퇴근 시간도 다르고 휴가 날짜도 서로 달라서 우리 아들은…… 그 아이와 같이 보내는 시간이 거의 없습니다. 이 나라에는 모든 통계자료가 다 있지만 그러나 몇 사람이 행복하고 사랑하고 있는지, 자기 꿈을 이룬 사람이 얼마나 있는지에 대한 통계자료는 없습니다."

그가 나한테 사인을 해달라고 책을 내밀었다.

"만일 당신이 아무 미국인이나 붙잡고 집에 화재가 나면 무엇을 끄집어내겠느냐고 물어보면 먼저 가족, 그 다음은 사진, 사진액자라고 말할 겁니다. 인생에서 가장 중요한 것은 가족이고, 가족과 함께한 시간들입니다. 화재가 날 때만 그 사실을 깨닫는다는 것이 참 슬픈 일이

지요!”

나는 그에게 무슨 말을 해야 할지 몰랐다. 그는 자기가 해야 할 일이 뭔지, 자기가 지금 하고 있는 것이 그것이 아니라는 것을 알고 있었다. 그는 사랑과 꿈과 믿음과 희망을 따라가고 싶어 했다. 기쁨을 따르고 싶었지만 갇혔다. 아니 갇혔다고 생각했다. 꿈과 행복을 달성하는 데 가장 큰 암초는 자기 자신이다. 그는 헤어지면서 말했다.

“조심하십시오.”

“모두가 저한테 조심하라고 하는데 무엇을 조심해야지요?”

“당신 인생에서 나쁜 일이 일어나지 않기를…….”

“그렇지만 아무리 내가 조심하더라도 결국에 나는 죽습니다.”

“그러니까 살아 있는 동안에 조심하라는 겁니다.”

“그게 바로 내가 하고 있는 일입니다. 내 인생이 삶으로 가득 차도록 신경을 씁니다. 이를 위해서는 위험을 조금 감수해야 합니다.”

그가 악수를 하려고 손을 내미는데 내가 포옹을 했다.

“히스패닉이어서 포옹을 하네요.”

“그게 아니라 포옹이 필요해서요. 껴안으면 마음과 마음이 서로 통합니다. 당신은 지금 인생의 전성기에 있습니다. 위기라고 생각할 수도 있겠지만 당신은 완전히 새로운 인생을 시작할 수 있는 때에 있습니다. 만일 이때를 그냥 지나가버리게 놔두면 더 이상 위기를 갖지 않을 수도 있을 겁니다. 그러나 당신 마음은 당신에게 큰 소리로 변화를 요구하고 있습니다. 그 소리를 잘 들으시고 그것에 따르십시오.”

하루하루를 살아

캐나다로 가는 도중에 허드슨 강 앞에서 멈추었다. 매컨기에서 만났던 부부, 루와 페그를 만나러 가기 위해서였다. 그들에게서 받은 첫 인상 중 하나는 그들은 인생에서 원하는 것이 무엇인지를 분명하게 알고 있다는 거였다. 그것은 하루하루를 사는 거였다. 그들의 집은 화려하지 않았고 비싼 것도 없었고 땅 주인도 아니라 임시 집을 짓고 살면서 언젠가는 떠나야 한다는 것도 알고 있었다. 그러나 거기에 비치발리볼을 할 수 있게 만들어 놓고 친구들을 초대해서 같이 운동도 하고, 강 앞에 자쿠지를 만들어서 비록 메뉴는 핫도그였지만 매일매일 캠핑을 했다. 페그는 환경운동가였고, 루는 감정평가사였는데 전화를 받지 않고 자동응답기가 처리하고 있었다.

일주일에 이틀만 일하면 먹고살 수 있다는 것을 알고 난 다음부터 루는 이틀만 일했다. 그 부부는 인생에서 원하는 모든 것을 즐기면서 행복하고 살고 있었다.

그들은 자기들 방을 우리한테 내주었다. 너무 작아서 침대 하나 겨우 들어가는 공간이었지만 매우 넓게 느껴졌다. 한쪽 벽은 전면이 창문이어서 강이 훤히 다 보였고 또 다른 벽에 있는 큰 창문은 숲으로 나 있었고 천장도 유리로 되어 있어서 수많은 별들이 보였다.

차 마시는 시간에 우리를 강 앞에 놓여 있는 벤치로 초대했다. 거기에 앉으니까 건너편 강가에 큰 정원을 갖춘 으리으리한 저택이 보였다.

"저기 보이는 저 집 주인은 엄청난 부자라 원하는 것은 뭐든지 다 살 수 있습니다. 그러나 인간의 진정한 재산은 돈으로 평가할 수 없습니다. 수십억 달러를 가진 사람도 불쌍한 사람이 될 수 있고, 돈이 없는 사람도 소중한 사람이 될 수 있습니다. 여기 이 나라에서는 최고의 부자는 외형적인 재산이 가장 많은 사람이고, 이러한 기준이 우리를 가장 가난한 나라 중의 하나로 만들었습니다."

이 집에서 아주 편안하게 푹 쉬었다. 이 집 주인 부부의 성격이 좋았고, 거기다가 팜파가 자고 있는 동안에 강의 경치를 바라보며 자쿠지에서 칸데와 단둘이서 지낼 수 있었기 때문이었다.

균형

캐나다로 가는 길들은 전부 다 좁고 비포장도로였지만 무척 아름다웠다. 우리가 지나가는 많은 마을들에는 길이 하나밖에 없었다. 주인이 직접 서빙하는 조그만 식당에서 밥을 먹었고 몇십 년 전 모습 그대로인 주유소에서 기름을 넣었다. 그 밖에도 놀랄 만한 일은 많았다. 한 번은 밥을 다 먹고 계산서를 요청하니 옆에 있던 손님이 벌써 계산하고 갔다고 했다. 그와 같은 일이 다른 식당에서도 일어났고 또 주인이 돈을 받으려고 하지 않은 곳도 있었다.

캐나다 국경은 그냥 한 칸으로 되어 있는 조그만 차량 통제소 같았다. 그 앞에서 차를 세우고 밖으로 나오지도 않고 차에 앉아서 힘들게 발급받은 비자와 서류들을 보여주었다. 아무 질문도 하지 않고 통과시켰다. 몇 킬로미터 가다가 칸데가 말했다.

"허먼, 지금까지 여행하면서 어렵지 않게 통과한 첫 번째 나라가 캐나다라는 것을 알았어요?"

국경을 지나고 나니 분위기가 완전히 바뀌었다. 건물 때문이기도 했지만 더 큰 이유는 캐나다 불어권 지역에 있어서 불어를 알아듣기가 힘들었기 때문이었다. 질이 우리를 구하러 나타났다. 그는 아주 친절하게 대해 주면서 몬트리올에 있는 자기 집까지 에스코트했다.

그와 그의 친구들과 함께 올드카 행진을 하면서 그 아름다운 도시를 돌아다니다가 돌로 된 조그만 광장에 도착했다. 중앙에 분수가 있고 그 앞에 조그만 교회가 있었다. 감미로운 하프 음악을 들으면서 이곳이 역사적인 곳이고, 여기서 몬트리올이 시작되었다는 이야기를 들었다. 오래된 주변 건물들은 돌과 벽돌로 되어 있었다.

이곳은 차량진입금지구역이었지만 같이 간 친구들은 전혀 개의치 않았다. 자기들 차를 '차량'이 아니라 보물로 여겼고 모든 관광객들이 그런 생각에 동의하는 것 같았다. 전략적으로 질과 그의 친구들은 많은 관광객 그룹들이 방문하고 나오는 교회 문 앞에 우리 차를 주차시키게 해 놓고, 그들에게 우리 여행이야기를 하고 책을 팔았다. 책이 많이 팔려서 그 지역을 돌아볼 시간도 없었다. 그래서 틈이 나자마자 그곳을 빠져나와 자갈길을 돌아다녔다. 책은 아무 때나, 아무 곳에서나 팔 수 있지만 이곳을 즐길 수 있는 시간은 오늘뿐이었다. 하프 멜로디에 모든 것이 더 아름다웠다. 연주자 쪽으로 가까이 다가갔다. 전에는 예술가들한테 관심이 없었고, 특히 동전을 벌려고 연주하는 거리의 악사들한테는 눈길조차 주지 않았는데 이제는 많이 바뀌어서 그들을 존경하였다. 이제는 그들이 거리에 있는 예술가들이라는 것을 알게 된 것이다. 콜롬비아 화가 프란시스코, 길에서 알게 된 수예품 만드는 사람들, 라레도의 작가와 많은 음악가들이 자기들 작업이 훌륭하고, 그들의 작품은 인간을 계발시키고 고양시킨다는 것을 나한테 보여주었다.

많은 사람들은 하프 연주자를 동전을 벌기 위해 연주하는 사람으로 생각할 것이다. 그러나 칸데와 나 같은 사람들에게 그는 문명화된 사막에 핀 인간의 꽃이다. 연주자와 1미터 떨어진 곳에 있던 우리는 그의 모자에다가 동전 대신에 책을 넣었다. 그는 연주를 다 끝내고서 선물 고맙다는 인사를 하고 스페인어 판이 있는지 물었다.

"칠레 분이세요?"

그의 억양으로 그렇게 판단하고 물었다.

"거기서 태어나서 자랐고, 세상에서 성장하고 발전했습니다. 지나가는 곳마다 뭔가를 배웠는데 그것은 나를 세계 시민으로 만들었습니다."

그는 CD 한 장을 꺼내더니 사인하기 시작했다.

"아르헨티나 분들이세요?"

"아르헨티나인, 히스패닉, 아메리카인, 지구인입니다."

나는 미소를 지으면서 대답했다.

"살고 있습니까, 아니면 살아남으십니까?"

CD를 주면서 그가 나한테 수사학적으로 물었다.

"좋습니까, 아니면 익숙해지신 겁니까? 감사한 마음으로 합니까,

256

아니면 마지못해 합니까? 희망이 있습니까, 아니면 없습니까? 계획
적입니까, 아니면 즉흥적입니까? 일상적인 길로 갑니까, 아니면 길을
개척합니까? 사랑해서 하는 겁니까, 아니면 그냥 하는 겁니까? 꿈 때
문입니까, 아니면 무엇 때문입니까? 어차피 죽을 건데 살아남지 마시
고, 죽을 것이니까 사십시오. 적응하지 마십시오. 모든 것은 변하고
당신은 좋은 방향으로 변할 수 있습니다. 당신이 이룬 모든 것과 가진
것에 감사한 마음을 갖되, 순응자는 되지 마십시오. 항상 믿음을 가지
세요. 그것이 없으면 희망이 없습니다. 계획을 세우고 일단 계획 안에
서는 즉흥적으로 행동하십시오. 일상적인 길을 깨트리십시오. 그것은
당신을 무너뜨리고 가두어 둡니다. 변화를 시도하고 전진하십시오.
왜 부인하고 혹은 남편하고 사는지 생각하지 말고 항상 사랑하고 매
일매일 사랑을 가꾸십시오. 꿈 때문입니까, 아니면 무엇 때문입니까?
꿈을 이루기 위해 하는 것이 아니라면 무엇 때문에 당신이 하고 있는
일을 하는 겁니까? 당신은 살고 있으니 사십시오. 그리고 그 삶을 위
해서, 그 꿈을 위해서 사십시오."

순간들

무척이나 아름다운 도시 퀘벡에서는 질의 연락을 받고 올드카 클럽과
TV방송과 우리를 자기 집에 묵게 할 부부가 기다리고 있었다. 부인은
멕시코 푸에블라가 고향이었다.

"푸에블라에 대해 정말 좋은 추억을 가지고 있어요."

칸데가 말했다.

"내 남동생이 거기서 신문기자로 일하고 있어요."

“어느 신문사인데요?”

“신테시스 신문사예요.”

“신테시스라고요? 거기 신문에 우리 기사가 실렸어요.”

“혹시 내 동생 아닐까요? 이름이 마리아노 모랄레스인데.”

칸데가 서류철을 뒤졌는데 바로 그 기자였다. 수천 킬로미터 떨어진 곳에서 뜻하지 않게 우리는 그의 누이를 만났다. 세상은 작고, 그래서 행동거지를 똑바로 해야 한다.

자동차 모임에 참석했더니 그 도시의 많은 사람들이 와 있었다. 한 사람이 프랑스어로 말해서 다른 사람이 통역을 해주었다.

“나는 각 나라 동전을 수집하고 있는데 혹시 아르헨티나 동전 가지고 있나요?”

나한테 남아 있던 마지막 동전 두 개를 그에게 주자 그가 물었다.

“당신은 뭘 수집하나요?”

“삶의 순간들이요.”

“그렇다면 올드카는 수집하지 않으세요?”

“아니요, 차는 우리와 같이 왔습니다. 차는 킬로미터를 수집하는데 우리와 함께 하면 더 많은 킬로미터를 모을 거라는 사실을 알았기 때문입니다.”

“어떤 순간들을 수집하나요?”

그가 호기심 어린 눈으로 물었다.

“많은 순간들을 수집하지만 반복되는 순간은 하나도 없습니다. 그 순간들은 살 수도, 팔 수도 없습니다. 그 대신에 그중에 몇 개는 찾았고, 그리고 몇 개는 만났습니다. 아름다운 순간들과 나쁜 순간들도 가지고 있습니다.”

"예를 들면요?"

"아름다운 것들은, 예를 들면 나의 어머니가 내 무릎을 호호 불고 치료해 주면서 일회용 반창고를 붙여 준 순간, 첫 키스 순간, 영화 〈카르페 디엠〉이나 〈일 포스티노〉를 보면서 혹은 『어린 왕자』를 읽으면서 같이 공유한 순간, 친구들과 자연과 이야기를 나눈 순간, 어느 날 오후 공원에서 칸데를 포옹하며 사랑을 느꼈던 순간, 교회 문을 열었을 때 세상에서 가장 아름다운 여인이 나하고 결혼하기 위해서 들어오던 경이로운 순간, 그리고 가장 최근에는 내 팔에 안긴 아들이 우리를 보면서 처음으로 미소 짓던 순간들입니다."

"그러면 나쁜 기억들은요?"

"차가운 관에 있던 어머니를 마지막으로 본 순간입니다."

"그런 나쁜 기억들을 왜 간직하시죠?"

"아름다운 기억들을 더 즐기기 위해서입니다."

방랑자

며칠 동안 퀘벡을 돌아다니고 계속 길을 갔다. 알래스카는 태평양 쪽으로 있는데 실수로 대서양 쪽으로 가게 되었다. 그래서 알래스카로 가려면 더 먼 길을 돌아가야 했지만 그 덕분에 더 많은 장소를 구경할 수 있었고 새로운 세계와 새로운 사람들을 더 많이 만날 수 있었다.

뉴브런즈윅 주로 가다가 푸른 들판으로 둘러싸인 계곡을 지나게 되었다. 그 들판 뒤는 형형색색의 나무들과 붉고 노란 잎으로 뒤덮여 있었다.

차 틈새로 강한 바람이 들어오면서 휘파람 소리가 났다. 아무도 없

는 외로운 길 저 멀리에서 점 하나가 보였다. 그쪽으로도 맞바람이 강하게 불고 있었다. 뭔가 싶어서 속도를 줄이고 자세히 봤다. 한 남자가 지팡이를 동반자 삼아 걸어오고 있었다. 바람에 옷이 부풀어서 덩치가 무척 커보였고, 얼굴은 찌푸리고 있었고, 수염 때문에 인상이 무서웠다. 그 남자가 다가와서 미소를 지으며 자기는 캐나다 사람이고 이름은 모쉬라고 소개하며 토론토에 있는 자기 집에서 뉴펀들랜드까지 왕복 6천 킬로미터를 걷고 있다고 했다. 칸데가 그에게 사과 주스를 대접했고 나는 왜 그런 모험을 하느냐고 물었다.

"살고 싶어서 시작했습니다. 어느 날 길을 걸어가는 꿈을 꾸게 되어서 어머니한테 전화로 꿈 이야기를 해 드렸더니 이렇게 말씀하셨어요. '아들아, 걸어가라, 동쪽바다까지 걸어가라.' 왜 걸어야 하지? 뭐를 찾기 위해서? 그게 어떤 건가? 혹시 사랑하는 사람일까? 사실 나는 아무 생각도 없이 배낭에다 짐 몇 개 넣고 기타를 매고 나왔습니다. 내가 무슨 일을 하고 있는지도 모른 채 동쪽으로 떠났습니다. 처음에는 만나는 사람들에게서, 들르는 장소들에서 그 이유를 찾아봤습니다. 그 전에는 한 번도 보지 못했던 다양한 것들을 봤지만 그것들이 내 순례의 이유라는 생각은 들지 않았습니다. 바다에 도착해서 바다한테 물었습니다. '무엇 때문에 내가 토론토에서 너한테까지 걸어왔지?' 들리는 것은 파도치는 소리뿐이었습니다. 그래서 나는 아무 말 없이 우두커니 모래사장에 앉아서 그의 대답을 기다렸습니다. 파도에 나무 토막 하나가 밀려와서 그것을 건져내고 그것이 어디서 왔는지 생각해 보았습니다. 그것과 나는 둘 다 여행자들이고 우리가 만난 지점이 한적한 해변이라는 것을 알게 되었습니다. 눈을 들어 주위를 보니 보이는 것은 서쪽 저 멀리에서부터 온 내 발자국들뿐이었습니다. 길의 끝에서 그 발자국들로부터 처음부터 내가 찾아서 온 것이 무엇인지를 알게 되었습니다. 그 발자국들을 보면서 내 자신을, 내가 해온 것을, 그리고 이것을 했다면 앞으로도 할 수 있을 것 같은 모든 것들을 봤습니다. 아주 유명한 사람을 한 명 봤는데 그는, 항상 유명한 사람이었고 그런 사람이고 앞으로 항상 그럴 사람일 거라는 것을 몰랐던 나 자신이었습니다. 항상 다른 사람들이 그 사람일 거라고 생각했는데, 그런데 '내가?'"

바람이 더 세게 불었지만 우리의 관심을 다른 데로 돌리지 못했고, 그의 이야기를 멈추게 할 수도 없었다.

"나는 나를 잊기 위해서 길을 나섰고 나를 찾음으로써 길은 끝났습니다. 이제는 내가 누구인지, 내가 무엇을 이룰 수 있는지 알게 되었습니다. 이제 나는 내가 상상도 못할 일들을 할 수 있는 사람이라는 것을 알게 되었습니다. 나는 돌아가는 길입니다. 물론 집에 도착하려면 아직도 멀었습니다만 이제는 더 이상 이 세계가, 이 몸이 낯설지 않습니다. 당신들은 왜 여행하세요?"

그가 놀라운 이야기를 끝내며 물었다.

"길에서 사람들을 만나려고요. 당신 같은 사람을요."

귀여운 내 사랑

밤에 조그만 마을에 있는 쿠아트로 에스타시오네스 호텔에서 멈췄다. 그 호텔은 아름다운 호수 앞에 위치하고 있었다. 오랜만에 좋은 호텔에서 묵었다. 가장 싼 방 가격을 물어보고 차에 물건을 가지러 갔다가 호텔 안으로 다시 들어가는데 자기 자녀들하고 이야기하고 있는 호텔 주인을 만났다.

"당신들, 혹시 아르헨티나에서부터 여행을 한다고 TV에 나왔던 분들 아니세요?"

우리를 TV 스타처럼 대접하고 제일 좋은 방을 공짜로 내주고 우리를 위해서 만찬을 준비하고는 그 마을 이장과 유지들을 초대하니 그들은 우리한테 환영의 선물을 가지고 왔다. 주인 딸은 신문사 인터뷰를 위해서 내 머리를 잘라주고, 아들은 내일 산과 호수로 데려다 주겠다고 약속했다.

왕과 왕비처럼 잠 잘 준비를 하고 서랍으로 팜파 재울 침대를 만들면서 칸데를 바라보니 그녀는 아들을 가슴에 안고서 글을 쓰고 있었다. 뭐라고 쓰고 있을까? 나는 편안하게 잠이 들었다.

팜파, 귀여운 내 사랑, 오늘 우리 둘은 같이 있고 내 팔에서 조금씩 잠에 빠져드는 네 모습을 거울을 통해서 자세히 바라보고 있어. 너의 부드러운 살을 한 군데도 안 빠트리고 다 살펴보고 있어. 겨우 3개월 만에 이렇게 많이 자랐구나! 너는 내 가슴을 만지면서 잠들었고 내 가슴은 네 손을 잡고 있어. 달콤한 하프 선율이 뒤에서 들려와. 마치 우리를 묶어주고 있는 행복을 알기라도 하는 것처럼 아빠는 잠을 자면서도 계속 그 달콤함을 유지하고 있어. 너는 젖을 다 먹고 잠이 들었지만 아직 나는 너를 안고 있어. 나는 너를 보는 것만으로도 행복해. 귀여운 내 사랑, 너는 나를 매일 놀라게 하는구나. 내가 너를 얼마나 예뻐하고 사랑하는지는 나만이 알고 있어. 귀여운 내 사랑, 내 꿈의 동반자, 나는 너를 따라가고 너는 나를 따라오지. 우리는 놀라움으로 가득한 길을 걸어가는 삶을 살고 있고, 따뜻한 마음과 입맞춤과 즐거움으로 가득 차 있어. 지금 우리의 사랑을 완성하는 사람이 우리를 보고 있다가 평화롭게 잠들었어. 하프 선율은 계속 울려 퍼지고 나의 두 사랑은 잠이 들었고 그들을 바라보면서 나도 잠이 들 거야. 나는 네가 깨기를 간절히 바라면서 달콤한 꿈을 꿀 거야. 너를 보며 미소 짓고 내 팔로 너를 감싸 안을 거야. 팜파, 귀여운 내 사랑.

너를 사랑하는 엄마가

형제 이야기

어두워지기 전에 프린스에드워드 섬에 도착하고 싶었지만 탱크 산화물이 쌓여 연료필터가 막혀서 차를 세우고 청소해야 했다. 앞으로 더 나아가기가 힘들었다. 벌써 밤이 되었고 날씨는 춥고 비까지 왔다.

한 농가를 지나가는데 창고에 불이 켜져 있고 문이 열려 있었다. 차를 후진해서 들어갔다. 60살쯤 되어 보이는 남자가 앉아서 그물을 손질하고 있었다. 그에게 내 차 문제를 이야기하고 오늘밤 여기서 묵을 수 있는지 물어보았다.

"물론이지."

그가 그물을 한쪽 옆으로 치우면서 대답했다. 편안하게 대해 주는 그의 말투가 무척 듣기 좋았다. 우리를 자기 집으로 데려갔고 들어가면서 자기 부인에게 이야기했다.

"여보, 식탁에 밥 그릇 두 개 더 준비해줘. 손님 왔어."

부인은 조금도 당황하지 않고 악수를 청하면서 자기들 소개를 했다. 남편은 바닷가재를 잡는 어부였고 조금 있으니까 조그맣고 맛있는 바닷가재 꼬리 요리가 나왔다. 밥을 먹으면서 남편이 이야기를 했다.

"나는 30년대 어려웠던 시기에 영국에서 태어났지. 너무나 힘든 시절이라 먹을 것도 없었어. 영국 정부는 다른 많은 아이들을 그들의 가족들과 떼어 놓은 것처럼 우리 뜻과는 상관없이 형과 나를 부모님에게서 생이별시켜 놓았지. 우리를 배에 태워서 캐나다로 유배시켰어. 여기에 도착해서는 농사를 짓거나 가내수공업을 하면서 일손이 필요한 가족들에게 우리를 선물로 주었어. 그나마 운이 좋았던 아이들은 입양이 되었지만 대부분의 아이들은 단지 노동력을 제공하는 수단에 지나지 않았어. 내 형은 내가 살던 집에서 그리 멀지 않은 집으로 갔는데 아무리 혼이 나면서도 온갖 수를 다 써서 나를 보러 왔어. 그리고 커서는 그 집에서 나와 내가 사는 집에서 좀 더 가까운 곳으로 옮기고 나를 많이 도와주고 훌륭한 큰형으로서 최선을 다했어. 내 결혼식 날 나는 형을 대부로 삼았는데 피로연 때 상상도 못했던 이야기를 그에게서 듣게 되었어. '이제 너는 네가 돌봐야 하고 너를 돌봐줄 사람이 생겼다.' 그는 그렇게 떠난 이후로 다시는 나를 보러 오지 않았는데 어떤 사람들은 그가 영국으로 돌아갔다고 했고 또 어떤 사람들은 군대에 갔다고 했어."

미국으로 다시 돌아가다

돌길

프린스에드워드 섬에서 이틀 머물고 카페리로 노바스코샤 주로 건너 갔다. 거기서부터는 크루즈를 타고 미국으로 돌아왔다.

AACA(Antique Automobile Club of America : 아메리카 올드카 클럽) 회장인 빌에게서 최대 규모의 올드카 전시회가 열리는 허쉬에 참석하라는 초대를 받았다. 그는 주소, 전화번호까지 알 수 있는 클럽 회원 명단이 들어 있는 책과 자동차 앞에 붙이는 클럽 명찰과 다른 클럽들의 명찰들도 같이 보내주었다. 그 전시회 초대에 응하려면 많은 길을, 거의 워싱턴까지 다시 되돌아가야 했는데 겨울이 코앞에 다가와서 금보다 더 귀해진 시간을 지금보다 더 많이 투자해야 하는 것이 문제였다. 그러나 빌이 간곡히 부탁했을 뿐만 아니라 지난번에 환대해 주었던 친구들 중에서 허쉬에 참석할 생각을 하고 있는 친구들이 우리를 다시 만나고 싶어 했고 또 팜파도 보고 싶어 했다.

우리를 결정적으로 설득시킨 사람은 데이브와 아그네스 월치였다. 지난번에 캐나다로 가기 전에 하프문에 있는 그들의 집에서 묵었다. 그들은 30년 전부터 단 한 번도 안 빠트리고 허쉬에서 개최되는 전시회에 참석했고 항상 3개의 판매대를 임대해서 쉐보레의 중고부속품을 판매했다. 만일 우리가 참석한다면 올해는 판매하는 대신에 캠핑카를 가지고 가고 이동식 화장실을 하나 임대하고 큰 텐트를 치고 거기에 '아르헨티나에서부터 알래스카까지 여행 중'이라는 팻말을 붙여

놓을 것이라고 했다. 모든 것을 우리를 위해서 준비하겠다는데 어떻게 안 간다고 말할 수 있을까? 거기다가 우리가 거기를 떠난 이후로 그들은 우리를 위해서 다른 친구들과 함께 책 출판에 많은 정성을 쏟았는데 어떻게 거절할 수 있을까? 정말로 그들은 거의 매일 밤 모여서 신판 출간을 위해서 한 장 한 장 정리를 하였다. 우리는 결국 목적지 알래스카는 변경하지 않는 대신에 진로는 완전히 바꾸어 펜실베이니아 허쉬로 가서 거의 일주일간 계속되는 전시회에 참석하기로 하였다.

차 부속품과 액세서리와 자동차를 판매하는 수천 개의 상설매장 사이에 천막을 치고 그 밑에 그레이엄을 주차시키고 인쇄한 지 얼마 안 된 책들을 쌓아 놓았다. 매우 다정다감한 할머니처럼 아그네스는 아기한테 필요한 것은 전부 다 구해 왔고, 심지어 아기가 안전하게 놀 수 있는 그물로 된 요람까지 가져와서는 팜파를 돌봤고, 데이브는 많은 사람들하고 이야기를 나누면서 책 판매에 도움을 줬다. 찾아오는 사람들이 굉장히 많아서 다 맞이하기가 역부족이었다.

성공적으로 책을 판매했을 뿐만 아니라 길에서 만났던 많은 사람들을 다시 만나게 되어 매우 기뻤다. 그들과, 그들의 친구들과, 데이브와 아그네스의 친구들과, 그리고 우리 책을 읽고서 온 사람들이 함께 밤마다 캠핑카에 모여서 늦게까지 이야기를 나눴다.

어느 날 밤 캠핑카에서 자고 있다가 소변이 무척 마려워서 잠에서 깼다. 일어나서 이동식 화장실로 가기 위해 몸을 움직이면 소리가 나서 누군가를 깨우게 될 거고, 거기다가 바깥 날씨가 무척 추웠다. 그러나 소변이 너무 마려워서 이것저것 따질 상황이 아니었다. 일어나다가 물을 마시려고 갖다 놓은 페트병이 보였다. 그 안에 들어 있던 물을 다 마시고 조심해서 내 오줌으로 다 채웠다. 아침에 누가 보기 전에 갖다 버릴 생각이었다.

일어나서 아그네스가 준비한 커피를 마시러 나가는데 아직 아침 7시도 안 되어서 어두웠는데도 사람들이 지나가다가 여행에 대해 물어봐서 그들과 이야기하기 시작했다. 질문에 대답하고 있는데 칸데가 침대에서 불렀다.

"이게 뭐예요?"

버리는 것을 깜빡 잊은 페트병을 나한테 보여줬다.

"그게…… 내가…… 너무 급해서…….”

"오줌이라고 하면 가만두지 않을 거예요!"

"응. 참을 수가 없어서…….”

"웩! 당신 이제 죽었어요. 목이 말라 깼는데 그래서 쭉 마셨는데! 색깔로 봐서 주스인 줄 알고 맛이 이상했지만 뱉지를 않았어요! 내가 진짜 당신 오줌을 마셨단 말이에요!"

그녀가 페트병을 내 얼굴에 던지기 전에 재빨리 도망쳤다.

금요일, 우리의 새로운 매니저가 된 것처럼 부지런히 움직이면서 우리 일이 전부 다 잘 풀릴 거라고 확신하는 데이브와 같이 빌을 만나러 갔다. 내일 전국에서 도착하는 환상적인 차들과 함께 우리 차도 참가하는 문제를 빌과 상의해 보기로 했다.

"참가하려면 뭐가 필요합니까?"

내가 빌에게 물었다.

"당신들은 어디를 가도 환영받을 겁니다."

그가 자신 있게 말했다.

"차는 어디다 세우죠?"

“그들이 알아서 해줄 겁니다.”

다음 날 차를 가지고 전시회에 갔다. 입구를 지키고 있는 직원들에게 데이브가 우리는 빌이 초대한 손님이라고 말하자 통과시켜 주었다. 그들은 차를 다른 차들하고 좀 떨어진 곳에다 세우게 했다. 전시회 공간은 무척 넓었지만 행사를 시작할 때부터 비가 왔고 비록 오늘은 날씨가 좋았지만 일기예보에서 소나기가 내린다고 해서 그런지 많이들 참석하지 않았다. 참가한 차들은 최상의 컨디션으로 올해의 차로 선발되기 위해 서로 경쟁하고 있었다. 판정 위원들이 우승차를 선발하기가 무척 어려울 것 같았다.

많은 차 주인들과 관람객들이 질문을 했고 우리가 여행 책을 갖고 있다는 것을 알고 나서는 따뜻한 빵을 사는 것처럼 그 책을 사기 시작했다. 우리 주위를 둘러싸고 있는 에너지와 호응이 매우 뜨거웠다. 자기들이 이루고 싶어 하는 것을 우리가 하고 있다는 사실에 아주 만족해하며 우리를 껴안고 박수를 치고 만세를 불렀다.

“이거 누구 차예요?”

전시회 조직위에서 일하고 있던 어떤 부인이 갑자기 명령조로 물었다.

“우리 차인데요.”

“빨리 다른 곳으로 옮기세요!”

손으로 출구를 가리키며 말했다.

“아니, 왜 그러세요?”

우리와 관광객들이 동시에 물었다.

“당신들은 참가 허가증이 없으니 차 빼세요!”

“우리는 빌의 초대로 참가했습니다.”

“빌, 무슨 빌이요? 그는 이 전시회하고는 아무 상관도 없습니다. 차 빨리 빼세요!”

그녀는 어느 누구라도 듣고 싶지 않은 목소리로 말했다.

“이분들은 최근 몇 년간 허쉬에서 최고의 손님입니다. 이런 대접을 받을 분들이 아닙니다.”

한 사람이 말했다.

“나는 집에 돌아가는 즉시 클럽에서 탈퇴하겠소. 부끄러운 줄 아시오.”

다른 사람은 그녀의 코앞에까지 다가가서 경고하였다. 이어서 여기저기서 거친 말들이 쏟아져 나왔다.

“당신들에게 더 좋은 장소를 배정해 드리려고 여기서 옮기라고 한 겁니다.”

그 여자와 같이 있던 남자가 상황을 수습하기 위해 나섰다. 나는 옮길 이유가 없다는 생각이 들었다. 우리는 손님으로 초대받았고 모두들 우리 참석으로 기뻐하였다. 그러나 상황을 복잡하게 만들고 싶지 않아서 차를 가지고 그들을 따라갔더니 정말로 제일 좋은 장소를 배정해 주었다. 음식과 기념품 파는 매장들 뒤에, 스타디움 옆쪽의 평지에, 다른 차들하고는 멀리 떨어진 곳에 차를 세웠다. 그들이 돌아가고 우리는 책을 사겠다며 여기까지 같이 온 사람들 속에 파묻혔다.

팜파가 우는 소리에 칸데는 젖을 먹이러 차에 들어갔다. 나는 그녀가 불편하지 않게 책들을 밖으로 끄집어내서 발 디딤판에 쌓아 놓고 거기에 올라서서 열광하는 관람객들에게 책을 팔았다.

갑자기 6명의 경비원이 찾아왔다. 제일 앞에 온 사람이 내 얼굴을 보면서 나가라고 해서 나는 허가증을 갖고 있다고 했다. 그는 차 안에

270

서 칸데가 아기한테 젖을 주고 있는 것에도 아랑곳하지 않고 책들을 집어 차 안으로 던지면서 칸데한테 말했다.

"당신들을 여기서 쫓아내라는 지시를 받았습니다!"

다른 경비원들은 사람들을 해산시키려고 했다. 나는 계속해서 허가를 받고 참가했다고 말했고 이와 동시에 중인이 된 다른 사람들은 상황을 분명하게 밝히려고 애썼다.

"당신들을 초대한 그 사람들이 당신들을 쫓아내라고 시켰습니다."

궁지에 몰린 경비원이 솔직히 말했다. 높은 담당자 초대로 왔는데 우리는 그 말을 믿을 수가 없었다. 먼저 그는 아무런 권한이 없는 것 같았다. 그 다음에 조직위는 우리 장소를 변경하였고 조금 있다가 마치 우리가 도적떼라도 되는 것처럼 경비원들에게 내쫓으라고 시켰다.

"차를 옮기지 않으면 경찰과 견인차를 부르겠습니다. 여기는 사유지입니다."

많은 사람들이 경비원들에게 그러지 말라고 소리를 지르는데도 그는 나를 밀치고 큰 소리로 윽박질렀다.

나는 칸데와 사람들을 바라보았다. 너무 불쾌했다. 우리 모두는 뭔가 좋은 일을 하고 있었는데 두 사람이, 코앞에다가 꿈을 갖다 놓더라도 그것이 뭔지를 전혀 모르는 두 사람이 자기들의 힘만 믿고 6명의 경비원들에게 우리를 쫓아내라고 시킨 것이다. 나는 떠날 수도 있고, 아니면 그 나쁜 사람들이 누구인지 밝혀내기 위해 남아 있을 수도 있었다. 스피커에서 빌을 찾는 소리가 들려서 그 자리에 가만히 있었다. 그가 나타난다면 모두 해결될 거라고 생각했다. 그러나 내 기다림은 아무런 보람이 없었다.

경비원은 계속해서 심하게 소리를 지르고 별 뾰족한 대책이 안 보여서 스트라이크를 벌이기로 하였다. 칸데가 그림을 그릴 때 사용하는 도화지에다가 글씨를 썼다.

'지금 꿈을 이루고 있는 우리는 짓밟히고 있다.'

무슨 일이 일어나고 있는지 모르는 관람객들은 종이에 쓴 글을 읽고는 무슨 일인지 의아해했다. 증인들과 내가 그들에게 자초지종을 이야기하고 있는 동안에 경비원은 경찰과 다른 경비원들을 더 불렀다. 심지어 나를 붙잡고 종이를 뺏으려고 해서 나는 차 위로 올라가 내가 쓴 글의 내용을 계속 알렸다.

"저들을 내쫓지 마세요!"

"당신들은 여기서 우리와 함께 계십시오!"

사람들이 소리를 쳤다. 한 사람이 우리한테 이런 짓을 벌이고 있다는 것이 너무 창피하다는 말을 하려고 칸데한테 다가갔다.

"나는 시키는 대로 따르는 겁니다."

경비원은 마치 변명이라도 하듯이, 그렇게 하면 자기 행동이 정당화되기라도 하는 것처럼 말했다. 우리를 응원하는 사람들 중에는 경비원의 행동에 무척 안타까워하는 어린 여자애가 있었다. 그 아이는 마치 용서를 비는 것처럼 내 눈을 쳐다보고 있었다. 끔찍한 시간이 벌써 30분이나 지나갔다. 우리가 여행한 시간 중 최악의 30분이었다.

차 안으로 들어가서 시동을 걸고 패배자의 모습으로 출발했다. 이런 푸대접을 받기는 처음이었다. 자동차들을 전시해 놓은 구역을 벗어나서 부품 판매 구역으로 다시 돌아왔다. 어려운 처지를 겪다 보니까 많은 사람들과 가까워지게 되었다. 이들이 편의를 봐줘서 자동차 전시회장에서 아주 가까운 곳에 자리 잡을 수 있었다. 멀리서 이 상황을 지켜본 사람들이 가까이 다가왔고, 어떤 일이 일어났는지를 알고 있는 사람들은 그들을 대신해 사과했다. 우리는 무슨 말을 해야 할지 몰랐고 뱃속이 막힌 것처럼 답답하였고 욕이라도 마구 퍼붓고 싶은 심정이었지만 왜 이런 일이 일어났는지 그 이유를 알기 전까지는 입 다물고 가만히 있기로 했다.

다음 날 아침, 두 사람의 무례함 때문에 허쉬를 떠났지만 정말 많은 가정에서 초대를 했고 거기에 다 응하기는 불가능했다. 더군다나 이제 우리는 새로운 식구이자 친구들인 데이브와 아그네스가 있었다. 이들과 헤어지는 것이 너무 슬펐지만 떠나기 전에 데이브가 자기 부인을 포옹하며 우리한테 겁을 주면서 응원했다.

"당신들은 이제 우리한테서 쉽게 못 벗어날 거야. 우리는 당신들을 다시 만나러 갈 거야."

행복한 이 순간을 가슴에 담고 캐나다의 수도와 토론토를 방문하고 싶어서 북쪽으로 방향을 잡았다. 그리고 나이아가라 폭포를 보고 미국으로 다시 들어와서 겨울을 나기 위해 66번 도로를 타고 캘리포니아로 갔다가 그 다음에 태평양 해안을 따라 알래스카로 올라갈 예정이었다.

우리는 누구이며 무엇을 하는가

뉴욕 하프문을 떠나기 전에 한 신문사에 들렀다. 거기에서 취재 때문에 한 여기자와 약속이 있었다. 그 여기자는 자기가 평상시 다루지 않는 기삿거리 앞에 있었다. 만일 사고나 도난사건 현장에 갔거나 정치가와 인터뷰하러 갔다면 무엇을 질문해야 하는지 분명히 알았을 것이다. 그러나 꿈을 어떻게 취재한단 말인가? 그래서 이렇게 시작했다.

"당신들의 하루는 어떻습니까?"

"어떻게 말씀드려야 할지 모르겠습니다. 일과가 미리 정해져 있고 그 이전의 날들과는 오로지 날짜만 차이가 나는 그런 일상적인 삶을 살고 있지 않습니다. 오늘은 전혀 예측할 수 없는 하루입니다."

"공통적인 것은 똑같은 날이 하루도 없다는 거예요."

칸데가 덧붙였다.

"한 번씩 차에서 주무십니까?"

"네, 흐리거나 해가 나면 일찍 일어납니다. 차에 씌우는 천막이 모든 햇빛을 다 흡수해서 보온 담요가 됩니다. 다시 말해서 차 내부 온도가 올라가서 오븐 속에 갇힌 것 같습니다."

"보통 몇 시에 떠나십니까?"

"우리가 묵는 집 주인들에 따라 다릅니다. 한 번씩 그 주인들이 계획을 세워주기도 합니다. 심지어 일주일 계획을 완벽하게 짜줄 때도 있었습니다."

"어떤 길로 가십니까?"

"우리를 초대한 집 주인들이 길을 알려주더라도 길은 떠나는 날 우리가 결정합니다."

"길을 가실 때는 무엇을 하십니까?"

"그때가 유일한 우리의 시간이에요. 길에서 자유를 느끼는 사람은 이해할 거예요. 그것은 우리가 대화하는 시간이에요. 그것은 우리 둘만의 시간이고 우리가 한 일들과 느낀 것들을 기억하고 그리고 우리를 맞이한 사람들의 마술적이고 상상도 할 수 없는 모습들과 매일매일의 놀라움을 떠올리는 시간이에요. 무엇을 할 수 있을지, 어디에 도착할 수 있을지 생각하는 시간이에요. 허먼은 운전하고 나는 사진 찍은 사람들의 이름과 그 전날 운행한 킬로수와 일기 그리고 우리가 만난 사람들의 이름을 기록해요. 마테차를 마시고 비디오 촬영을 하고 그리고 사진을 찍기 위해, 연료통이 작아서 기름을 넣기 위해 차를 자주 멈춰요. 어떤 때는 사람들이 우리보고 차를 세우라고 하기도 해요.”

“왜 사람들이 당신들을 멈추게 합니까?”

“우리가 뭘 하는지, 왜, 어디로 가는지, 어디서 오는 건지 알려고 그럽니다.”

“언제 어디서 차를 세웁니까?”

“그건 우리가 결정하는 것이 아닙니다. 모든 것은 마술적으로 이루어집니다. 대부분의 경우에 우리를 멈추게 한 바로 그 사람들이 잠자러 어디로 갈 건지 물어봅니다. 대답을 하면 자기들끼리 쳐다보면서 ‘우리가 초대할까’라고 말하는 것 같은 표정을 짓습니다. 항상 천사가 나타납니다.”

“천사라고요?”

“네, 어디를 가도 천사가 있어요.”

칸데가 대답했다.

“한 번은 뉴욕 주에 거의 다 도착해 가는데 벌써 어둑어둑해져서 운전하기가 싫었어요. 조금만 더 가면 우리를 기다리고 있는 집에 도착할 수 있었지만 제때에 도착하지 못했어요. 그래서 도로 옆에 차를 세우고 나니 길 건너에 버려진 창고 하나와 집들이 몇 채 있어서 어떻게 할까 생각했어요. 전화 걸 만한 사람을 찾았지만 주위에 그럴만한 사람이 한 명도 없었어요. ‘그레이엄 페이지 클럽 회원명부에서 전화받을 만한 사람이 있는지 한 번 찾아봐’라고 허먼이 말했어요. 한 사람을 찾아냈는데 우리가 있는 곳에서 35킬로미터나 떨어져 있었어요. 전화 거는 일을 서로에게 미루다가 결국 허먼이 전화를 했고 나는 그 옆에서 들었어요. 서로 인사를 나누고서 재워줄 수 있는지 물어보았어요. 그는 좀 당황한 듯이 아무 말 못하다가 어디에 있는지 물어보고는 가타부타 말이 없었어요. 그가 어떤 대답을 할지 상상하고 있는데 차 한 대가 옆에 와서 멈췄어요. 아주 낡은 차였는데 문이 두 개이고 관리를 거의 하지 않았고 차 안도 지저분해 보였어요. 수염이 듬성듬성 났고 나이는 한 서른쯤 된 젊은이가 내려서 가까이 다가와 말했어요. '종이에 적힌 글을 보고 멈췄습니다. 아르헨티나에서 오셨어요? 저는 라틴아메리카를 무척 좋아합니다. 여기서 뭐하세요? 길을 잃으셨어요?' 그는 우리 여행에 무척 관심을 보이며 자기도 여행을 했고 아르헨티나, 유럽, 아시아도 갔고 아르헨티나 여인하고 사귀기도 했다며 쉬지 않고 말했어요. 나는 그의 말을 들으면서 '이 사람이 오늘 우리의 천사다'라고 생각하고, 걱정하지 말라며 허먼의 팔을 잡아당겼어요. 그때 그 젊은이가 나한테 어디서 잘 계획이냐고 물었어요. 아직 모르겠다고 말하자 그가 말했어요. '제가 산에 나무로 된 오두막 한 채를 가지고 있는데 거기로 가시죠. 가서 요리해 먹을 송어도 몇 마리 있고, 말 한 마리, 암소 한 마리, 염소 두 마리, 개도 있고, 강도…….' '네, 그렇게 하죠.' 우리는 그의 말을 끊었어요. 그를 따라서 산으로 둘러싸인 계곡에 들어서니 경치가 무척 아름다웠어요. 그가 직접 지은 그림 같은 집과 그가 키우고 있는 가축들이 있는 축사를 보고는 놀랐어요. 우리가 꿈꾸던 그런 곳이었어요. 그는 요리를 하면서 자기 여행이야기를 들려 주었고, 우리는 그가 여행했던 곳마다 잘 적응한 특별한 사람이라는 알 수 있었어요. 허먼이 그에게 다른 언어를 사용하는 사람들하고 어떻게 의사소통을 했는지 물어보니 존 롱모어라는 그 젊은이가 대답했어요. '모든 인간들은 서로 의사소통이 가능합니다. 저는 저와 같은 언어를 사용하는 사람들보다 그 사람들하고 이야기하는 것이 더 편합니다. 저와 같은 언어를 사용하는 사람들은 제가 하는 여행과 제 삶의 방식을 이해하지 못했습니다. 저는 여행경비를 모으기 위해 1년에 6개월 일을 하고, 나머지 6개월은 여행을 다니는데 최소한의 비용으로 최대한 간단하게 그리고 최대한 많은 곳을 여행합니다. 저도 그들을 이해 못합니다. 그들은 오로지 일만 하고 필요하지도 않은 물건들을 카드로 사고 은행에 돈을 갚기 위해 일을 합니다. 그들은 자기들의 삶을 가족과 자신에게 주기보다는 은행과 회사에 바칩니다. 자녀들하고 같이 보낼 시간은 없지만 상사하고 보낼 시간은 있습니다. 휴가는 겨우 15일이고 그것도 자기 인생을 위해 쓰지 않고 집안 정리를 하는 데 씁니다. 저는 여행하다가 전혀 알아듣지 못하는 언어를 사용하는 가족을 만나면 굳이 그들의 말을 다 알아들으려고 하지 않습니다. 그들의 미소는 나를 만나 반갑다는 것을 뜻하고, 그들은 가족을 제일 소중히 여기고 가족하고 같이 있는 것을 제일 좋아한다는 것을 저는 느낍니다. 저는 저와 같은 언어를 사용하는 사람들이 이해가 안 됩니다. 그들은 제가 이런 사진들을 보여주면 이렇게 말합니다. '불쌍해라. 사는 집 좀 봐, 아무것도 없어.' 저한테 그런 말을 하는 사람들은 별거 중이거나 아니면 자기 아들이 멀리 떨어져 있거나 그것도 아니면 부인하고 각자 연장근무 하느라고 삶을 즐기기 못하든가……. '그날 밤 우리는 처음 만났을 때 미소로 인사를 나누었던 가족들을 떠올리며 잠자리에 들었어요. 젊은이의 말이 옳았어요. 미소는 국제공용어이고 매우 아름다운 뜻을 많이 품고 있어요. 우리 아들하고도 미소로 첫 인사를 하면서 무척 행복했어요. 단지 미소만으로도 의사소통이 됩니다.”

칸데가 말을 마쳤다.

“그런 그가 천사 아닌가요?”

아무런 대답이 없는 여기자에게 내가 물었다. 그녀는 아무 말도 없이 이야기를 더 듣고 싶어 했다.

“매일 그런 일이 벌어졌나요?”

“네, 매일 그랬어요.”

“가장 나쁜 일은요?”

“허쉬에서 겪은 일입니다.”

그 이야기를 자세하게 했다. 여기자는 자기 나라에서 그런 일이 일어난 것에 대해 무척 유감스럽게 생각하며 질문했다.

“빌한테 전화해서 무슨 일이 있었는지 물어봤습니까?”

“네, 그런데 받지를 않아 다른 친구한테 연락해서 빌한테 전화 부탁한다는 말 좀 전해달라고 했어요.”

“그래서 연락이 왔나요?”

“무슨 말을 했는지는 이제 다 잊었습니다. 아마 착오가 있었던 모양입니다. 그건 이제 다 끝난 일입니다.”

“중요한 직책을 맡고 있는 임원이 상황을 정리하려고 하지도 않았고 사과도 하지 않았다는 것이 가슴 아프네요.”

여기자가 말했다.

“그때가 가장 힘들었나요?”

“아닙니다. 가장 어려웠던 것은 모든 것을 다 버리고 출발하는 것이었습니다. 가족, 집, 직장, 친구들을 다 놔두고 예측할 수 없는 낯선

미지의 땅으로 떠나는 것이었습니다.”

“아마존을 건너고 사막을 횡단하고 산을 넘고 출산을 하고 돈이 다 떨어진 것이 더 힘들었을 것 같은데요?”

“아닙니다. 시작의 어려움에 비하면 그런 것들은 아무것도 아니었어요.”

캐나다로 돌아오다

갈매기 사냥꾼

캐나다로 돌아와서는 카렌과 레이가 기다리고 있는 카디널로 제일 먼저 갔다. 이들 부부는 그린즈버러에서 열린 그레이엄 페이지 총회에서 알게 되었다. 산로렌조 강 앞에 있는 그의 집에 가서 갈매기들이 나는 모습을 보고 있는데 카렌이 물었다.

"캐나다 어때요?"

"많은 사람들이 캐나다를 첫째라고 생각하는데 우리한테는 제일 마지막입니다."

내 말에 그녀가 놀란 표정을 지었다.

"진짜로요?"

"네, 우리 여행의 마지막 나라입니다."

"아, 네."

그녀가 안도의 한숨을 내쉬었다.

"카렌, 당신 나라에 대해 어떻게 생각하는지에 대해서는 전혀 신경 쓸 필요가 없어요. 캐나다는 마치 당신 가족과 당신 집과 당신과 같아요. 다른 사람들의 생각은 아무 상관이 없어요!"

우리는 조용히 있었다. 카렌이 어느 날 유치원에 조카를 찾으러 갔는데 조카가 그녀를 보고 달려와서 포옹을 했지만 카렌은 조카를 못 알아보고 선생님한테 그 꼬마 숙녀가 누구냐고 물어봤다는 이야기를 전에 우리가 만났을 때 들었다. 바로 그날 그녀를 병원으로 데려가서

검사를 했더니 뇌종양이라는 결과가 나와서 다음 날 응급 수술을 받아야 한다고 했다. 수술이 성공한다는 보장이 없었고 그야말로 생사의 갈림길에 있었다. 정신지체 장애가 올 수 있었고 심지어 죽을 수도 있었지만 수술하는 방법밖에 없었다. 그러나 놀랍게도 그녀는 완전히 치유가 되어 퇴원했다.

"그렇게 죽음에 가까이 가 본 적이 없었고 모든 것을 다 잃어버릴 수 있다는 생각이 들기는 그때가 처음이었어요."

그녀가 말했다. 그 집 벽에는 장수를 상징하는 십장생 그림이 걸려 있었다. 카렌이 오래 살고 싶다고 말한 것이 기억나서 내가 한 가지 이야기해 줬다.

"맛없는 아이스크림 5킬로그램하고 제일 좋아하는 아이스크림이 작은 컵에 들어 있는 것 중에서 어떤 것을 먹을 거예요?"

"내가 좋아하는 아이스크림이요."

그녀는 주저하지 않고 대답했다.

"인생도 마찬가지입니다. 얼마나 사느냐보다는 어떻게 사느냐가 중요합니다. 영원히 살 생각을 하지 말고 살면서 영원히 가져갈 수 있는 것을 찾아보세요. 시간을 때우는 방법을 찾는 사람들도 있고 어떻게 하면 더 오래 살 수 있는가를 고민하는 사람들도 있습니다. 당신이 사는 매일매일은 선물입니다. 그 시간이 마지막이라고 생각하면서 사세요. 인생은 당신한테 삶만 주었고, 다른 것은 전부 당신이 직접 꺼내야만 합니다. 사랑, 기쁨, 잊을 수 없는 순간들 그리고 꿈들은 누가 갖다 주는 것이 아닙니다. 그것들을 찾으러 가야 할 사람은 바로 당신이에요. 서른 살 된 젊은이가 아흔 살 노인보다 훨씬 더 오래 살 수 있습니다. 그것은 마치 영화와 같은 거죠. 30분짜리 재미있는 영화하고 90분짜리 지겨운 영화 중에서 어느 것을 더 보고 싶으세요?"

"30분짜리……."

"그렇죠? 그렇게 살아야 합니다. 멋있는 인생이라면 아무리 연장되더라도 항상 환영입니다. 신은 당신이 더 오래 살 수 있도록 축복을 내리셨어요. 당신이 좋아하는 아이스크림을 먹고 그런 인생을 즐기세요."

카디널에서 3일간 머무르면서 차로 돌아다니기도 하고 이메일도 확인하였다. 그 메일들 중에서 텍사스에서 우리를 환영해 준 어느 부부가 보내준 것을 읽었다. 그들에게는 서른 살 넘은 외아들이 있었는데 아들을 땅에 묻는 아픔을 겪었음에도 불구하고 그와 같이 살았던 축복의 시간들에 대해 신에게 감사드린다고 했다. 그 메일을 읽고 온몸에 전율이 느껴졌다. 나는 신이 어머니를 데리고 간 것 때문에 반항했는데 이 부부는 내가 20년 동안 어머니와 행복하게 살 수 있게 해준 신에게 감사드리는 법을 가르쳐 주었다.

사랑의 레시피

수도 오타와에 들어가서는 몇 가지 살 것이 있어서 곧바로 시장으로 갔다. 과일, 채소, 고기, 커피, 여러 가지 허브들이 진열되어 있었다. 스페인어를 하는 캐나다인이 많다는 것과 세계 여행을 하는 사람들이 많다는 것, 특히 거의 대부분의 여행객들이 나이에 상관없이 배낭을 메고 여행을 하고 있다는 것에 놀랐다. 근처에 있는 오타와 올드카 클럽에 갔더니 맛있는 아침 식사도 제공하고 신문사들과의 인터뷰도 연결해 주었다. 이 도시에서는 무어 부부 집에서 묵었다. 이들은 황혼의 나이였는데 차에는 전혀 관심이 없었다. 이들은 미시시피 강에서 알게 된 친구들을 통해서 소개받았다. 이 부부를 보면서 우리도 이런 나이까지 살면, 다시 말해서 오래 살면 좋겠다는 소망이 생겼다. 이들은 서로를 애인처럼 생각하고 항상 서로 바라보면서 사랑스러운 말을 주고받았다. 그래서 우리도 그렇게 사랑하며 살 수 있는 비결을 가르쳐 달라고 부탁했다.

"다투거나 농담할 때도 항상 서로를 존중하세요. 다른 사람들이 당신 배우자를 비웃을 정도의 농담은 하지 마세요. 잠잘 때나 일어날 때, 설사 화가 나 있더라도 꼭 키스를 하세요. 살짝 하건 진하게 하건 그것은 상관없고 반드시 하는 것이 중요합니다. 말다툼을 하더라도 서로 떨어져 자지 마세요. 일단 다투고 나면 더 이상 꼬투리를 잡지 마세요. 용서할 때는 확실하게 용서하세요. 직장에는 우아한 복장 말고 편안한 복장을 입고 가고 집에서는 잠옷을 입거나 헤어롤을 하고 있지 말고 약속장소에 나갈 때처럼 옷을 입고 계십시오. 또 하나 매우 중요한 것은 자식은 결혼의 목적이 아니라 결실이라는 겁니다. 부부는 자식이 태어나기 전과 마찬가지로 계속해서 가정의 중심이 되어야 합니다. 행복한 부부 밑에서 자식은 행복하게 자랍니다. 그리고 마지막으로 세세한 부분까지 신경을 써야 합니다. 깜짝 파티를 열고 꽃을 선물하고 편지를 쓰고 부부만을 위한 시간을 내서 이야기를 나누고 외출하고 그리고 두 사람만의 시간이 필요합니다."

남편이 매우 자신 있는 어조로 말하였다.

"사랑은 영원히 저절로 느껴지는 감정이 아닙니다."

부인이 팜파를 팔로 안고 흔들면서 말했다.

"매일 가꾸고 물을 주면서 보살펴야 합니다. 사랑은 막 결혼했을 때보다 더 성장하고 더 커져야 합니다. 그렇지 않으면 조금씩 죽어갑니다. 남자는 꿈을 위해서 여인을 사랑합니다. 서로를 잊는다면 자기가 사랑에 빠졌던 이유도 잊게 됩니다. 그 꿈을 이루기 위해 투쟁하면 사랑은 강해지고 성장합니다."

"인생에서 만나는 가장 큰 보물은 누군가를 사랑하고 누군가에게 사랑받는 것입니다. 사랑이 없다면 우리 존재는 아무런 의미도, 가치도 갖지 못하게 됩니다. 저기 저 밖에서 사랑이 우리 모두를 기다리고 있으니 사랑을 찾아야 합니다."

그가 말을 마쳤다.

영 스트리트

토론토를 며칠 돌아다니고서 얼마 전에 두 딸과 함께 아르헨티나에서 캐나다로 온 친구들인 칼로리나와 곤살로 집으로 가기 위해 끝도 없이 쭉 뻗어 있는 고속도로를 탔다. 그들은 아르헨티나를 무척 그리워했다. 회사 사정상 곤살로는 토론토로 발령이 났다. 그는 회사에서 높은 지위에 있었고 집과 차도 좋았고 지금 살고 있는 도시도 아름답고 주민들도 친절했다. 그러나 행복한 그들에게도 뭔가 부족한 것이 있었다. 그건 가족들, 친구들, 자기들이 조금씩 지었던 집, 풍습, 음식……. 그런 것들을 무척 그리워했다.

사람은 자기가 자랐던 고향땅을 절대 잊지 못하고 항상 제일 좋은 것으로 기억한다. 고향에 대한 애정은 그 어떤 것으로도 희석되지 않는다. 그 땅이 어떤 곳이든 무엇을 줄 수 있는지 따지지 않고 그곳을 사랑하고 거기서 살고 싶어 한다. 우리는 적당한 사람이 아니라 사랑하는 사람하고 결혼한다. 땅도 마찬가지다. 고향을 떠난 사람들은 대부분 큰 아픔을 품고 그 땅을 배반한다는 죄책감을 느끼면서 어쩔 수 없이 그렇게 한 것이다. 우리는 불법으로 왔든 아니든 간에 이주자들을 무시하는 경향이 있다. 그러나 고향에 대한 그리움을 안고 살아간다는 것은 매우 어려운 일이기 때문에 오랫동안 같이 살았다면 그들을 존중해야 된다고 생각한다.

일요일, 토론토의 가장 중요한 거리 영 스트리트를 지나 사람들이 많이 다니는 보헤미안 지역으로 책을 팔러 갔다.

신호등이 빨간색이라 멈췄다. 초록색으로 바뀌어 기어를 넣는데 뭔가 부서지는 소리가 들려서 우리는 "무슨 소리지"라는 표정으로 서로 바라봤다. 액셀을 밟아도 차가 꿈쩍 안 했다. 차를 밀어서 보도 쪽으로 가까이 대려고 내렸다. 한 남자가 도와주어서 같이 밀었는데 차 한 쪽이 푹 꺼졌다. 운전석 쪽 뒷바퀴가 빠진 것이다.

"재수 없게 베어링이 부서졌네요."

남자가 말했다.

"그렇게 생각하세요?"

내가 대답했다.

"만일 좀전까지 달렸던 고속도로에서 이런 고장이 났더라면 차를 제어하지 못하고 다른 차들과 충돌했을 것이고 차바퀴가 튕겨져 나가면서 다른 사고를 일으켰을 겁니다. 그렇지만 다행히도 여기서 베어링이 부서져서 나는 다행이라고 생각합니다."

"제가 좀 도와 드릴까요?"

다른 사람이 말했다. 다른 차량들한테 피해를 주지 않기 위해 모두들 힘을 합쳐서 차를 들어 보도 쪽으로 옮겼다. 점점 더 많은 사람들이 몰려들어 자기들이 도와 줄 일이 없느냐고 물었다. 추위를 떨치라고 핫초코를 갖다 주는 사람, 캐나다 자동차 클럽에 전화를 거는 사람도 있었고, 어느 콜롬비아 부인은 손자에게 주려고 짠 담요를 팜파에게 선물로 줘서 곧바로 사용했다. 경찰이 왔다.

"교통을 방해해서 죄송합니다, 경관님."

"일부러 그러신 겁니까?

"천만에요. 그럴 리가 있겠습니까?"

"그런데 왜 사과하십니까?"

자동차 클럽에서 보낸 견인차를 기다리면서 그레이엄 클럽 회원 두 명에게 전화를 걸어 부품을 찾을 수 있게 도와달라고 했다. 한 명은 미국인이고, 또 한 명은 캐나다인이었다. 몇몇 사람들이 자기들 집으로 초대했고, 또 어떤 사람들은 칸데한테서 우리가 서명한 책을 사가지고 갔다. 아는 사람도 만났다. 멕시코시티에서 우리를 인터뷰한 잡지사 기자인데 우연히 지금 이곳을 지나고 있었던 것이다.

칸데가 계속해서 뭔가를 팔고 있으니까 경찰관들이 무슨 일인지 보러 왔다. 길거리에서 판매행위를 금지시킬까봐 가슴이 조마조마했다. 그러나 칸데가 책을 보여주니 그들도 두 권을 샀다.

피터 그로스 기자가 와서 취재를 하는 통에 이러한 상황에서 웃고

있는 우리 모습이 방송을 타게 되었고 그로 인해 토론토에서 더 머무르게 되었다. 견인차가 와서 차와 우리를 싣고 가는 모습과 추위 속에서 우리를 도와주기 위해 마지막까지 뭔가를 하려고 기다리고 있는 사람들하고 헤어지는 모습이 카메라 앵글에 잡혔다.

아르헨티나 자동차 클럽 회원이라 무료로 5킬로미터를 견인해 주는 혜택을 받을 수 있었고, 나머지 2킬로미터는 우리가 비용을 내야 했는데 가격이 만만치 않았다. 견인차 운전사가 클럽 본부에 전화를 걸었다.

"부장님, 여기에 오셔서 좀 보셨으면 좋겠습니다. 그럼 분명히 저한테 돈을 받지 말라고 하실 겁니다. 우리 모두가 해야 했을 일을 지금 이루고 있는 이 젊은이들을 최소한이라도 지원해 줘야 합니다."

"자네가 원한다면 그렇게 하도록 해. 나머지는 내가 알아서 처리할게."

다음 날 아르헨티나 영사관에 전화를 해서 차량기술자 연락처를 받아 전화를 거니 우리 이야기를 알고 있는 사람처럼 견인차를 어디로 보낼지 물었다. 견인차 운전사는 차를 보고는 입을 못 다물었다.

"오스카가 나한테 재미있는 일이 있으니까 가보라고 해서 왔지만 아르헨티나 번호판을 단 20년대 자동차라고는 상상도 못 했어요. 더군다나 이렇게 기어온 차는!"

그 남자도 아르헨티나인이었고 무척 감동을 받은 모양이었다. 돈을 지불하려고 하니 아르헨티나 화폐로 지불하면 받겠다고 우겼지만 우리는 가진 게 없었다. 우리를 데리고 간 정비소는 전형적인 항구 동네에 있는 정비소 같았다. 축구 포스터들, 관광도로를 달리는 차 사진들, 상품 광고하는 여자 사진들이 붙어 있었다. 그의 아들과 부인도 같이 일을 하고 있었고 인터넷으로 아르헨티나 방송을 듣고 있었다.

"체, 어제 텔레비전에서 당신들을 보면서 집사람한테 오늘 우리 카센터로 당신들이 올 거라고 말했어요."

주인이 말했다. 그가 베어링을 용접하고 있는데 베어링 두 개를 새로 만들어서 보냈다는 연락을 전화로 받았다. 그것이 도착하기를 기다리면서 차를 정비하기 시작했다. 베어링이 부서진 덕분에 토론토에서 친구들을 새로 사귀고 책도 많이 팔고 베어링도 새로 갈고서 거기를 떠나게 되었다.

계획이 있습니까?

그 도시를 벗어나자마자 데이브와 아그네스한테서 나이아가라 폭포까지 같이 가고 싶다는 전화를 받았다. 그들은 항상 우리한테 관심을 가지고 있어서 기꺼이 그들에게 우리가 있는 곳을 전화로 알려줬다.

"지금 어디에요?"

아그네스가 물었다.

"형형색색의 나무들로 둘러싸여 있는 길을 가고 있어요. 세 시간 정도면 폭포에 도착할 거니까 거기서 만나요."

칸데가 대답했다. 전화를 끊는 순간 엔진에서 끔찍한 금속 소리가 나면서 연기가 나기 시작했다. 차를 길가에 세우는데 지나가던 트럭이 멈췄다. 후드를 열었더니 냉각팬 날개가 구부러져 있었다. 거기다가 그것을 지지해 주는 부속이 부러져서 냉각팬이 라디에이터와 부딪히면서 구멍이 났다. 거기서 물이 새어 나와서 배기관을 적시면서 연기처럼 보이는 증기를 방출한 것이다.

트럭 운전사는 아무 말도 없이 엔진만 보고 있었다. 그의 손이 기술자 손처럼 보여서 그의 이름을 물었다.

"스튜어트입니다."

그는 대답하면서도 엔진을 봤다.

"스튜어트 씨, 혹시 어떤 계획이 있습니까?"

"이 근처에 냉각팬 베어링을 고칠 수 있는 카센터가 한 군데 있습니다. 또 내 친구가 라디에이터를 손볼 수 있으니까 부탁해 놓고 우리 집으로 가서 쉬면서 기다리죠."

그는 조금의 주저함도 없이 말했다.

"그럼 가시죠."

우리는 그의 트럭에 견인되어 도착했다. 그는 우리를 가족한테 소개했는데 아내와 자녀들과 손주들과 함께 시골에서 행복하게 살고 있었다. 칸데가 팜파를 데리고 안으로 들어가서 손녀와 놀고 있는 동안에 스튜어트는 작업복으로 갈아입고 나는 차를 분해하는 것을 도와주었다. 데이브와 아그네스도 도착했는데 스튜어트 가족은 이들도 친한 친구처럼 맞이하였다. 모두 함께 저녁으로 맛있는 스튜를 먹었다. 거기서 3일을 기다리고 나서야 캐나다와 작별할 수 있었다. 그 시간 동안 차를 고치고 그 가족과 이곳저곳을 돌아다녔다. 카센터 주인은 신문에서 우리 기사를 봤다면서 수리비를 받으려고 하지 않았고 라디에이터를 수선해 준 친구도 다음과 같이 말하면서 받지 않았다.

"우리는 스튜어트 친구니까 서로 친구입니다. 나는 친구들한테 수리비를 받지 않습니다."

다시 미국으로

첫 번째 강설

나이아가라 폭포를 돌아본 후 데이브와 아그네스와 함께 다시 미국으로 들어갔다. 앞으로의 계획은 우리 차가 만들어진 디트로이트로 갔다가 거기서 가능한 한 남쪽 캘리포니아로 내려가서 벌써 첫눈이 내리고 피부로 절실히 느껴지는 이번 겨울을 피하는 것이었다.

버펄로 근처 집으로 초대를 받았다. 고속도로가 지나가는 다리에서 갑자기 토론토에서 빠졌던 그 바퀴가 또 빠지면서 차가 땅바닥과 부딪혔지만 이번에는 차가 움직였다. 차가 포장도로에 스치면서 엄청난 불꽃이 튀었다. 나는 바퀴가 다리에 떨어지지 않고 반대편 차선으로 들어가지 않게 해달라고 기도하면서 차가 멈출 때까지 오른쪽으로 핸들을 유지했다.

내려서 보니 뒷바퀴 쪽의 펜더가 반 잘려 나갔고 그나마 남은 반도 위로 완전히 구부러졌지만 바퀴는 마치 묶여 있는 것처럼 차에서 2미터 떨어진 곳에 베어링 조각과 같이 있었다. 용접했던 베어링이 다시 부서진 것이다.

우리를 초대한 버펄로의 집에 전화를 했더니 그 집 주인 샤를라인과 버논은 데이브와 아그네스까지 자고 가라고 초대했다. 아메리카 자동차 클럽의 견인차 덕분에 도착할 수 있었다.

다음 날 눈이 10센티미터 정도 와서 세상이 온통 하얘졌다. 부서진 베어링을 빼내고 캐나다에서 받은 것 중에 하나로 교체하느라 그날 하

루를 다 보냈다. 저녁밥을 먹고 있는데 데이브와 아그네스는 우리가
이런 추운 날씨에 운전하는 것을 원치 않으니 겨울을 자기 집에서 같
이 보내자고 초대하면서 같이 엔진베어링도 교체하고 다른 부품도 수
리하고, 그리고 자기들하고 자기 친구들과 같이 지내면 아주 재미있
을 거라고 설득했다. 엔진은 기름을 많이 먹고 힘이 약해서 정말로 피
스톤 링을 교체해야 했다. 여행을 시작하면서부터 기름을 태우며 왔
는데……. 그러나 왜 토론토에서 베어링이, 그리고 냉각팬이, 여기서
또다시 베어링이……. 멈추어야 된다는 신호가 아닐까? 칸데와 단둘
이 이야기를 하러 갔다가 금방 결론이 났다. 데이브와 아그네스 집으
로 돌아가기로 결정했다.

이제 진짜로 겨울이 와서 탄수화물이 풍부한 아침을 먹고 다시 하
프문으로 떠났다. 이 지역에서는 알래스카보다도 더 많은 눈이 내렸
다. 출발해서 데이브의 밴을 따라갔다. 정오가 되니까 눈은 우박으로
바뀌어 떨어지다가 다시 눈이 내리다가 다시 얼음이 떨어지기를 반복
했다. 가는 내내 수동식 와이퍼로 닦아냈다. 보이는 것만 볼 수 있었
고 다른 것은 눈으로 덮여 하나도 안 보였다. 오후가 되자 날씨는 더
추워졌고 차 위로 떨어지는 빗방울은 우박으로 바뀌어 떨어졌다. 앞
유리는 와이퍼가 닦아내는 곳을 빼놓고는 전부 얼음이 되어버렸다.
난방과 히팅 시스템이 갖춰 있는 데이브의 현대식 밴은 유리에서 얼
음을 떼어내기 위해 중간 중간 세워야 했는데, 그런 장치가 전혀 없는
우리 차는 오히려 그럴 필요가 없다는 것이 참 아이러니했다. 오르막
과 내리막길도 눈으로 덮여 있어서 밴의 위치 표시등만 보였고 그것
을 놓치지 않기 위해 나의 모든 감각을 다 사용하였다. 다음 날 새벽

에 겨우 도착할 수 있었는데 지금까지 여행하면서 하루에 달린 거리 중에서 가장 긴 544킬로미터였고 게다가 가장 힘든 여정이어서 완전 탈진상태가 되었지만 승리의 기쁨도 그만큼 컸다.

새로운 친구들을 찾다

차를 분해하다 보니 피스톤 링의 교체만으로는 앞으로 문제가 또 발생할 것 같았다. 몇 개를 떼어내서 살펴보니 부서져 있었고 피스톤 두 개는 금이 가 있었고 크랭크 금속 막대 하나는 망가져 있었다.

"이런 상태로 여기까지 왔다니 정말 믿기 어렵네요. 이번 기회에 완전히 분해해서 다시 손을 봐야 될 것 같네요."

데이브는 친구들과 함께 그레이엄 페이지의 공식적인 임시 정비소를 차릴 준비를 하였다. 그레이엄 클럽에서 스페어 베어링을 보내줬지만 피스톤 링에 맞는 베어링은 없었다. 이것들은 아무리 찾아봐도 구할 수가 없어서 주문하기로 했다.

첫 번째 견적은 3,375달러에, 기간은 3개월이었다. 데이브가 버논과 더그와 다른 친구들하고 이야기를 해서 몇몇 친구들이 비용을 대려고 했지만 우리가 원치 않았다. 지금까지도 많은 도움을 받았는데 또 그런 큰 액수의 도움을 받을 수는 없었다. 더그와 같은 친구들은 차 수리를 위해서 휴가를 냈고 몇몇 친구들은 부품을 선물했고, 하프문의 여러 지역에서 선반공이나 데이브의 친구들이 온 것처럼 레이도 일을 도와주러 캐나다에서 왔다.

데이브는 자기가 운영하는 전기톱 사무실 옆에 붙어 있는 작업장에서 모임을 계획하고는 자기 친구들을 전부 다 초대했는데 모두 와주

었다. 칸데가 아그네스와 그의 딸과 더그의 부인과 같이 판매한 책과 수예품을 많이들 사 주었다. 또한 데이브는 여러 곳에 수소문해서 캘리포니아에서 경주용 자동차 피스톤을 제작하는 회사 주소를 알아냈다. 그 회사에 전화로 사정 이야기를 하니까 가격은 8백 달러에, 기한은 한 달 안에 만들어 주기로 했다.

그 기간 동안 나는 작업장에서 수리를 거들었고 칸데는 바깥 날씨가 추운데도 아랑곳하지 않고 팜파와 산책을 했다. 팜파는 이제 많이 자라서 훨씬 더 또렷해졌고 잘 웃고 혼자 일어설 수도 있었다. 칸데는 다이앤, 아그네스, 팜, 제인과 예쁜 담요 짜는 것을 같이 배우는 다른 친구들과 점점 더 친해졌다.

기술자들은 아주 능수능란하였다. 데이브와 그의 팀원들은 올드카 수리에 베테랑들이었지만 그레이엄 차량은 별로 다루어 보지 못했다. 그래서 의심나는 부분을 해결하고 작업진행을 위해서 밥이 도와주었다. 그는 팜파가 태어난 그린즈버러에서 전화로 모든 설명을 하였다. 나만 빼놓고 다들 맡은 일이 있었다. 엔진을 해체하자 이제 그 차로 어디를 간다는 것은 불가능해졌고, 작업장 안에서 농담들을 하기 시작했다. 나는 그것들이 나에게 애정을 갖고 하는 농담이라는 것을 알았다. 그러나 이제 내 여행은 그들 손에 달렸으니까 나는 함부로 맞장구를 칠 수도 없었다.

"이제 어떻게 해야 하죠?"

내가 물었다.

"저기 구석 보여요? 저기로 가서 있어요. 그게 우리한테 훨씬 더 도움이 될 거예요."

어느 날 브레이크 오일이 필요해서 그들이 발음하는 대로 '브레이크 플루이드'를 사러 가자고 부탁했더니 청과물 가게로 데리고 가서 자몽을 사주면서 그것이 '그레이프 프루트'라고 했다. 아직까지 좋지 않은 내 발음을 놀리려고 그랬던 것이었다.

쉐보레의 열성팬인 데이브가 어느 날 오후 웃으며 나한테 말했다.

"만일 당신이 쉐보레로 이 여행을 했더라면 여기서 이 차를 정비하고 있지 않았을 거예요."

"네, 맞아요. 아직까지 칠레에서 수리하고 있었을 거예요."

나도 농담으로 맞받아쳤지만 그 친구의 입을 다물게 하지는 못했다.

"허면, 당신이 좋아하는 차는 뭐예요?"

"포드 차예요."

사실은 아니지만 그의 말에 대꾸하려고 그렇게 말했다.

"아하, 포드군요. 공장에서 출시된 포드 자동차의 반이 아직까지 거리에 있는 것 알고 있어요?"

아주 낙관적인 그의 말이 이상하게 들렸다.

"그리고 나머지 반은 집에 도착해 있어요."

아버지를 만나다

하프문에 있으면서 캘리포니아에서 전화 한 통을 받았다. 샌프란시스코에 살고 있는 아버지였다. 내가 한 살 때 어머니는 아버지와 헤어져 나를 데리고 아르헨티나로 갔다. 아버지는 여기에 남았지만 연락은 전혀 없었다. 연락이 완전히 끊어졌다. 나는 아버지를 만나고 싶었지만 어떻게 해야 찾을 수 있을지 몰랐다. 16살 때 그를 찾기 시작하면서 미국으로 여행한 사람을 보기만 하면 그를 찾을 방법이 없는지 물어보았다. 19살 때 칸데 친구가 전화번호를 알아왔다. 전화를 했더니 남자가 영어로 전화를 받는데 그가 나와 이야기하는 것을 기뻐하는 것 같다는 느낌이 들었지만 그가 내 말을 알아듣지 못해서 전화를 어머니한테 넘겨줬더니 전화를 받고서는 다른 번호를 적었다.

"네 동생이야. 네 아버지와 이름이 같아."

그때서야 나한테 동생이 있다는 사실을 알게 되었다. 다른 번호로 전화를 거니 아버지가 받았다. 사전에 아무런 연락도 없이 갓난아기 때 이후로 한 번도 보지 못하고 목소리도 들어보지 못한 아들한테 전화를 받은 것이다. 한참 동안 기쁨과 여러 가지 감정들이 섞이면서 쇼크 상태가 되었다가 겨우 몇 마디 하고는 조금 있다가 바로 전화할 것이니 번호를 가르쳐 달라고 했다.

곧바로 전화가 와서 몇 시간 동안 편안하게 대화를 나누었다. 내 키가 얼마인지, 뭘 하는지, 어떤 운동을 하는지, 친구는 누구인지, 그는 나에 대해 모든 것을 알고 싶어 했다. 자기한테 놀러오라고 하면서 어떻게 생겼는지 물어보았고 나는 "보면 알 거예요"라고 대답했다.

3개월 뒤에 샌프란시스코로 날아갔다. 아버지와 그의 새 가족은 내가 아버지를 무척 닮은 것을 보고 놀라워했다. 어떤 이웃은 나를 보고 아버지가 수술을 했다고 생각할 정도였다. 아버지와 3개월 동안 같이 지내면서 우리가 취미나 습관, 동작까지도 닮은 점이 참 많다는 것을 발견하였다. 아버지, 두 형제, 여동생 한 명을 알게 돼서 행복한 시간이었다.

지금 아버지는 전화해서 크리스마스를 자기와 같이 지내자고 했다. 기꺼이 그의 초대에 응했다. 내 가족이 그와 함께 하기는 처음이다. 그가 비행기 티켓을 보내줘서 편하게 갔다. 아버지를, 그것도 명절 기간에 다시 보니 정말 기뻤다. 아버지는 팜파를 안고서는 그렇게 기쁜 선물은 생전 처음 받아본다고 몇 번이나 외쳤다. 우리 아들은 벌써 기어 다녔고, 아버지는 그를 업고 광장으로 데려가고 밥을 먹이는 등 할아버지들이 좋아하는 일을 맡아서 했다.

그러나 좋은 일만 있던 것은 아니었다. 아버지 전화뿐만 아니라 데이브한테서도 전화를 받았는데 칸데 어머니, 그러니까 장모님이 다시 위독하다는 내용이었다. 간에서 종양을 떼어내는 수술을 했는데 다시 재발했다는 것이었다. 우리는 여행 내내 장모님 생각을 많이 했고 이제 칸데는 자기 엄마 곁으로 돌아가고 싶어 했고 나도 그녀와 같은 심정이었다. 이런 생각으로 뉴욕에서 아르헨티나 사람이 운영하는 여행사에 전화를 걸어 부에노스아이레스행 비행기 티켓 가격을 물어보았다. 그는 제일 싼 가격으로 티켓을 주겠다고 했다. 뉴욕에서 책을 팔던 곳에 있던 이발사 아저씨하고 아르헨티나에서 뉴욕까지 자전거로 여행했던 사람이 티켓 사는 데 도움을 줬지만 문제는 가장 빠른 좌석도 크리스마스가 지나야 있다는 것이었다.

선택된 별

아르헨티나로 돌아간다고 생각하니 기분이 이상했다. 집으로 다시 가면 어떤 기분이 들까? 여행을 끝내지 않고서는 돌아가지 않겠다고 생각했는데 계획대로 할 수 없는 일이 있다. 진정 마음에서 요구하는 것은 그냥 지나칠 수 없다. 도착해서 장모님과 한 달간 지낼 마음으로 부에노스아이레스행 비행기에 올랐다.

비행기에서 내려 라운지로 들어서니 가족들이 다 나와 있었다. 제일 먼저 우리가 한 일은 활짝 웃는 것이었다. 다들 속으로는 울고 있으면서도 겉으로는 펄쩍 뛰고 환호를 했다. 기쁘게 서로 포옹을 하니 감정이 솟구쳐 눈물이 나왔다. 서로 못 본 지 3년이 지났으니 그 기쁨은 이루 다 헤아릴 수 없었다. 칸데는 장모님을 부둥켜안고, 장모님은 감동해서 자기 딸을 놓지 않으려고 하면서 말했다.

"정말 보고 싶었다, 내 딸."

"저도요, 엄마."

밤에 칸데와 장모님은 서로 마음을 주고받기 위해 선택한 별을 가리켰다. 하나하나 가리키면서 다시 만난 것을 기뻐하며 마음껏 웃었다. 나는 의사인 장인어른과 단둘이서 이야기를 나누었다.

"정황이 안 좋아. 그렇지만 병이 있는 것이 아니라 환자가 있는 거지. 자네 장모는 특별한 사람이야. 삶에 대한 의지가 강하고 특히 저 손자는 할머니를 치유하는 마법의 약이야."

할머니 무릎에 앉아 놀고 있는 팜파를 보면서 그가 말했다.

한 달 동안 같이 지내면서 집에서 바비큐도 자주 해 먹었고 3년 동안 방치해 두었던 집도 많이 손보았다. 아르헨티나에 있으면서 우리는 서로를 얼마나 그리워했는지 깨달았지만 알래스카로 여행을 계속

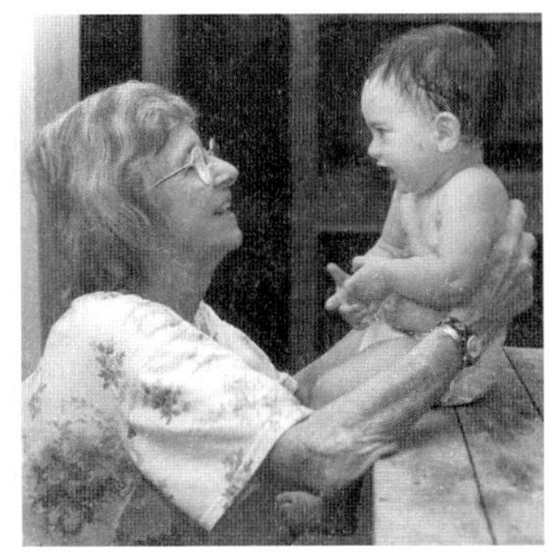

하기 위해 돌아가고 싶은 마음은 점점 커졌다.

또 하나 발견한 것은 우리한테 큰 변화가 일어났다는 것이었다. 가족과 친구들과 이야기하면서도 이것이 나타났다. 3년이라는 시간이 흐르면서 집이 많이 부서진 것을 다들 끔찍한 불행으로 여겼지만 우리는 그것이 단순히 물질적인 것이라서 고치면 그만이라고 생각했다. 바비큐를 먹으면서 한 사람이 말했다.

"집을 그렇게 오래 방치해 두니까 다 망가져서 다시 손봐야 되잖아!"

"그렇게 세상을 돌아다니니까 비싼 대가를 치루잖아."

또 다른 사람이 말했다.

"당신들은 왜 일을 하세요?"

내가 물었다.

"나하고 가족하고 잘살려고요."

"우리가 무슨 목적으로 매일매일 여행을 하고 있다고 생각하세요? 단지 인생을 즐기기 위해서 여행하는 거라고 생각할 겁니다. 물론 맞습니다. 책을 팔기 위해 진열하고, 책을 사는 사람들한테 사인을 해주고, 그림을 그리고 액자를 만들고, 판매할 수예품을 준비하고, 새로운 지평선을 열고 많은 사람들을 만나고, 차를 손보면서 즐거움을 찾습니다. 우리는 여행을 하면서 일을 하고 행복을 찾습니다. 테레사 수녀님도 여행을 '최고의 기분전환'이라고 말하셨어요."

"그게 뭔지 아세요? 사람들은 일을 희생과 연관짓는 것에 익숙해져있는데, 당신이 옳아요. 당신은 당신한테 가장 잘 어울리는 일을 하고있습니다."

한 달이 훌쩍 지나갔다. 장모님은 처음 봤을 때보다 훨씬 더 건강해지셨다. 조그만 손자가 마법을 부려서 그녀에게 기쁨과 에너지를 채워 넣었다. 또다시 집과 가족을 떠나는 것은 쉽지가 않았다. 그러나 3년 동안 그리워했던 것에 비하면 괜찮은 편이었다. 처음 떠날 때 가졌던 것보다 더 단단한 믿음을 가지고 우리의 꿈으로 돌아갔다.

새 엔진

우리에게 항상 사랑을 줄 준비가 되어 있는 데이브와 아그네스가 뉴욕공항에서 기다리고 있었다. 기온 변화가 급격했다. 아르헨티나에서 매우 아름다운 여름을 보내고 데이브가 사는 곳으로 와서 또다시 삽으로 눈을 치우고 있다. 차 수리뿐만 아니라 몇몇 부품이 새것으로 바뀌어 있어서 깜짝 놀랐다. 예를 들어 펜더는 데이브가 퇴직하기 전에 근무했던 공고 학생들이 수리를 해서 그들에게 고맙다는 인사말을 전하기 위해 그 학교에 방문하기로 했다.

아직 무척 춥고 눈도 많이 오는 날씨 속에서도 봄은 가까이 다가와서 기쁨과 슬픔 속에서 하프문을 뒤로하고 새로이 길을 나섰다. 정말

로 많은 사람들의 도움을 받았고 많은 친구들을 사귀었다. 그러나 이제 그들과 헤어져야 할 시간이다. 길이 주는 최고의 선물은 사람이고, 가장 나쁜 점은 그들과 헤어지는 것이다.

세심한 친구

오하이오 클리블랜드에 사는 짐으로부터 전화를 25통 정도 받았을 것이다. 그는 허쉬에서 만났다. 자동차 전시회 때 디트로이트 가는 방향에 있는 그의 작업장에 오라는 초대를 받았다. 그의 외모는 미친 사람 같았고 옷과 모자는 이상한 이미지를 연출했고 차에 대한 그의 관심은 거의 광적이었다. 차에 대해서 말을 많이 했던 그의 첫인상은 광신자 같았다. 만일 그의 초대를 받아들인다면 짐은 우리 차 부품을 하나하나 다 점검을 할 것 같았다. 그러면 우리는 클리블랜드에서 오랫동안 묵어야 할지도 모른다. 연이어 전화하면서 그는 우리를 설득시키려고 그 지역 TV 방송국과 신문사에 연락해 주겠다는 약속을 했다. 그가 하도 애원을 해서 혹시 그가 우리를 이용해서 인기를 끌려고 그러는 것이 아닌가라는 의심도 들었다.

그러나 계속 전화가 와서 거부할 수 없었다. 무엇보다도 허쉬에서 그가 한 이야기 중에 우리와 그를 묶어주는 뭔가가 있었다. 그는 뉴욕에서 중국 베이징까지 다시 차로 여행하려는 꿈을 가지고 있었는데 이번에는 올드카로 하는 것이었다. 그러나 벌어 놓은 것은 다 쓰고 남은 것이 별로 없어서 구체적인 계획을 못 잡고 있었다. 그러다가 짐은 우리한테서 자기 계획을 실현할 가능성을 본 것 같았다. 출발점과 도착점은 서로 다르지만.

클리블랜드에 들어가니 그가 친구 한 명과 같이 우리를 맞이하고서는 바로 자기 작업장으로 데려갔는데 거기에는 아주 비싼 차들로 가득 차 있었다. 짐은 우리 차에 엄청난 관심을 보이며 늦은 시간인데도 아랑곳하지 않았다. 엔지니어 친구와 다른 기술자들과 함께 차를 꼼꼼히 살펴보며 수리할 곳을 찾았다. 짐은 롤스로이스와 벤틀리만 수리했고 그의 사무실에는 '저한테 하실 말씀이 있으면 저는 경청은 하지만 시간당 150달러 받습니다'라는 경고의 글귀가 붙어 있었다. 그가 그레이엄의 상태가 안 좋은 부분들 수리만 하는데도 세상의 모든 시간이 다 필요할 것 같았다.

"여기는 브레이크 오일이 없고 저기는······."

"짐."

그를 만류하며 단호하게 말했다.

"우리는 수리 때문에 여기서 머무를 시간이 없으니 꼭 필요한 것만 수리해 줘요."

그는 우리를 위해서 다른 일도 준비해 놓았다. 건너편에 있는 바에서 우리를 다른 사람들에게 소개해 주고 우리를 환영하기 위해 신문사와 방송국 기자들과 시장한테 연락을 했고 점화플러그도 새로 만들어 주겠다고 했다. 그가 우리 차에 대한 계획을 다 이행하려면 한 달은 족히 필요했다. 그래서 그에게 간곡히 부탁했다.

"짐, 진심으로 부탁하는데 꼭 필요한 것만 해줘요. 우리는 올 여름에 알래스카에 도착해야 돼요."

다음 날부터 신문을 읽고 많은 사람들이 찾아왔다. 사람들은 책과 칸데가 그린 그림을 사가지고 갔고 또 많은 사람들이 우리에게 필요한 것들을 갖다 주었다. 작업을 방해하지 않기 위해 뒤에서 조용히 구경만 하는 사람들도 있었다. 모두가 우리에게 많은 힘이 되었다. 정말 많은 선물을 갖다 주어서 우리는 그것들을 다 보관할 곳이 없어서 행복한 고민에 빠지게 되었지만 그들을 볼 때마다 그들은 아름다운 추억을 가져다 주었다.

차 창문으로 머리를 집어넣고는 안을 샅샅이 살펴보고 모험과 꿈의 냄새를 맡아보고 손으로 차를 쓰다듬으면서 그들은 에너지를 충전했다. 동시에 그들은 우리가 행복하게 여행을 하고 무사히 집으로 돌아가서 행복한 삶을 이어가기를 바라고 있었다. 팜파를 돌봐주고 같이 놀아주고 재미있게 해주고 싶어 하는 사람은 여행 내내 많이 있었다. 어디를 가나 바깥은 눈과 얼음뿐이었지만 우리는 아주 뜨거운 환대를 받았다.

넓은 마음, 대가족

우리를 방문한 어떤 가족이 자기 집에서 같이 지내자며 초대해서 고마운 마음으로 응했다. 집 앞에는 백조와 사슴이 살고 있는 호수와 숲이 펼쳐져 있었다. 저녁을 먹으면서 주인 부부가 이 집을 구입하게 된 사연을 이야기해 주었다.

"조그만 아파트에서 살다가 두 아들과 함께 이사할 집을 구하러 다녔는데 가진 돈에 은행 대출을 받더라도 큰 집은 구할 수가 없었어요. 부동산에 가서 상담을 했더니, 아직까지 그 이유를 모르겠는데, 여직원이 제일 먼저 소개한 집이 여기였어요. 그 이틀 전에 매물로 나왔더군요. 이 집을 보는 순간 마음에 꼭 들었고 완벽하게 보였어요. 그렇지만 너무 비싸서 포기해야만 했어요. 그러나 다음 날 부동산을 거치지 않고 직접 집주인을 만나 우리 소개를 하고 솔직하게 이야기했어요. '죄송합니다, 선생님. 다시 올 수밖에 없었습니다. 돈이 모자라서 이 집을 살 수는 없지만 이곳이 정말 마음에 들어서, 혹시 큰 실례가 안 된다면…….' 주인이 들어오라고 하고서는 차를 대접하면서 말했어요. '저는 지켜야 할 약속이 있습니다. 그건 나한테 이 집을 판 사람하고 한 약속이에요. 저는 당신들이 갖고 있는 돈만 받고 이 집을 팔겠습니다. 그 대신에 조건이 하나 있습니다. 제가 했던 것처럼 당신들도 미래에 이 집을 사고 싶어 하는 사람이 나타나면 그들의 꿈이 이루어질 수 있도록 허락하셔야 합니다. 저는 그렇게 사서 그렇게 팔고 당신들도 그렇게 팔아야 합니다.'"

이 이야기뿐만 아니라 주인 부부의 삶 자체도 놀라웠다. 부인은 미국인이었는데 사춘기 때 결혼을 안 하겠다고, 하더라도 자식은 낳지 않겠다고 맹세했다. 이것 때문에 자신의 인생에 너무나 많은 제약이 따른다고 생각했기 때문이었다. 그러나 그녀는 결혼을 했다. 놀랍게도 첫째 아들이 도착했고, 둘째 아들이 자기 형을 찾으러 왔을 때 부인이 이제는 그만 충분하다고 말했는데 생각지도 않게 셋째 아들이 도착한 것이다.

놀라움은 거기서 끝나지 않았다. 아르헨티나에서 살고 있는 남편의 먼 친척이 아들 세 명을 입양 보내려고 한다는 소식을 들었다. 그의 부인은 술로 죽었고 남자도 알코올 중독에 걸려서 아이들을 돌볼 수가 없었다. 이것만이 아니었다. 두 아들은 뱃속에 있을 때 엄마가 알코올 중독이었기 때문에 평생 정신지체를 겪어야만 했다. 주인 부부는 이미 아들이 세 명 있었고, 거기다 장애를 가진 아르헨티나 아이들이 자기 아이들보다 더 큰 애들이라서 입양이라는 것은 생각지도 않고 있었다. 더군다나 그 애들이 정신지체를 겪고 있기 때문에 어떻게 영어를 배울 수 있을지, 어떻게 적응할지, 자기 아이들한테 어떤 영향을 끼칠지, 대가족을 경제적으로 어떻게 부양할 수 있을지 고민하게 되었다. 밤새 어떻게 해야 할지 생각하다가 해가 떠오를 무렵 답이 나왔다.

"아무리 생각해 봐도 그 아이들은 가정과 가족 없이 살게 된다."

그리고 그녀는 대가족을 이끌어갈 결심을 하였다.

지금 부인은 여기서 6명의 아들을 데리고 잘살고 있다. 그들과 함께 우리는 큰 집에서, 큰 식탁 위에서, 개들과 강아지들에 둘러싸여 밥을 먹으면서 행복한 가정이 뭔지를 다시 한 번 느끼게 되었다.

거기서 꿈같은 며칠을 보냈다. 그 집과 그 가족과 그곳에는 에너지가 넘쳐흐르고 있었다.

모든 것은 흘러 한곳으로 모인다

짐에 관해서 우리가 잘못 알고 있었다는 것을 곧 알게 되었다. 항상 첫인상은 실제와 다른 것처럼, 그에 대한 우리의 첫 판단도 완전히 틀렸다. 그러나 그것보다 더 심각한 것은 우리가 여행을 하면서 배운 것을 잊어버리고 같은 실수를 또 저질렀다는 것이었다. 그에 대해 생각하고 있었던 모든 것이 잘못된 것이었다. 우리가 꿈을 이루고 싶은 것처럼 그도 자신의 꿈을 이루고 싶은 것뿐이었다.

이제 클리블랜드를 떠날 준비를 하면서 그 세심한 친구가 디렉션과 핸들을 분해하는 모습을 봤다. 그는 핸들 한쪽은 부속이 갈라졌고 다른 쪽에는 금이 가 있는 것을 보고는 놀라 입을 다물지 못했다.

"여기까지는 아무 탈 없이 잘 왔지만 이 부속이 없으면 출발할 수가 없어요. 핸들이 손에 붙어 있기는 하겠지만 그 다음에 무슨 일이 일어날지는 신만이 아실 겁니다."

복잡한 모양으로 된 그 부품은 부드러운 금속주물이었다. 짐은 선반공과 엔지니어 친구와 부품을 제작하는 사람과 같이 작업을 했다. 그 사이에 나는 그레이엄 클럽에 전화를 했는데 받는 사람이 없었다.

모두들 그 부속을 만들려면 시간이 꽤 걸릴 것이니까 그동안 우리가 여기서 머무르고 있어야 될 거라고 생각했다.

"나도 이런 차를 한 대 가지고 있는데……."

작업장에 한 남자가 들어오면서 말했지만 그레이엄을 포드나 쉐보레와 혼동하는 일이 다반사였기 때문에 아무도 그한테 관심을 기울이지 않았다.

"610이네!"

그 순간 모두들 그를 쳐다보았다. 그레이엄을 가지고 있는 사람만이 이 모델 번호가 610이라는 것을 알 수 있기 때문이었다.

"당신 차는 상태가 어떻습니까?"

짐이 흥분해서 그에게 물었다.

"완벽합니다. 그러나 30년 동안 운행을 하지 않았으니 새로 손을 봐야 되겠죠."

"디렉션에서 이 부품 하나를 빼내도 괜찮겠습니까?"

그에게 부품을 보여주면서 부탁을 했다.

"나중에 저희가 다시 만들어 드리겠습니다."

"네, 그렇게 하세요. 갑시다."

며칠 걸릴 일을 한두 시간 만에 끝냈다. 스타트 스프링이 필요하니까 스타트 스프링이 나타났고, 베어링이 필요하니까 베어링이 나타났고, 이제 아주 어려운 부품이 필요할 때도 나타났다.

길을 가면서 필요한 것을 만나게 될 거라고 말한 페루의 우로 원주민이 기억났고, 신이 다 주실 것이라고 말했던 사람들이 기억났고, 믿음이 있으면 다 해결될 거라고 말한 사람들이 기억났다. 꿈을 이룰 수 있기 위해 모든 것이 같은 강에서 합쳐진다.

우리가 문제가 아닐까?

클리블랜드를 떠나기 하루 전날 우리가 여기 왔을 때 했던 것처럼 짐의 친구들과 모두 다 같이 점심을 먹으러 갔다. 차가 이제 완벽한 모습으로 된 것에 대해 이야기들이 시작되었다. 그러나 곧 대화의 방향이 곧 벌어질 전쟁으로 바뀌었다. 모두들 자기 정부를 믿고 있었고 정부가 국민들에게 두려움을 불어넣은 탓에 이들은 전쟁이 필요하다고 생각했다. 이들이 세계 모든 사람들과 같이 섞여서 마추픽추에 간다면 얼마나 좋을까!

친구 데이브의 말이 떠올랐다.

"다른 행성에도 생명체가 있었다면 우리는 벌써 그들하고 전쟁을 했을 거야."

"허면."

누군가의 목소리에 내 생각은 중단되었다.

"당신 생각은 어때요?"

"지금까지 20개국을 돌아다녔고 좋아하는 느낌을 갖게 한 많은 사람들을 만난 내가 어떤 생각을 하고 있을까요? 얼마 전에 전쟁이 벌어져서 파괴와 죽음만이 남아 있는 나라를 방문했다면 무슨 생각을 할까요? 내가 갔던 곳이 전부 내 가정 같고, 거기서 만난 사람들이 전부 내 친구 같다면 무슨 생각을 할까요? 비록 내가 아는 곳이 아메리카밖에 없지만 다른 세상도 여기만큼 경이롭고 거기에 있는 사람들도 알고 나면 좋은 친구가 많다는 것을 나는 알고 있습니다. 소수 몇 사람이 조종하는 전쟁은 많은 사람들을 파괴와 죽음으로 몰고 갑니다. 우리는 폭력으로 얻을 수 있는 것은 아무것도 없고 증오심만 더 야기한다는 사실은 배우지 않고 계속해서 전쟁을 일으킵니다. 아무런 의미도 없이 변명만 존재하는 전쟁은 국민들을 파괴시킵니다. 얼마나 많은 어린아이들이 죽을까요? 내 생각을 듣고 싶다면…… 나는 전쟁은 일어나면 안 된다고 생각합니다."

"어떻게 그렇게 생각할 수가 있어요? 우리를 증오하는 이 테러리스트들은 모든 것을 다 파괴할 수 있는……."

"왜 당신들을 증오하는지를 알고 나서 거기에 대한 대책을 강구해야 합니다. 전쟁은 평화로 가는 길이 아닙니다. 평화가 길입니다. 만일 전쟁으로 간다면 지금보다 당신들을 증오하는 사람들은 더 많아질 겁니다."

식탁에 있던 한 친구가 수프를 먹고 있다가 스푼을 내려놓았다. 매일 같이 밥을 먹을 때도 그 친구는 대화에 별로 끼지 않았는데 이번에는 할 말이 있는 모양이었다.

"우리가 이 대륙에 왔을 때 우리의 적은 인디언들이었어요. 그 다음에는 영국인들이었고요. 독립을 쟁취하고서는 우리들끼리 서로 적이 되어 남부 사람들과 싸웠죠. 그 다음에는 서쪽에서 인디언들과 그리고 멕시코와 전쟁을 했고, 한참 뒤에 우리 적은 독일인들과 일본인들이었습니다. 세계대전이 다 끝나고서 우리의 적은 공산주의자들이었어요. 이제 이 새로운 적은…… 우리가 문제가 아닐까요?"

아무도 말을 안 하고 잠자코 있었다. 아마 이런 식으로는 한 번도 생각해 보지 않았거나 아니면 내 앞에서 이 문제를 토론하고 싶지 않았을 것이다.

유산

자동차들의 도시 디트로이트에 들어갔더니 1928년 시대 같은 공장이 아직까지 가동되고 있는 것을 보여주겠다며 그곳 사람들이 데리고 갔다. 상점들이 큰 빵집이 되었고, 기술자 가게들과 철물점들과 공장 창고들이 매장으로 바뀐 것이 유일한 변화였다. 우리 차가 새로운 인생을 시작하기 위해 다시 젊어져서 공장에서 나오는 것처럼 사진을 찍었다. 여기서 나온 차가 배를 타고 아르헨티나까지 갔다가 태어난 지 75년 만에 다시 육로로 해서 고향으로 돌아왔다! 이 감동의 순간 우리 넷과 우리를 여기로 데리고 온 사람들은 그레이엄과 우리를 위해서 샴페인으로 건배를 하면서 축하했다.

만일 우리 차가 포드나 쉐보레였더라면 디트로이트에서 우리 도착을 축하하는 대대적인 환영식이 열릴 수도 있었을 거라고 다음 날 누군가가 말했지만 나는 그렇게 생각하지 않았다. 우리가 축하를 받을 수 있는 분위기가 아니었다. 사람들은 거리에서 '전쟁 반대'라는 피켓을 들고 시위를 하고 있었다.

이 도시에서 우리를 초대한 도나는 캐나다에서 알게 되었다. 그녀는 우리를 이 도시 구석구석으로 데리고 다녔다. 그중에서도 유명한 헨리 포드 박물관에서는 매우 융숭한 대접을 받고 가이드와 함께 박물관 전체를 자세하게 구경할 수 있었는데 그 가이드는 우리한테 설명해 주기보다는 우리 여행에 대한 이야기를 듣고 싶어 했다.

전시된 차 중에서 매우 놀라운 것을 봤다. 수천 번이나 바꾸어서 거의 부서진 것 같았고 그리고 호화로운 차들 가운데 너무 초라한 모습이어서 그것을 알아보기 위해서는 상상이 필요했다. 가진 것 하나 없이 칠레를 떠나 많은 것을 가지고 디트로이트에 도착한 어느 아버지

와 아들의 차인 포드 A28이 내 눈에는 제일 멋져 보였다.

박물관을 나서는데 담당자 한 명이 여행이 끝나고 나면 그레이엄을 어떻게 할 계획이냐고 물었다. 박물관 측에서 그레이엄한테 관심이 있다는 것이었다.

"우리는 차에 대해서는 어떤 의견도 제시할 수 없습니다. 지금 차 주인은 저 애입니다."

칸데와 나는 대답하면서 팜파를 가리켰다.

바람의 도시

바람의 도시 시카고는 위험한 도시라서 여기서는 절대로 멈추지 말라는 말을 몇 번이나 들었다. 그러나 페루에서와 같은 일이 벌어졌다. 마치 일부러 그러는 것처럼 바로 그 무서운 장소에서 기름이 떨어진 것이다. 통을 들고 바에 들어가서 주유소가 어디 있는지 물었더니 세 블록 가면 있다고 대답했다. 매우 가난한 동네를 걸어가면서 분명히 여기 사는 사람들은 대부분 소외감을 느낄 것 같다고 생각했다. 모퉁이에 있던 젊은 패거리들이 나에게 경찰 냄새가 난다고 소리 질렀지만 나는 아무런 반응도 보이지 않았다.

주유소까지 계속 걸어갔는데 그곳은 은행보다 방범시설이 더 철저

했다. 경리직원들은 두꺼운 유리 뒤에 있었으며 그 여직원들이 다른 쪽에서 열어주는 구멍으로 돈을 넣어야 했다.

그레이엄으로 돌아올 때 다시 그 패거리 근처로 지나갔다. 이번에는 아무도 내가 경찰인지 물어보지 않았지만 이구동성으로 욕을 했다. 가던 길을 멈추고서 나는 그 도시를 여행하는 관광객이라고 말했다.

"아, 그래요?"

그들은 얼떨떨한 표정으로 있었고 한 명이 놀라서 말했다.

"재미있으세요?"

어느 누구도 관광객이 자기 동네를 지나가리라고는 상상도 못했다. 차로 돌아왔을 때 페루에서와 같은 장면을 봤다. '위험한' 사람들이 칸데한테 몰려와 여행에 대해 물어보고 우리 아기를 쓰다듬었다.

66번 도로

시카고에서 66번 도로가 시작된다. 거기서부터 우리는 서쪽 횡단을 시작했고 남쪽으로 내려가서 거의 멕시코까지 다시 갈 것이다. 이 신비한 도로를 타고 우리가 이 마을 저 마을, 이 도시 저 도시를 다니는 사이 봄이 도착하고 있었고 이 경로로 하는 여행은 무척 즐거웠다.

세인트루이스를 지나서는 66번 도로를 벗어나 허리케인 시즌에, 허리케인 영역을 통해 캔자스로 들어갔다. 넓은 길이 쭉 뻗어 있어서 아르헨티나 팜파스가 떠올랐다. 우리를 따라오던 밴 한 대가 정지 신호를 보냈다. 카우보이모자를 푹 눌러쓴 남자가 차에서 내려 우리에게 말했다.

"저기서 당신들에 대해서 이야기를 들었는데 우리 집으로 모셨으면 영광이겠습니다.”

그의 초대에 기꺼이 응했고 오후에 그의 집에서 그 지역 신문사와 인터뷰를 했는데 신문사 측에서 다음 날 중앙광장에서 우리와 시민들과의 만남의 자리를 마련했다. 많은 사람들이 찾아와서 우리를 응원해 주고 초대해 주었으며 우리 사인이 들어간 책을 사갔고 토네이도가 오는 시기라서 모두가 걱정해 주었다.

“이런 차로는 토네이도를 통과하지 못할 건데요.”

한 사람이 말했다.

“만일 벽구름이 보이고 하늘이 회색이 되면서 바람이 불면 도망쳐야 해요. 토네이도가 오는지 라디오를 항상 켜 놓아야 합니다.”

다른 사람들이 말했다.

“우리 차에는 라디오가 없습니다.”

광장에서의 만남이 끝나고 조금 어울리지 않는 어느 부부의 집으로 자러 갔다. 그들은 캘리포니아에서 만나서 결혼했는데 거기서 살 때는 매우 닮았다고 말했다. 남편은 사진작가였고 부인은 폐품으로 예술작품을 만들었다. 이후에 남편이 어느 TV 방송사의 예술감독 자리와 고액연봉 제의를 받고 캔자스로 이주하였다. 부인은 예술작업을 계속했고 캘리포니아에서 멀리 떨어져 있었기 때문에 고객들에게 인터넷으로 작품을 팔았고 그러다 보니 구매자가 많아져서 작품 가격이 올라가기 시작했다. 얼마 지나지 않아 그녀도 남편만큼 수입이 많아졌다. 차이라면 부인은 자기가 좋아하는 것을 계속하고 남편은 일이 너무 많아서 좋아하는 사진 작업을 할 시간이 없다는 것이었다. 그러나 남편은 불평하지 않았다. 자기 수입만으로는 자기 혼자 따로 이사한 집값을 다 갚을 수 없었기 때문이었다. 그 집에는 오래된 재규어 자동차 몇 대와 멋진 오토바이 한 대가 있었는데, 그가 너무 바빠서 손도 대보지 못한 채 그대로 있었다.

우리는 부인의 집에서 묵었다. 거실에서 부인이 치는 기타반주와 팜파가 흔드는 마라카스*에 맞춰 노래를 불렀다. 그리고 우리도 '쓰레기'로 예술작업을 조금 해봤다.

조리하지 않은 채식으로 저녁을 먹고서 부부는 우리만 남겨두고 다른 집으로 자러 갔다. 남편은 일 때문에 다시 볼 시간이 없어서 우리는 그날 밤 그와 작별인사를 했고 부인은 내일 아침에 우리한테 채식을 만들어 주겠다고 했다. 아침에 일어났는데 남편이 기다리고 있어서 깜짝 놀랐다. 출근은 조금 있다가 하면 된다고 하면서 자기가 친구가 많은데 그들한테 다 줄 것이라면서 책에 사인을 해달라고 했다.

"젊은이들을 보니 내 꿈이 생각나네요. 나는 항상 사진작가가 되고 싶었고 내 꿈은 캠핑카를 몰고 이 나라를 돌아다니면서 거리를 다니는 사람들 사진을 찍어서 그들의 얼굴과 미국 여러 지역들을 모자이크로 조립하는 것이었어요."

그 집을 떠난 지 얼마 지나지 않아서 그 부부에게서 메일을 받았다. 남편이 직장에 사표를 내고, 집 두 채를 다 팔고 캠핑카를 사서 사진여행을 시작했다는 내용이었다. 두 사람은 다시 잘 어울렸다.

거센 바람

캔자스 평원을 거쳐 콜로라도로 가는 길에 거센 바람이 불어왔다. 뒤

---

* 라틴아메리카 음악에서 쓰는 리듬 악기. 마라카의 열매를 말려서 그 속에 말린 씨를 넣은 것으로 흔들어서 소리를 낸다. 고음과 저음의 두 개를 한 짝으로 쓴다.

를 보니 회색구름이 보였다. 바람이 뒤에서 들이닥치면서 우리를 밀었다. 그런데 이상하게도 손을 창밖으로 내보니, 일반적이라면 손이 뒤로 제쳐지는데 바람 때문에 손이 앞으로 밀렸다. 이것을 보고 바람이 차 속도보다 더 빠른 게 아닌가 싶었는데 방향을 바꿀 때 핸들 조정이 어려워지고 차가 밀리면서 이쪽저쪽으로 기우뚱거리는 것을 보니 내 추측이 분명해졌다. 2시간 동안 핸들을 꽉 잡고 5분마다 뒤를 보면서 운전을 했는데 갑자기 바람이 잠잠해졌다. 날씨가 어두워져서 길 가까운 들판에 있는 집에 차를 세우고 재워줄 수 있는지 물어보았다. 나이 많은 남자가 문도 열어보지 않고 안 된다고 하였다.

두 번째로 찾은 집은 길에서 멀리 떨어져 있었고 첫째 집보다 더 아담했다. 그 옆에 있는 큰 창고에서 작업복 차림의 한 남자가 나왔다. 손에 묻은 기름을 닦으며 오더니 악수하려고 손을 내밀었다. 우리 소개를 하고서 잘 곳을 찾고 있다고 말했다. 그는 아무 말도 하지 않고는 마을 어귀로 들어오는 길을 바라보았다. 자기 부인이 오고 있었다.

"별 문제는 없을 것 같지만 그래도 우리 집사람한테 한 번쯤 물어봐야 될 것 같네요."

그녀는 차에서 손자들을 데리고 내렸다.

"이 젊은이들은 지금 남미에서 알래스카로 가는 중인데 잘 곳을 찾고 있어."

남편이 설명했다.

"네, 어서들 오세요. 잠자리를 마련해 드릴게요."

부인이 대답했다. 밤이 되자 집안은 식구들로 가득 찼다. 할아버지, 할머니, 자녀들, 자정까지 팜파하고 놀고 있는 손자들, 우리들. 식구들은 우리를 반가이 맞아 주었고 멀리 떨어져 있는 지역들과 그곳에

살고 있는 사람들의 이야기를 들으며 행복해했다. 작은 딸은 알래스카로 졸업여행을 가서 찍은 사진앨범을 가져와 거기서 재미있게 놀았던 모습을 보여주었다. 그것을 보고는 조카들도 자기들 앨범을 가져왔고 할아버지와 할머니는 자기들 결혼식 사진과 여행비디오를 보여주셨다. 그렇게 따뜻하게 맞이해 준 데 대한 고마움의 표시로, 다음날 할머니가 선생님으로 재직 중인 시골 초등학교에 가서 수백 명의 학생들에게 둘러싸여 여행이야기를 해줬다.

히스패닉 축제

5월 5일 덴버에서 열리는 히스패닉 축제에 때맞추어 도착했다. 문제는 돈을 내고 자리를 배정받아야 하는데 이미 다 팔려 남은 자리가 없다는 것이었다. 잘하면 이번 축제에서 유타 주와 네바다 주의 모든 바위산과 사막을 횡단할 수 있는 충분한 돈을 마련할 수 있을 것 같아서 입장할 수 있는 방법을 찾아보았다.

덴버에 살고 있는 수천 명의 히스패닉들에게 물어보다가 선거 캠프에서 어느 여자국회의원을 도와 일을 하고 있는 사람을 만났다. 그가 우리를 그 여의원에게 데리고 가자 그 의원은 그 자리에서 바로 전화를 걸더니 "여기에 히스패닉들도 할 수 있다는 것을 보여주는 부부가

와 있어요. 이것은 히스패닉 축제보다도 더 축하해야 할 일입니다”라
고 말했다. 모든 것이 해결되었다. 우리는 무료로 자리를 구하게 되었
다. 우리는 차를 모퉁이에 안전하게 주차시키고 거기에 ‘아르헨티나
에서 알래스카까지 여행 중입니다’라고 쓴 큰 현수막을 걸어놓았고
이것 때문에 축제 4일 동안 많은 도움을 받았다. 여기에 그렇게 많은
히스패닉이 살고 있을 거라고는 한 번도 생각하지 못했다.

부리토와 초클로 같은 음식을 파는 곳과, 옷과 가정용품을 파는 곳
들로 가득 차 있어서 우리가 지금까지 많이 들렀던 시장들이 기억났
다. 어떤 곳에서는 가격을 흥정하는 소리가 들렸고 절대로 색이 변한
것이 아니라고 맹세하는 장사꾼도 있었고 사방에서 물건을 팔고 떠들
고 서로 이름을 부르느라 시끄러운 소리가 들렸다. 여기에 있으니까
온갖 기억들이 다 떠올랐고 다시 그 시간들로 돌아가고 싶었다. ‘어떻
게 지내요?’라는 질문을 들을 때마다 코스타리카의 ‘푸라 비다’가, 행
복하게 잘 지낸다고 대답할 때는 베네수엘라의 ‘체베레’가, 누군가가
나한테 고마움을 표할 때는 ‘괜찮습니다’보다는 콜롬비아의 ‘시엠프
레 아 라 오르덴’이 그리웠다. 무슨 말인지 못 알아들을 때는 에콰도
르의 ‘만데?’가, 칠레 사람들이 뭔가를 설명하고 나서 행복한 톤으로
말하는 ‘차차이, 포’가, 멕시코 사람들이 나한테 무슨 말을 하려고 할
때 사용한 ‘안달레’가 그리웠다. 페루 사람들처럼 나도 친구들을 부를
때 ‘파나’라고 하고 싶었고, 뭔가를 원할 때는 니카라과 사람들처럼
‘프리메로 디오스’라고 말하고 싶었다.

히스패닉 형제들이 나한테 가르쳐 준 모든 것을 내가 간직하고 싶
어 한다는 것을 이 축제를 통해서 깨닫게 되었다.

히피들 사이에서

그토록 좋아하는 산에 다시 올랐다. 그레이엄을 안전하게 천천히 몰았다. 서부영화에서 나오는 것같이 폐허가 되고 유령이 나올 것 같은 마을들을 지나갔다. 메마른 땅을 계속 가다가 물고기가 가득 차 있는 물웅덩이가 있는 커브길에서 차가 갑자기 덜컹거리기 시작했다. 핸들을 꺾으려고 했지만 중심을 잃었다. 길이 끝나는 곳이 낭떠러지인데도 보호펜스가 없었고 차는 한 바퀴 돌면서 뒤로 해서 낭떠러지로 가기 시작했다. 브레이크를 밟으면 차가 전복될 수도 있고 속도를 유지하면 떨어질 상황이었다. 그 어느 때보다도 더 세게 엑셀을 밟았다. 다행히도 반대편 차선에서 차가 한 대도 오지 않았다. 나처럼 소리를 많이 지른 칸데가 차를 좀 세우라고 했다. 차를 세우고 심호흡을 하고 안도의 한숨을 내쉬었다. 팜파 혼자 웃고 있었다.

간이 떨어질 정도로 놀라고서 길을 계속 갔다. 메사 베르데 국립공원처럼 아름다운 장면들이 우리를 맞이했다. 내추럴 브리지 국립공원처럼 유타 주의 브라이스캐니언과 시온캐니언에는 큰 천연다리들이 있었다. 걸어가다가 한 가족을 만났는데 볼더에 있는 자기 집에 꼭 들르라고 했다. 아주 작고 예쁜 마을이었다. 그들은 완전 히피였다. 그들의 집은 유르트라고 하는 이글루 형태의 흰 텐트였다. 모닥불을 피워 놓고 거기서 음식도 하였다. 부부는 자신들이 직접 무두질을 해서 만든 사슴 가죽으로 두 딸 옷을 만들어 입혔고 외출할 때만 샌들을 신었고 헐렁하고 편한 옷을 입고 있었고 머리는 길렀다. 농사를 짓고 저장식품을 만들고 먹을거리는 자급자족했다. 단순함, 평온, 평화를 추구했다. 그들은 땅과 함께 하며 땅을 만지는 것을 매우 중요하게 여겼다.

"우리는 자연의 일부라서 그것과 대립하는 것이 아니고 그 속에 있습니다. 우리는 그것을 극복하려고 하지 말고 그것과의 완전한 조화 속에서 발전해야 합니다. 우리 몸이 얼마나 땅을 따르느냐가 우리 건강에 영향을 끼칩니다. 우리가 땅을 어떻게 하느냐에 따라 우리 건강이 결정되는 것입니다.”

그가 우리를 가르쳤다. 딸들은 행복해 보였다. 그녀들은 자기들이 씨 뿌린 것과 토끼들과 그 밖에 자기들이 돌봐야 하는 것들을 자랑스럽게 보여주었다. 조금의 스스럼도 없이 우리 손을 잡고 껴안았다. 팜파를 밖으로 데리고 가서 나무토막을 가지고 놀았다. 조금 있다가 보니까 팜파가 흙을 주워서 입으로 가져갔다. 나의 첫 번째 반응은 그것을 못하게 하는 것이었다.

“걱정 마세요. 아기가 흙이 필요해서 저런 거예요. 이 땅에는 화학물이나 독이 없으니까 몸에 좋을 거예요. 겨우 한두 번 정도 먹겠죠.”

남자가 충고를 했는데 그의 말이 옳았다. 팜파는 더는 먹지 않았다.

그 마을에는 더 큰 공동체가 있었는데 그들은 이동주택에서 살고 있었다. 그중 한 곳에 들어가서 깜짝 놀랄 만한 광경을 봤다. 미국 한복판에서, 남미에서 수만 킬로미터 떨어진 이곳에서 모두가 마테차를 마시고 있었던 것이다.

“생존에 관한 과정을 배우러 왔던 아르헨티나 사람 몇 명이 우리한테 맛보라고 줬는데 우리 몸에 좋은 성분이 들어 있는 것을 알고는 아주 좋아하게 됐습니다.”

마테차를 마시며 그들에 관해 이야기를 나누었다. 그들은 농사를 지으며 생존에 관한 강의를 하였다. 우리 여행과 그들이 여행하면서 터득한 것들에 대해 이야기를 하였다. 그들은 기적을 이해하였고 우리한테 일어났던 놀라운 일들과 우리가 그동안 사람들을 만나고 그들

이 우리를 환대해 주고 도와줬던 신비로운 일화들 앞에서 전혀 놀라지 않았다. 그럴 수밖에 없었던 것이 이 사람들도 계속해서 여러 사람들을 맞이하였고 자기들도 다른 사람들한테 환대받았기 때문이었다. 그들은 땅을 좋아했지만 한곳에 머무르지 않고 새로운 곳을 찾아 돌아다녔다.

"이 시대에 사회가 요구하는 리듬에 맞춰 사는 것은 갈수록 힘들어집니다. 먼저 라디오, 자동차, 텔레비전, 가전제품들, 전화기, 컴퓨터, 모바일 등이 나타나서 이런 것들을 가지게 되었을 때 새로운 사회가 갖추라고 요구하는 신형모델들이 출시되었습니다. 따라서 우리는 결코 끝나지 않는 경주에서 갈수록 더 빨리 달려야 하고 더 많은 노력을 해야 합니다."

어깨까지 머리가 내려오는 금발의 젊은이가 말했다.

"우리는 고속도로에서 내려와 더 천천히 가는 길을 택했습니다. 우리는 반대로 가는 것이 아니라 단지 좀 더 편안하게, 자연과 그리고 새로운 시간과 조화를 이루며 살아갑니다."

마테차를 맛있게 끓일 줄 아는 부인이 말했다.

악당들

돌아오는 길에 거대한 자연이 나타났다. 그랜드캐니언이었다. 다양한 색상과 형태로 이루어진 거대한 장관을 구경하면서 지나려면 몇 시간이 걸릴 것이다. 왕에게 하듯이 캐니언에게 인사를 했고 그 아름다움에 취하여 감동적인 장소를 만날 때마다 했던 조그만 의식을 치렀다. 검지에 물을 묻혀서 땅에 있는 붉은 흙을 찍어 입으로 가져갔다. 이제 이 땅은 나의 일부가 되었고 나는 이 땅의 일부가 된 것이다.

네바다 주의 사막을 횡단하고 웅장한 도시 라스베이거스의 매력을 흠뻑 즐기고 나서 다시 유명한 66번 도로를 탔다. 많은 이민자들이 좋은 기후와 해변과 영화와 꿈의 땅에서 다시 시작하겠다는 소망을 품고 달렸던 그 길을 통해서 캘리포니아에 들어갔다.

바로 여기, 사막의 길에서 우리는 가솔린이 떨어졌다. 여기는 주유소가 많을 거라고 생각했는데 한 군데도 보이지 않았다. 주유소를 찾기 위해 지도에 표시된 조그만 마을들을 들르기로 했다. 도착하니 마을은 거의 버려진 상태였고 주유소들은 오래전에 문을 닫은 것 같았다. 밤이 찾아와서 주유소를 물어보려고 처음 보인 집에서 차를 세웠다. 영화에서 악당으로 나올 만한 인상의 두 남자가 나타났다. 두 사람 다 줄무늬 목수 옷을 입었는데 한 사람은 배가 불룩 나왔고 턱수염을 아무렇게나 길렀고 헝클어진 머리카락들이 모자 밑으로 삐져나왔고 비쩍 말랐다. 앞니가 없는 또 한 사람도 며칠 동안 수염을 깎지 않은 듯했고 자기 동료가 우리한테 하는 말에 미소로 동의했다.

"수 마일 안에는 주유소가 없어요."

그가 말을 하는 동안에 나는 연료탱크를 살펴봤다.

"그 정도밖에 없다면 끔찍한 사막의 한복판에서 이 위험한 밤을 지

새워야 할 겁니다. 원한다면 다음 주유소까지 갈 수 있는 6갤런의 가솔린을 팔 용의가 있어요."

뚱뚱한 사람이 제안했고 마른 사람이 머리를 끄덕이며 동의했다. 시장 가격보다 세 배나 비싸게 주고 가솔린을 사니 도둑맞은 기분이었다. 거기다가 겨우 3마일 가니 주유소가 나타나서 속았다는 것을 알았다.

꿈을 꾸면 이룰 수 있다

로스앤젤레스에 들어가려면 많은 도시를 한꺼번에 통과해야 할 만큼 이 도시는 거대했다. 도착하자마자 우리를 자기 집으로 초대하려는 사람이 나타났으나 우리에게는 할리우드에서 기다리고 있는 사람들이 있었다. 거기서는 영화배우, 작가, 영화감독들의 집에서 잤다. 우리가 묵고 있는 집의 영화감독은 70년대에 친구들과 함께 남미의 대부분 지역을 자전거로 여행했다. 우리한테 소개해 준 친구 중에서 우리 이야기를 영화로 만들자고 제의하는 사람이 있었다. 플로리다에서도 그런 사람이 있었는데 우리는 그에게 대답한 것처럼 이 사람에게도 똑같이 말했다.

"이 책을 다 쓰고 나면 생각해 보겠습니다만 지금은 아닙니다."

여행을 하다가 아르헨티나 레스토랑에 들러 우리 책 스페인어 판을 팔 수 있는 기회를 갖게 되었다. 모든 사람들이 책에 관심을 가졌다. 미국인, 아랍인, 아시아인, 이탈리아인, 히스패닉. 그들은 우리의 종교나 국적, 심지어 우리가 갖고 있는 사상에는 아무런 관심이 없었고 오로지 모든 사람들이 품고 갈망하는 꿈을 우리가 이루어가고 있다는 것에만 관심을 보였다.

한 초로의 신사에게 사인을 해주면서 우리가 알래스카에 도착하면 연락을 할 수 있도록 주소를 가르쳐 달라고 부탁했다. 그 남자는 주소를 가르쳐 주면서 자기 팔뚝에 문신으로 새겨 넣은 숫자를 보여주었다. 혹시 2차 세계대전 때 한 것이냐고 물었다.

"네, 포로수용소에서 우리한테 한 것입니다."

스페인어를 완벽하게 구사하는 그 남자는 아무런 증오심도 없이 이야기해 주었다.

"그것은 몇 사람이 많은 사람들한테 저지른 실수였지요. 다시는 반복되지 않게 우리는 그 전쟁을 기억해야 할 것입니다."

"당신들이 알래스카에 도착하지 말기를!"

다른 사람들이 다 들리도록 한 사람이 고함을 쳤다.

"절대로 도착하지 말기를!"

"왜요?"

나는 화가 좀 나서 물었다.

"저는 아르헨티나에서 뉴욕까지 오토바이 여행을 해서 제 꿈을 이루었는데 도착하고 나니까 슬펐습니다. 꿈은 이루어 가고 있을 때가 제일 좋습니다."

그의 말이 맞았다. 캘리포니아에 도착한 이후로 이제 여행의 마지막 구간이고 더 이상의 일탈은 없을 거라고 생각하니 지금까지와는 다른 무언가를 느끼고 있었다. 어제 책을 사갔던 사람이 우리 옆으로 와서 충고했다.

"멈추지 마십시오. 절대로 그러지 마십시오. 나는 18년 전에 알래스카를 꿈꾸고 친구와 같이 로스앤젤레스에 도착했습니다. 앞만 보고 오다가 돈 좀 벌어 보겠다고 여기서 멈췄습니다. 당신들은 그러지 마십시오. 당신들 책을 읽으니까 내가 여행했던 모든 것들이 떠올랐습니다. 오늘 생각해 보니까 그 시기가 내 인생에서 최고의 날들이었다는 것을 깨달았습니다. 그때 우리는 여행을 계속하기 위해 돈을 벌었는데 아직도 우리는 이유도 모른 채 돈을 모으면서 거의 20년을 잃어버렸습니다. 내 인생에서 최고의 성과는 그 여행의 추억들입니다. 당신들은 나를 위해서라도 여행을 계속하십시오."

로스앤젤레스를 떠나기 전에 팜파 덕분에 디즈니랜드에서 일하는 사람의 초대로 거기서 신나게 놀았다. 월트 디즈니의 조각상 앞에서 다음과 같은 글을 읽었다.

'꿈을 꾸면 이룰 수 있다.'

"디즈니 씨, 당신 말이 전적으로 옳습니다!"

큰 소리로 조각상에게 말했다. 몇몇 사람들이 나를 바라보고 있어서 내가 말했다.

"이 조각상은 이 글이 무엇을 뜻하는지 확실하게 알고 있습니다."

첫 걸음

다시 보게 된 태평양 바다에 경배를 하고서 손을 담그고 몇 방울 맛을 보고 다시 산으로 오르기 위해 산루이스 오비스포에서 작별을 하였다. 세쿼이아 나무를 만지고 느끼고 껴안고 싶어서 산으로 올라갔다.

나무들이 보이기 시작해서 차에서 내려 서로 먼저 만지려고 달렸다. 무척 아름다웠고 믿을 수 없을 정도로 컸다. 이 나무들 사이를 걷고 있는 우리는 영락없는 개미였다. 엄청난 에너지를 뿜어내는 그 나무에 등을 기대고 앉으니 우리에게 많은 이야기를 들려주는 것 같았다. 산들과 마찬가지로 이 나무들도 최근 3천 년간 인류 역사의 말없는 증인들이었다. 모든 피라미드가 시작됐을 때부터, 많은 예언자들이 이 땅에 오기 전부터 콜럼버스가 아메리카 땅을 밟는 것을 봤고 인간이 달에 도착하는 것을 봤다. 수천 년 동안 일어났던 수많은 일들을 봤다. 우리가 그 일들을 생각하는 동안 팜파는 나무에 의지해서 발걸음을 떼기 시작하더니 드디어 나무에서 손을 떼고 자유로이 세 발자국을 걸어서 우리를 놀라게 했다. 자기가 갑자기 무슨 일을 했는지도 모른 채 우리에게 행복하고 예쁜 미소를 지었다. 칸데가 아기 팔을 잡고 몇 걸음 더 걸어갔다. 세쿼이아들은 이 작은 첫 걸음의 증인이 되었다. 그에게 인류에 대해 할 이야기가 하나 더 생겼다.

우리에게 일어난 일들, 우리 주변의 모든 일들이 행복해서 칸데에게 말했다.

"이제야 내가 어디서 살고 싶은지 알았어."

"어딘데요?"

조금 놀라는 눈치였다.

"당신 옆에서."

우리는 포옹을 했고 그녀는 이 거대한 나무들을 걸으면서 수첩과 연필을 꺼냈다.

너를 내 곁에 두면서부터 느낀 감정을 여기서 너를 보면서 이야기하는구나. 내 속에 품고 있는 사랑의 감정을 종이에다가 전부 털어놓을게. 네가 태어났을 때부터 내가 한 일은 너를 사랑한 것밖에 없다는 것을 너는 알게 될 거야.

너를 뱃속에 품고 있는 내내 나는 행복했고 자랑스러웠어. 불룩 나온 내 배를 사랑했고 너를 데리고 다니고 너를 느끼고 너에게 밥을 먹이고 기저귀를 갈아줄 때마다 너를 사랑했어. 노래를 불러주었고 쓰다듬어 주었고 이야기를 해주었고 네 몸 이곳저곳을 살펴보았어.

이제 너는 아기가 되었어. 아직은 어리니까 나는 너를 감싸고 품을 수가 있어. 네가 예뻐서 계속 뽀뽀를 하게 돼. 목에다 뽀뽀를 하면 너는 간지럽다고 웃고 우리는 그 모습을 보고 좋아서 웃지. 이제 젖을 물리니 너는 좋아하며 정신없이 젖을 빨아. 밥 먹으면서도 너는 이야기하는 것을 좋아해. 물론 네 말은 못 알아듣지만 알 것 같아. '따따'라는 소리밖에 안 들리지만 너는 눈으로 더 많은 말을 해.

알고 있니? 4일 전에 너는 나한테 큰 기쁨을 줬어. 너는 처음으로 내 팔을 잡으려고 팔을 뻗었어. 내가 너를 무척 사랑한다는 것을 알고서 안아달라고 그 앙증맞은 팔을 나한테 내밀었어. 그때부터는 진드기처럼 내 몸에 찰싹 달라붙었고 나는 단 일 초도 너를 떼어놓는다는 것을 상상도 할 수 없게 되었어.

너는 놀아주면 무척 좋아해. 너는 직감적으로 놀아줄 거라고 느끼면 불쌍해 보이는 척하면서 사방을 둘러보며 빨리 놀고 싶다는 마음을 감추지. 아빠와 나는 항상 너와 놀아주려고 해. 너는 아빠와 내가 너를 잡고 공중으로 살짝 던지는 놀이를 제일 좋아해. 너를 쫓아가는 놀이도 하면서 우리도 너처럼 아기가 되는 것을 보면 참 신기해. 너처럼 사방을 기어 다니고

아기 언어로 너한테 이야기하고 너의 장난
감을 즐겁게 가지고 놀아. 너는 해먹도 좋
아해서 흔들어 주면 익살스러운 표정을 지
으며 웃느라 넘어가. 우리도 네가 웃는 모
습에 홀딱 반해. 내 영혼의 기쁨은 세 배로
충만해져. 네 아빠의 기쁨, 너의 기쁨, 나
의 기쁨.

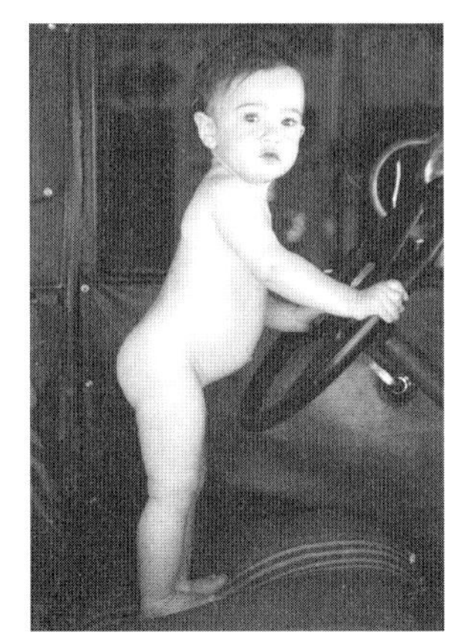

　　너하고 같이 여행을 하니까 정말 좋아.
네 아빠하고 종일 네 곁에 있으면서 네가 자라는 모습을 놓치지 않고 있어.
나는 네가 자라는 것은 좋지만 한꺼번에 다 크는 것은 싫어. 누가 내 마음
을 이해할까? 너는 위대한 여행가야. 너는 차를 타고 밤마다 낯선 곳에 들
르는 것을 좋아해. 네가 낯선 집에 들어갈 때마다 제일 먼저 하는 일은 사
람들을 보면서 미소 짓는 거야. 그리고 너 자신한테 '여기는 어디지?'라고
물어보는 표정을 지어. 그러나 너는 걱정해서가 아니라 호기심이 발동하
는 것 같아. 너는 빨리 적응을 해서 아빠가 말하는 것처럼 잠자는 데는 챔
피언이야. 너는 바닥에 임시로 만든 침대에서 자는 데 익숙해졌어. 너는
항상 기린 인형하고 같이 자.

　　우리는 네가 낮잠 자는 시간에 여행을 하고 네가 걷고 놀도록 이전보다
훨씬 더 자주 멈춰. 또한 네가 우리 옆에 있게 된 후로 나는 네가 잘 때만
부조종사 역할을 할 수 있고 네가 안 자면 아빠와 같이 노래도 불러주고
이야기도 해주면서 가능한 한 네가 즐겁게 여행할 수 있도록 너하고 놀아.

　　우리는 가능한 한 너에게 많은 공간을 만들어 주려고 노력해. 작은 의
자를 앞좌석과 뒷좌석 사이에 만들어서 너를 거기에 앉히면 너는 경치를
봐. 그레이엄 뒷부분은 너의 방이야. 인형이 걸려 있고 네 좌석 뒤에 있는

테이블에는 장난감들이 쌓여 있어.

너도 이제 한 살 어린이가 됐어. 사방을 다 기어 다니고 손으로 못 잡는 것이 거의 없어. 한 번씩 차를 세워놓고 몇 시간씩 책을 팔게 되면 너 혼자 놔둘 수 없기 때문에 우리 둘 중 한 명이 책을 팔고 한 사람은 너에게 걷는 연습을 시켜. 아니면 네가 차 디딤판을 붙잡고 서서 걸음마 연습을 하도록 놔둬.

너를 안고 있는데 사인을 해야 할 경우에는 너를 잠시 안고 있어달라고 부탁해. 경험이 있는 사람들은 괜찮은데 그렇지 않은 사람들이 너를 안고는 어떻게 해야 할지 몰라 당황해 하는 표정을 보면 참 재미있어. 그러면 너는 성인처럼 조용히 그들을 바라보고 있는데 그들은 네가 기분이 좋아서 그런 모습으로 있다는 것을 모르고는 당황해서 너를 급히 우리에게 다시 넘겨줘.

나는 어떻게 네가 이 꿈의 별이 됐는지 모르겠어. 사람들은 우리나 차보다도 너의 안부를 더 물어봐. 텔레비전이나 신문도 마찬가지야. 전부 너에 대해 알고 싶어 해. 너를 갖기 전에 네가 태어나면 우리 여행이 어떻게 될까, 어떻게 바뀔까 생각했어. '사람들이 우리를 계속 환대해 줄까?' '우리 아들이 여행하는 것을 좋아할까?' '아프지 않을까?' 같은 질문들을 했어. 그러나 네가 태어났을 때 우리가 상상도 못한 일들이 일어났어. 너의 존재가 그 모든 의심을 한꺼번에 다 날려버린 거야. 각처에서 할아버지, 할머니, 삼촌들, 형제들, 사촌들이 널 보러 와서는 나중에 네가 크면 자기들을 다시 방문해 달라고 부탁해. 네가 커서 그들을 찾아가서 큰 기쁨을 줄지 또 알아?

엄마가 너한테 아주 특별하고 간단한 부탁 하나 할게. 너는 너를 반겨준 그들과 이 여행에서 우리를 도와준 사람들을 절대로 잊어서는 안 돼.

너를 필요로 하고 자기들 꿈을 이루어 가고 있는 모든 사람들에게 너의 집 문과 너의 마음을 열어줘. 너는 그들에게서 많이 배울 거야. 네가 그들에게 무엇을 줄 건지, 많이 줄 건지, 적게 줄 건지는 중요하지 않고 준다는 것이 중요해. 그것이 바로 너를 위해서 침대를 만들어 준 그 사람들한테 보답하는 길일 거야. 어느 누구도 우리 아들한테 문을 닫지 않았고 그것도 즐거운 마음으로 열어주었어.

팜파야, 오늘 너는 첫 걸음을 뗐어. 걷기 위해 너는 수도 없이 많이 넘어졌지만 계속 시도했어. 신은 앞으로 네가 도전하고 넘어지더라도 다시 일어나서 너의 길을 걸어가길 바라셔. 여기서 이렇게 너를 보고 있으니까 정말로 사랑스럽다. 팜파야, 우리 꿈에 온 너를 환영한다. 너를 무척 사랑해. 엄마가.

헝겊 공

일주일간 아름다운 요세미티 국립공원을 관광한 후 고속도로가 아닌 길을 찾아서 태평양 쪽으로 다시 갔다. 샌프란시스코에 도착하고 아버지 아파트 문을 두드리니 아주 이상한 기분이 들었다. 알래스카까지 차로 갈 거라는 계획을 그에게 말했던 것이 기억났다. 그때 아버지는 "엉뚱한 짓 하지 말고 제발 크루즈로 가라"로 간청했다.

아버지의 부인 수잔이 우리를 맞아 주었다. 그녀는 우리를 친자식처럼 반갑게 맞아 주면서 아버지가 일하는 곳으로 데려다 주었다. 아버지와 함께 며칠을 같이 보냈다. 나는 할아버지가 된 아버지의 모습이 보기 좋았다. 아버지는 팜파를 해변, 골든게이트 공원, 동물원 등에 데리고 갔다. 한 번은 공원에 갈 때 나도 같이 가서 그들이 노는 모습을 봤다. 할아버지와 손자가 모래에 앉아서 놀았다. 아버지가 나를 해먹에 태워서 밀어주고, 학교 교문에서 나를 기다리고, "왜 그래?"라는 내 질문에 대답해 주고, 밤에 무서울 때 아버지한테로 가서 숨고, 아버지에게 연을 높이 날려달라고 부탁했으면 얼마나 좋았을까! 나는, 우리는 너무나 많은 것을 잃었다. 손자하고 노는 아버지를 보면서 나는 그런 생각에 잠겼다.

"허면, 무슨 생각을 하고 있니?"

"아무것도 아니에요. 그냥 여기 있는 모든 것이 아름다워서요."

아름다운 이 순간을 깨트리고 싶지 않아서 거짓말을 했다.

"그래, 정말 아름답다. 여기가 미국에서 가장 아름다운 도시야. 그런데 너한테 이야기할 게 한 가지 있다. 나는 여기서 거의 40년을 살았는데 내가 킬메스와 샌프란시스코 중에서 한 곳을 다시 선택할 수 있다면 어디를 택할지 모르겠다."

아버지는 부모를 따라 여기로 오기 전에 아홉 살 때부터 스무 살 때까지 살았던 아르헨티나 부에노스아이레스에 있는 한 지역을 언급하였다.

"나는 거기 선반공장에서 몇 시간씩 일했다. 그러다가 동네 애들과 어울리기 시작했어. 항상 시동이 잘 안 걸렸던 스쿠터를 타고 다녔지. 친구들하고 재미있게 놀았고 춤추러 갔고 여자애들을 꼬셨고 축구를 했고…… 부모님한테 여기로 올 수 있는 기회가 찾아왔을 때 나는 너의 엄마와 연애를 하고 있었기 때문에 따라오고 싶지 않았다. 결국 부모님은 가서 마음에 안 들면 돌아올 수 있다는 말로 나를 설득했다. 그러나 일자리를 구해서 3개월 급여로 재규어를 외상으로 살 수 있었는데 어떻게 돌아올 수가 있었겠니? 나이 스무 살에 스쿠터에서 재규어

로 바뀐 내 모습을 상상해 봐라.”

아무 말도 안 하고 제임스 딘과 같은 멋진 모습의 그를 상상했다. 아버지는 다시 말을 시작했는데 이번에는 슬픈 어조였다.

“아르헨티나에서는 스쿠터를 타고 친구들과 놀러 다녔는데 여기서는 재규어를 타고 고속도로를 달렸지만 혼자였다.”

“여기서는 친구들을 안 사귀셨어요?”

“물론 사귀었지. 그러나 그전과는 같지 않았어. 네가 말도 안 통하는 아주 낯선 곳에 방금 도착했는데 사람들이 네 말을 듣고 어디서 왔는지 물어보는 것을 상상해 봐라. 이 세상에서 가장 살기 좋은 곳이 어디겠니? 너의 친구들이 있는 곳이야. 혼자 가죽 공으로 노는 것보다 친구들이랑 헝겊 공으로 놀 수 있는 곳이 더 좋은 곳이다.”

잊지 마세요

소살리토에 가기 위해 골든게이트 현수교를 건넜는데 매우 아름다웠다. 독립기념일을 축하하는 자동차 시가행진에 참가하고서 그들과 아주 친해져 공원에서 같이 저녁을 먹고 이야기를 나누었다. 평상시보다 마음이 더 편했다. 여기서는 우리에 대해 많이 알려져서 굳이 우리 책을 선전하지 않아도 많은 사람들이 우리를 보자마자 책을 요구했다.

샌프란시스코로 돌아가다가 주유소에 들렀다. 거지 한 명이 다가와서 마리화나를 부탁했다. 그는 맥주 한 캔을 들고 있었는데 아직 많이 취한 것 같지는 않았다. 나는 담배를 피우지 않는다고 했다. 내 말을 듣더니 어디서 왔느냐고 물었다. 여행 중이라고 대답하니 내 말을 믿지 않았다. 내 말을 입증하기 위해 책을 보여주었다.

"이거 살 수 있습니까?"

"그럴 필요 없습니다. 선물로 드리겠습니다."

"아닙니다. 제가 사고 싶어서 그러는 겁니다."

그는 나에게 맥주를 주면서 들고 있으라고 하고는 땅바닥에 앉아서 신발을 벗고 거기서 구겨지고 젖은 지폐를 꺼냈다. 그 돈을 거의 다 나한테 줘서 나는 가격이 10달러라고 말하며 다시 돌려주었다. 그는 계속 우겼고 나는 계속해서 돌려주었다.

"나는 지금까지 살면서 한 일이 별로 없어요. 그렇지만 제이미 토마슨이 꿈을 이루는 데 도움을 줬다는 것을 잊지 마세요!"

그가 주머니에서 달러를 더 찾으며 기쁘게 소리쳤다. 칸데와 나는 그에게 포옹을 하고 헤어져 차에 올라탔다. 그는 우리에게 하고 싶은 말이 더 있는지 칸데한테 창문을 내리라는 제스처를 했다. 창문을 내리는데 그가 차 안으로 가지고 있던 돈을 전부 다 던졌다.

"당신들보다 이 돈을 더 의미 있게 쓸 사람들은 없을 거예요."

"이 여행에서 몇 킬로미터는 당신 겁니다. 제이미, 당신 거예요!"

맥주 캔을 높이 들어 우리를 위해 건배하는 그를 우리 가슴에 담았다.

샌프란시스코와 헤어지는 것이 너무 아쉬웠지만 이 시간을 나의 가족과 같이 보냈고, 거기다가 장모님이 치료를 받고 많이 좋아지셨다는 소식을 듣게 되어서 행복한 마음으로 떠날 수 있었다. 팜파하고 같이 장모님한테 갔던 이후로 장인어른이 "병이 있는 것이 아니라 환자만 있다"라고 말한 것처럼 장모님 병세는 나날이 좋아졌다. 우리가 알래스카 가까이에 있다는 말에 우리가 곧 돌아올 수 있을 거라 생각하며 좋아하셨다. 장모님은 딸과 손자를 보고 싶어 죽을 지경이었다.

어느 평화로운 해안

알래스카까지는 아직 5천 킬로미터가 남았는데 아주 가까워 보였다. 이제는 남은 날과 남은 거리를 셀 수 있을 것 같았다. 해안도시를 달리면서 마을과 도시를 들렀다. 거의 모든 곳에서 우리가 지나간다는 소식을 전해 듣고는 우리에게 쉴 곳을 제공해 주고 자동차 시가행진으로 맞이해 주려고 기다리고 있었다. 심지어 우리를 가까이서 보려고 길로 뛰어드는 사람들도 있었다. 너무 많은 초대를 받아서 안타깝게도 대부분 거절해야만 했다. 그렇게 하지 않으면 우리는 목적지에 한겨울에 도착하게 될 것이다.

레드우드의 거대한 나무들로 둘러싸인 유레카에 도착하기 전에 포드A 몇 대가 한참 동안 우리 뒤를 따라오면서 우리를 에스코트했다. 우리는 트리니다드, 골드 비치, 리드스포트, 비버를 지나 포틀랜드, 오레곤까지 갔는데 거기서는 스콧과 캐리 하스가 우리를 기다리고 있었다. 그들은 국립공원에서 알았는데 그때 자기 집에 꼭 들르라고 신신당부를 했다. 저녁을 먹을 때 스콧은 캐나다 밴쿠버에서 미국 샌디에이고까지 대중버스만 타고 여행하려는 생각을 항상 가지고 있었다고 말했다. 시간이 지나면서 그 생각은 꿈이 되었고 그는 그 꿈을 이루기 위해 모든 수단을 다 찾아보았다.

"그러나 그건 그냥 꿈이었어요. 나는 남는 시간을 자료를 조사하고 지도를 찾아보면서 보냈어요. 그러나 그 꿈을 이루겠다고 굳게 마음먹은 적은 없었어요. 그 여행을 위해서 저축해 두었던 돈으로 국립공원에 갔다가 당신들을 만나고 그 책을 읽게 된 거죠. 당신들을 거기서 만난 것이 내 인생에서 얼마나 중요했는지 당신들은 상상도 못할 겁니다. 그 공원에 가서 얻은 것 중에서 최고였죠. 꿈은 이루어질 수 있다는 것을 그 책에서 읽었어요. 당신들이 여기 행복하게 있다는 것이 그것의 단적인 예죠. 이제 내 꿈의 시작도 실제로 아주 가까이에 있습니다."

우리가 떠난 지 얼마 안 되어서 그들에게서 이메일을 받았는데 자기들도 여행을 시작했고 밴쿠버에 있다고 했다.

아기 여행가

시애틀 여행은 아주 특별했다. 첫째로 벌써 오래전에 우리 이야기가 주요 일간지 두 군데서 큰 제목으로 소개되어서 찾아오는 사람이 많았다. 둘째, 우리가 도착하자 일간지들이 그림같이 예쁜 항구 앞에 있는 시장에 사람들을 초대하는 기사를 싣고 우리와 만남의 장소를 준비해서 구름 떼처럼 많은 사람들이 몰려왔다. 꿈을 달성할 목적지에 가까워졌다고 기뻐하는 우리만큼 그들도 행복해했다.

그곳을 지나던 한 젊은 여자가 우리를 보더니 그 자리에서 얼어붙었다. 사람들 질문에 정신이 없는 상황에서도 나는 계속해서 돌처럼 굳어버린 그 여자의 감동스러워하는 표정을 읽을 수 있었다.

"안녕하세요. 허먼이라고 합니다."

"네, 알고 있어요."

그녀가 조금 떨리는 목소리로 대답했다.

"세인트루이스에 살고 계시는 제 어머니가……."

말하면서 지갑에서 뭔가를 찾았다.

"제 인생에서 가장 힘든 시기에 이것을 보내주셨어요. 어떻게 아셨는지 저한테 뭔가 안 좋은 일이 일어났다는 것을 느끼셨나 봐요."

그녀는 편지를 꺼내고서 그것을 보여주며 계속 말했다.

"세인트루이스 일간지에 난 이 기사를 오려 보내주셔서 읽고 힘을 냈어요. 저한테 얼마나 큰 힘이 됐는지 당신들은 모르실 겁니다! 당신들이 저한테 희망과 기쁨을 주셨어요. 그러나 내가 가장 큰 감동을 받은 것은 당신들이 들르는 곳마다 많은 사람들이 몰려들어 이 꿈이 이루어질 수 있게 도와주는 것이었습니다. 저는 항상 혼자라고 생각했는데 그때부터 제가 필요로 하는 곳에서 도와줄 준비가 되어 있는 사람들이 주변에 많이 있다는 것을 알게 되었어요. 살아야겠다는 용기가 생겼고, 이제는……."

그녀는 말을 멈추더니 칸데와 팜파와 차를 봤다.

"새로운 삶을 사는 것 같아요. 당신들을 만나 이야기할 수 있으리라고는 상상도 못했어요. 거기다 당신들이 여기에 있으리라고는 꿈에도 생각 못했어요. 저는 이 시장에도 자주 오는 편이 아닌데 그냥 걷다 보니까……."

"이렇게 만나게 된 데에는 분명 특별한 이유가 있을 겁니다."

팜파를 안아보라고 그녀에게 안겨주었다.

"당신들 만난 이야기를 엄마한테 해주면 얼마나 행복해하실까요!"

"지금 바로 전화하는 게 어때요?"

내 말을 듣더니 그녀는 좋은 생각이라는 표정으로 휴대전화 번호를 누르기 시작했다.

"엄마, 지금 내 팔에 누가 있는지 아세요? 절대로 못 알아맞히실 거예요. 팜파예요! 네, 아기 여행가요! 이분들을 만나서 달콤한 꿈을 꾸고 있는 것 같아요."

어느 곳에서도, 모두에게 사랑이 있다

시애틀에서는 윌리 집에서 지냈다. 그도 그레이엄을 갖고 있었다. 그들은 우리를 위해서 뭐든지 하는 특별한 사람들이었다. 예를 들어 이 도시에서 우리한테 편지를 보냈던 사람들을 전부 다 초대해서 성대한 바비큐 파티를 벌여 주었다. 참석자들 중에서는 아흔 살쯤 된 부인이 있었는데 신문기사 오린 것들하고 이미 고인이 된 남편과 찍은 오래된 사진 한 장을 가지고 왔다. 두 명의 청각장애인들이 그 부인과 함께 왔다. 노트에 글을 써서 대화를 나누었다.

조금 있다가 다정하게 보이는 젊은 여행객 부부가 왔다. 그들은 아르헨티나 조그만 마을에서 결혼을 했다. 로스앤젤레스에서 온 또 한 명의 젊은이는 라디오에서 우리 이야기를 듣고 우리를 만나고 싶어서 비행기를 타고 왔다. 그레이엄 클럽 회원인 짐과 로버트 히스는 우리한테 필요했던 베어링을 우편으로 보내주었다.

바비큐 파티 다음 날 윌리가 차 상태를 물었다.

"기어박스에서 이상한 소리가 나요."

내 말이 끝나기도 전에 그는 작업복으로 갈아입고는 차를 들어 올렸다. 한참 지나서야 기어박스를 꺼내 들고 차 밑에서 나왔다. 곧바로 분해 작업을 시작하더니 중요한 부속 하나가 매우 닳은 것을 발견했다. 우리 차와 같은 종인 자기 차에서 기어박스를 뜯어내더니 우리 차에 장착했다. 차 정비를 다 끝내느라 자기 손자 생일파티에 늦었다. 도착하니 칸데와 팜파와 로드의 부인이 우리를 기다리고 있다가 거의 영어를 하지 못하는 아이 한 명을 소개해 줬다.

"러시아 체르노빌에서 왔어요. 치료를 받으러 매년 보름씩 여기에 와요. 원자력 발전소 폭발사고로 인한 피폭으로 그 도시의 다른 사람들처럼 병에 걸렸어요."

부인이 이야기했다. 부부의 딸이 그 아이의 여행 경비와 치료비를 책임지고 있다는 것을 알게 되었다. 그 딸은 돈이 많은 것이 아니라 그 비용을 마련하기 위해 1년 내내 열심히 일을 해야 했고 또 그 자식들은 거기에 불만을 갖지 않을 뿐만 아니라 도리어 그 아이를 돕는 데 힘을 보태고 있다는 사실에 더 놀랐다.

"우리는 세상이 바뀌기를 원하지만 우리 힘으로는 할 수가 없습니다. 그래서 우리는 일을 하기 시작했고 이 일을 하면서 무척 행복했어요."

러시아 아이의 천사 같은 대모가 말했다.

"많은 사람들의 이름으로 당신한테 말씀드립니다. 고맙습니다, 정말 고맙습니다!"

시장에서 친구들과 3일간 보내고서 시애틀과 작별을 했다. 항상 그랬던 것처럼 여기서도 더 있고 싶었다. 그러나 오래전에 초대받은 자

동차 전시회가 개최되는 캐나다 밴쿠버 섬에 가기로 약속을 했기 때
문에 아쉬움을 간직한 채 떠났다.

동차 전시회가 개최되는 캐나다 밴쿠버 섬에 가기로 약속을 했기 때
문에 아쉬움을 간직한 채 떠났다.

캐나다로 다시 돌아가다

박수갈채

밴쿠버 섬으로 가는 카페리를 탔다. 상상도 못할 정도로 성대한 환대를 로이가 준비해 놓고 있었다. 항구에 도착하기 전에 사방에서 온 배들이 만에 도착하는 것과 공군 곡예비행팀이 어려운 곡예를 하면서 멋진 장면을 연출하는 것을 봤다. 게다가 배에서 내리는데 많은 사람들이 박수를 치면서 우리를 맞이했고 로이가 큰 꽃다발을 우리에게 안겨주었다.

"비행기 좋아해요? 내가 얼마나 많은 돈을 썼는지 모를 거예요. 그러나 신경 쓰지 마세요!"

우리 도착에 맞춰 우연히 곡예비행이 이루어지고 있는 것을 보고 그가 행복한 웃음을 지었다.

"로이, 이 사람들이 전부 누구예요?"

"아, 카페리 타려고 하는 사람들이지요. 당신들이 도착하면 박수로 환영해 달라고 부탁했어요."

우리 친구는 자기 고향에서 우리를 위한 계획을 다 잡아 놓았다. 먼저 우리가 묵을 집으로 데려갔는데 그 집 주인이 휴가 중이어서 우리끼리 있을 수 있게 되었다. 집안으로 들어가니 아르헨티나 물건들이 눈에 많이 띄었다. 포도주, 햄, 치즈, 서적, 그리고 아르헨티나 음악까지 있었다. 그 다음 날부터 로이는 우리를 자동차 클럽 모임에 데리고 다녔는데 로이의 광고 덕분에 참석한 사람들은 우리에 대해 알고 있었다. 시장이 환영한다며 상패를 수여했고 또 클럽 회장이 결정하는 최고의 차에 주는 상을 받았고 그 외에도 많은 사람들한테 선물을 받았다.

사람들이 계절 때문에 우리 걱정을 해주었다. 추위가 빨리 찾아와서 우리가 만났던 관광객들은 돌아가고 있었다. 그중 한 사람이 말했다.

"하늘에 날아가는 새들을 보세요. 당신들은 너무 늦게 도착했어요."

우리와 반대쪽으로 날아가는 새들을 보았다.

"알래스카에는 이번 겨울과 지난 겨울 두 계절밖에 없어요."

다른 사람이 말했다.

"충분할 만큼 차 난방이 안 되니 물과 연료가 얼지 않게 전기 난방 시설을 해야 해요. 그리고 눈보라에 대비해서 음식상자, 삽, 외투, 열기를 보존할 양초를 꼭 가져가야 해요."

봉인된 말들

밴쿠버로 돌아가는 카페리에서 칸데가 글을 쓰고 있었다. 최근 들어서 그녀는 글 쓰는 횟수가 잦아졌다. 아마도 우리 꿈을 거의 다 이루어가고 있는 시점에서 나중에 추억으로 떠올리고 싶은 것들을 간직하고픈 마음인 것 같다. 그녀가 흘리는 눈물이 그녀의 글씨들을 적시고 있다. 그녀는 펜으로 써서 마음으로 봉인하였다. 그녀가 다 쓴 것을 보고 보여 달라고 했다.

이제 거의 다 왔다. 이제 얼마 안 남았다. 왜 그런지 눈물이 난다. 그토록 와 보고 싶었던 도시, 우리 집에서 아주 먼 도시, 우리 목적지에서 가까운 도시 밴쿠버. 그런데 내 목적지는? 알래스카! 목적지가 많은 것 같다. 지금 내가 바라는 목적지는 꿈을 이루는 것이다. 긴장된다. 마음을 진정시키고 싶지만 잘 안 된다. 여행하는 동안 언제 긴장을 했지? 떠나기 일주일 전, 차에 시동을 걸고 집과 가족과 친구들을 떠나기 일 분 전. 첫째 날이 오늘처럼 생생하게 기억난다. 나는 모든 것을 잊고 있었던 것 같았다. 내 주위의 모든 것이 시속 40킬로미터로 움직일 때 내 마음은 시간당 천 번의 회전을 했다. 걱정을 많이 했는데 지금 생각해 보면 다 쓸데없는 기우였다. 처음에는 무척 두려웠지만 이제는 그때 내가 느낀 것을 볼 수 있고 설명할 수 있다.

지금 느끼는 것은 언제 설명할 수 있을까? 알래스카에서? 아직 모르겠다. 지금도 긴장은 되지만 이전과는 다르다. 이번에는 도착하고 싶으면서도 도착하고 싶지 않다. 내 몸은 놀라움이 기다리고 있는 낯선 곳으로 가고 있고 내 기분은 나를 놀라게 했던 과거로 간다.

어제 어떤 부인이 인사를 하면서 말했다. "나는 꿈을 좇는 용기를 가진 어떤 부인의 손을 잡고 싶어서 왔어요." 서로 힘차게 악수를 하는데 눈물이 흘러내렸고 다리가 후들후들 떨렸다. 그 부인이 진짜로 나를 존경한다는 것을 그녀의 말에서, 특히 내 손을 잡을 때 느낄 수 있었다. 그 동안 많은 사람들이 우리를 존경했는데 이번에는 왜 떨렸을까? 목적지에 거의 다 왔기 때문일 것이다. 악수를 하면서 그동안 걸어왔던 길들이 보였다. 여행을 꿈꾸었던 어릴 적 내 모습과 밴쿠버 섬에서의 내 모습이 보였다. 내 자신이 존경스러워서 떨었던 것이다.

그 부인이 가고 내가 돌아서는데 거기에 그레이엄이라고 부르는 꿈의 자동차가 있었다. 그것을 바라보니 더 크고 더 힘세고 더 멋지게 느껴졌다. 여행을 처음 시작했을 때의 모습이 아니었다. 그때 의문이 들었다. 우리를 지도 반대편으로 데려다 줄 수 있을까? 전에는 그레이엄이 나이가 들어 약하고 부서질 것 같고 조그맣게 보였는데 시간과 경험과 킬로미터들이 그를 강하게 만들었다. 우리한테도 그와 같은 일이 일어났다. 매 킬로미터마다 우리는 강해진 것이다.

나한테 흘러간 1분, 1분은 내 속에서 계속 살아 있다. 나는 매 킬로미터를 확고한 마음으로 밟았고 느꼈다. 지금 내가 바라보고 있는 나는 이전과는 다른 나다. 나도 모르는 사이에 나는 성장했고 사람들은 나에게 다른 방식으로 세계를 보여주었다. 지금은 어떤 기분이지? 모르겠다. 어떻게 나를 차분하게 진정시킬 수 있을까? 최근에 그 대답을 찾고 다시 기운을 내기 위해 사람들이 하는 말을 들었지만 못 찾았다. 많은 사람들이 앞을 바라보면서 나한테 말했다. "이제 얼마 안 남았네요." "그 다음에 뭐할 거예요?" "여행 안 하고 어떻게 견딜 거예요?" 이 말들이 나를 더 긴장하게 만들었다.

그때 나는 내 옆에 답이 있다는 것을 깨달았다. 항상 내 곁에 있으면서 새로운 사진으로 장수가 늘어나는 앨범이었다. 이 앨범에서 내가 걸어온 모습을 보고 있으면 마음이 진정되었다. 최근 몇 년간 내가 치열하게 살았다는 것이 놀랍다. 사진 한 장 한 장마다 이것은 시간이고 이것은 공간이고 이것은 사람들이라고 말한다. 그 사진들을 보고 있노라면 마음이 평화로워진다. 그러나 어제뿐만 아니라 내일도 차분해진다. 허먼이 아주 확실한 말을 한다. "나는 알래스카가 우리 꿈의 끝이 아니라 또 다른 꿈의 시작이라고 생각해." 과거는 확실하고 미래는 불확실하다. 비록 나는 불확실함이 두렵지만 언젠가 미래도 현재가 될 거라는 것을 이제 알았다. 이제 알래스카에 거의 다 왔으니까 불가능이란 없다는 것을 알았다.

칸데의 글을 다 읽었다. 이제는 내 눈물이 그 글을 봉인했다.

다시 부분이 되다

프린스조지 가는 길에 잭이 기다리고 있었다. 그는 여든쯤 된 노인인데 '아르헨티나'라고 쓴 종이를 들고 있어서 한눈에 알아보았다. 그의 집에 도착하니 아주 놀라운 것을 보여주었다. 그 전에 자기 집에서 맞이했던 또 다른 두 명의 아르헨티나인들의 사진이었다. 포드T를 가지고 알래스카까지 여행한 젊은이들이었는데 이들이 결혼식장에 그 차로 데려다 준 부부를 우연히도 우리는 에콰도르 만타에서 만났다. 잭은 당시에 그 포드 차를 수리하면서 일어났던 일을 거친 목소리로 이야기해 주면서 자기가 그 꿈의 부분이 되었다는 것을 무척 자랑스러워하고 있었다. 그 두 젊은이는 '단지' 잭의 꿈을 실현시켜 주기 위해 여기 캐나다까지 여행한 것 같았다.

다음 날 아침을 먹을 때 잭은 벌써 작업복을 입고 있었다. 그는 알래스카로 가는 아르헨티나 여행객들을 맞이하고 그들의 차를 수리하는 데 익숙해진 것 같았다. 곧바로 정비할 곳을 찾아내고 그것을 도와줄 용접공을 찾았다. 그가 일을 다 끝내고서 우리는 그와의 인연에 감동받았고 우리의 꿈을 그에게 넘겨주고 헤어졌다.

곰들의 강에서 보니와 클라이드

평상시보다 더 많은 거리를 달렸다. 강 가까이에 통나무로 지은 아름다운 집들이 있는 곳에서 차를 세웠다. 거기에 살고 있는 사람들은 매우 친절해서 우리에게 며칠 지내고 가라고 했지만 새들이 날아가는 것을 보니 그럴 수가 없었다. 우린 아직 갈 길이 남았다.

숲 사이로 난 포장도로를 달리기도 하고 빙하가 흐르는 큰 산길을 달리기도 했다. 엘크와 흙곰들이 지나가는 것도 봤고 새끼 두 마리를 데리고 가는 곰하고 마주치기도 했다. 곰들을 더 보려고 미국과 알래스카에 속해 있고 백 명 정도가 사는 조그만 마을 하이더까지 갔다. 거기에 가기 위해서는 캐나다를 출국해야 했고 들어가는 데 국경관리소 같은 것은 없었다.

하이더는 길이 겨우 3킬로미터밖에 안 됐고 알래스카에 속해 있지만 알래스카에 도착했다는 느낌은 들지 않았다. 산란을 위해서 이 마을에 흐르는 조그만 강에 도착하는 수천 마리의 연어들을 곰들이 기다리고 있었다. 곰들은 인간을 두려워하지 않아서 아주 가까이에서 그들을 볼 수 있었다. 연어들이 많이 몰려와서 곰들은 자기들이 좋아하는 것을 잡아서 좋아하는 부위만 먹었다. 그들의 큰 덩치에 비해서 손톱은 내 새끼손톱만 하고, 또 한두 번 물어뜯어서 연어 한 마리를 통째로 먹어치우는 모습이 놀라웠다.

"곰들은 먹성이 대단합니다. 먹을 물고기가 많다는 것을 우리보다 더 잘 알고 있어요."

사냥복을 입고 있는 사람이 말했다.

"해마다 곰들이 공격하는 일이 발생하지만 대부분 놀라게 하면 도망을 칩니다. 숲으로 들어갈 때 소리를 크게 지르고 스프레이를 가지고 가십시오. 나는 두 번 사용했는데 효과가 있었어요. 그렇지 않았더라면 여기서 당신들한테 이런 이야기를 하고 있지 못했을 겁니다.”

곰을 연구하고 사진을 찍는 사람이 설명을 해줬다.

캐나다로 돌아가기 위해 하이더를 떠나는데 이번에는 국경관리소가 있었다. 제복을 입은 여인이 차를 세우라고 신호를 보내면서 나한테 어디까지 갈 건지 물어보았다. 그때 나는 차를 움직이기 시작했다.

“차에서 내려요!”

그 여자경찰이 소리를 치고는 앞으로 오더니 우리를 강제로 체포하려고 하였다. 우리는 차를 세우고 내렸다. 아까보다는 조금 누그러진 목소리로 차 앞으로 가라고 지시했다. 그녀는 흰 장갑을 끼고 다른 여자경찰한테 도와달라고 부르더니 둘이서 전부 다 검사를 했다. 내가 마리화나를 피우는지 검사하려고 화학약품 처리가 된 천으로 핸들을 닦아내더니 다른 곳과 가방 안에도 반응 검사를 했다. 나는 하이더에서 세 시간 정도 있다가 캐나다로 돌아가는 길이라고 말하려고 했다.

“저기 뒤에, 내가 지시한 곳에서 기다리고 있어요. 질문하는 것에만 대답하세요!”

권위적인 목소리로 명령했다. 보니와 클라이드*를 신고하면 현상금을 준다는 전단지가 우리가 있는 이 먼 곳에서도 걸려 있는 것이 아닌가라는 생각이 들면서 웃음이 피식 나왔다.

“왜 웃는 거죠?”

그녀가 화가 나서 말했.

---

* 1930년대를 풍미했던 미국의 강도 커플. 이들의 이야기는 1967년 영화화되어 우리나라에 〈우리에게 내일은 없다〉라는 제목으로 상영되었는데, 원제는 〈보니와 클라이드〉이다.

"믿을 수가 없어서요. 우리는 마약으로, 무기로, 밀수로 유명한 국가들의 국경을 25번이나 넘었는데 한 번도 검사를 받지 않았습니다. 그런데 겨우 곰밖에 없는 조그만 마을에서 세 시간 정도 있다가 오는데 검사를 다 하시니……. 미안합니다만 정말 웃겨서요."

"나는 임무를 수행하고 있습니다!"

그녀는 우리한테 서류를 넘겨주면서 자신의 행동을 정당화했고 우리한테 따라오라는 신호를 했다.

돌아가기 위해서 도착해야 한다

60년대 트럭을 캠핑카로 개조해서 6년 전부터 세계여행을 하고 있는 독일 가족과 같이 밤을 보냈다. 여행을 시작하기 이틀 전에 부인이 임신했다는 사실을 알게 되었지만 그것 때문에 자신들의 꿈을 포기할 수는 없었다. 오늘 그 딸이 여섯 살 생일을 맞이했다.

346

"처음에는 아기랑 여행한다는 것이 불가능하다고 생각했어요. 그런데 이제는 이 애가 없었더라면 여행을 할 수 있었을까, 라는 생각이 들어요. 태국과 베트남 같은 나라에서 우리 딸은 애들하고 놀면서 그 나라 언어를 배웠고 그 덕분에 시장에서 물건 사는 것과 같은 간단한 일은 딸의 도움을 많이 받았어요."

아버지가 말하였고 그 딸은 팜파하고 노느라 정신이 없었다.

우리는 호수 앞에 있었다. 거기까지 우리 발자국이 남아 있었다. 주변을 돌아다니다 아주 울창하고 고요한 숲으로 들어가니 독수리 한 마리가 나의 나타남을 알렸다. 나지막하게 휘파람을 불며 걸었다. 이 넓은 숲 속을 거닐고 곰한테 겁을 주려고 휘파람을 불고 있는 내 자신을 바라봤다. 내가 이렇게 하리라고는 상상도 못했다, 더군다나 이런 장소에서는!

꿈을 이루기 위해 시작하였고, 우리가 지나가는 모든 길과 팜파의 출산에서 도움을 받고, 카누를 만들고, 아마존을 횡단하고, 돈이 하나도 없이 지내고, 칸데가 그림을 그리고, 우리 둘이서 글을 쓰기 시작하고, 아들을 갖고, 친구들을 사귄다는 것은 상상도 하지 못한 일들이었다. 단지 우리는 대륙을 여행하기 위해 출발하였는데 그것이 우리의 삶이 되어버렸다. 우리는 우리의 출발을 알았고, 신은 우리의 종착지와 귀향을……. 우리는 귀향에 대해서는 아직 구체적인 계획이나 생각이 없었다.

모두들 우리가 알래스카에 도착하면 무엇을 할 건지 계획을 세워놓았느냐고 물었다. 이 목적지까지 오는 데 시간이 너무 많이 걸려서 어떻게 돌아갈 건지 생각하고 싶지 않다. 우선 알래스카에 도착해서 거기서 살면서 그곳을 즐기고 싶다. 어떻게 돌아갈지는 모른다. 확실한 것은 집으로 돌아갈 때 차를 가지고 가는 것은 우리 능력 밖의 문제라는 것이다. 그러나 돌아가기 위해서는 먼저 도착해야 한다.

인생은 퍼즐게임 같아서 재미있기도 하고 지겹기도 하고 어렵기도 하고 쉽기도 하다. 이것은 너무나 약해서 아차 하는 순간에 다 망가질 수가 있다. 그러나 재미가 있어서 항상 다시 시작할 수 있다. 어쨌든 우리는 귀향을 시작할 것이다.

또 다른 꿈의 시작

네댓새만 있으면 도착할 수 있을 것 같았다. 우리 마음처럼 주위가 무척 아름다워서 조용히 그것을 음미했다. 뭔가를 가리키거나 어떤 장소나 사람에 대한 추억을 나누기 위해서만 그것을 깨트렸다. 길거리에서 장사를 하던 대부분의 장사꾼들은 시즌이 끝나감에 따라 대부분 철수하였다. 이제 남쪽으로 날아가는 새들도 거의 없었다. 우리는 계속 북쪽으로 갔다.

칸데가 공책에다 글을 썼다.

2003년 8월 11일, 캐시아 고속도로, 브리티시 콜롬비아, 캐나다, 알래스카가 저기에 있다. 매우 빨리 도착했다. 내 앞의 길을 보는 이 순간, 마음이 감정들과 함께 항해를 한다. 잊고 있었던 어려웠던 순간들이 떠오른다. 친구들, 미소들, 축제들, 말들, 휴식, 어느 오후, 기뻤던 일들, 슬펐던 일들, 모든 것들이 서로 다른 방향으로 항해한다. 사람들한테 소식을 알려줬을 때 그들이 어떤 표정을 지을지 상상할 수 있다. 그들의 열정적인 의견들, 고함, 미소들을 상상할 수 있지만 나의 모습은 상상할 수 없다. 모두에게 "꿈을 이루었어요"라고 말할 수 있는 정확한 시간은 모를 것이다. 그들의 행복은 나에게 옮겨질 것이며 나의 행복은 배가될 것이다. 우리는 알래스카 부근에 있고 내 앞에 있는 이 산들을 보고 있으니 처음에 넘었던 안데스가 생각난다. 여러 감정이 뒤섞이며 묘한 기분이 들고 여행을 시작할 때처럼 우리 주위에 황량한 경치가 펼쳐져 있다.

오늘은, 싫어요

2003년 8월 15일, 알래스카 국경에서 겨우 몇 킬로미터 떨어진 곳에 있다.

"여보, 오늘은 알래스카에 도착하고 싶지 않아요. 나는 아직 준비가 안 됐어요."

칸데가 말했다. 그녀의 말을 듣고서 오늘은 우리 중에서 누구도 도착을 원치 않는다고 생각했다. 참 이상한 일이었지만 사실이었다.

"책의 마지막을 어떻게 끝낼까요?"

그녀는 지금보다는 미래를 더 생각하면서 물었다.

"칸데, 미안한데 좀 더 생각할 시간이 필요해."

그녀는 산들과 길을 조용히 바라보면서 오늘에 대해 생각하고 있다가 갑자기 나에게, 팜파에게, 차에게, 마지막으로 공중에 키스를 하고는 깜짝 놀란 나에게 말했다.

"여보, 이 꿈에 나와 같이 해줘서 고마워요, 우리 꼬마 팜파, 같이 와줘서 고마워. 그레이엄, 힘들게 여기까지 데려다 줘서 고마워. 내 꿈을 위해 도와준 사람들, 고마워요. 나 혼자 이룬 것이 아니에요. 당신이 그날 내 꿈을 시작해 줘서 고마워하는 거예요. 내 영혼은 충만하고 나는 매우 만족스럽고 행복해요.”

나는 계속 차를 몰았고 다시 침묵이 찾아왔다. 둘 다 서로에게 어디로 가는지 묻지 않고 각자 자신의 세계로 날아갔다. 나는 이상향을 꿈꾸는 피에로의 노래 〈만소와 트랑킬로〉를 나지막이 불렀다.

늦었지만 마음만 먹으면 국경을 넘을 수 있을 것 같았다. 캠핑장의 주유소에서 차를 세웠다. 사실 가솔린이 필요한 것도 아니었는데 왜 그랬는지 모르겠다. 상점에서 쉰 살 조금 넘어 보이는 한 남자가 나오더니 우리에게 물었다.

“나 기억해요? 나는 빌인데, 밴쿠버 섬에서 만났잖아요. 여기서 당신들을 만나다니 믿을 수가 없네요. 나는 그 섬에서 살지만 여름에는 유콘에 일하러 와서 내 친구 밥과 함께 여름을 나요.”

밥은 자기들이 운영하는 생선 판매점을 장식하기 위해 거대한 사슴 뿔에 색칠을 하고 있었다. 빌이 그를 소개했다.

“우리 캠핑장에 오신 것을 환영합니다. 식사 대접을 하고 싶으니 오늘 밤은 우리 오두막에서 주무시고 내일 알래스카에 도착하기 전에 우리와 함께 아침을 드시지요.”

이런 제안을 듣고 칸데와 나는 서로 바라보며 오늘은 여행을 계속하지 않겠다는 마음을 확실히 굳혔다. 좀 더 편안한 마음으로 사진 몇 장을 찍으려고 사슴뿔로 차를 장식하니까 캠핑장에 있던 사람들이 모여들었다. 네덜란드, 퀘벡, 뉴햄프셔, 독일에서 온 사람들이었는데 놀랍게도 전부 우리 책을 사주었다. 참 고마운 사람들이었다.

멋진 저녁을 먹고서 우리 셋은 램프 불이 밝혀주는 오두막에 들어갔다. 아직 어린 팜파는 내일이 우리에게 어떤 날인지 전혀 모른 채 평화롭게 잠이 들었다. 나는 그 옆에서 잤고 칸데는 일기를 썼다.

웬일인지 나는 금방 잠이 깼다. 그녀가 일기 쓰고 있는 모습을 봤다. 그녀는 내가 깬 것을 눈치 못 채고 있었다. 글 쓰는 데 몰두한 그녀를 몰래 지켜봤다. 그녀 뺨에 흘러내리는 눈물이 희미한 램프 불빛에 반짝였다. 분명히 자신의 감정을 진솔하게 쓰고 있을 것이다. 아름다웠다. 연애할 때보다 더 예쁘고, 결혼한 이후로 가장 예뻤다. 충만한 삶을 사는 그녀에게서 빛이 났고 행복해보였다. 그녀는 엄마가 되었고 꿈꾸는 여자가 되었다. 남자라면 사랑하고 싶은 그런 여자가 되었다. 그녀와 단 하루를 더 살 수 있다면 나는 하늘에서의 영생과도 바꿀 것이다.

"칸데, 에콰도르에서 풍선 띄울 때 어떤 소원 빌었어?"

"언제 깼어요?"

그녀가 놀라서 물었다.

"몇 분 안됐어. 뭐 빌었어?"

"말할 수 없는 것을 이루게 해달라고 했어요."

"나는 벌써 두 개를 이루어 주셨는데."

행복한 표정을 지으며 내가 말했다.

"뭔데요?"

"당신이 말 안 해주면 나도……."

"알았어요. 나도 벌써 한 개 이뤘어요."

"아들 갖는 것! 내 소원 중 하나도 그것이었는데."

"다른 것 하나는요?"

"당신이 말 안 해주면 나도……."

결승선이 가깝다

매우 일찍 일어났다. 오늘 결승선에 도착할 만반의 준비가 다 되었다. 날씨도 무척 좋았다. 그 어느 때보다도 찬란한 햇빛이 우리를 맞이했다. 몇 년 동안 그토록 바라던 날이 왔다!

밥과 빌과 함께 맛있게 아침을 먹었다. 지금까지 방문한 나라마다 멋지게 작별했던 여행 전통이 이루어질 수 있도록 함께해 준 그들에게 고마운 마음을 전했다.

캐나다 마지막 주유소에서 기름을 가득 채웠는데 어느 이탈리아 여행객이 돈을 지불하였다. 그뿐만 아니라 다른 사람들도 우리 꿈을 이루는 행복을 같이 나누었다. 박수를 쳐주는 사람들과 우리 등을 쳐주는 사람들. 우리는 마음이 들떠서 이 사람 저 사람 손을 잡고 키스를 하고 팜파를 차에 태웠다. 팜파는 사람들이 그렇게 환호하는 이유를 알지 못했다. 커브 길을 돌 때마다 누가 먼저 결승선 가는 방향을 알려주는 표지판을 보는지 내기를 걸었다. 그러나 바라던 표지판은 나타나지 않았고 우리는 계속 길을 따라갔다.

Alaska!!

여기까지:
67,844km
3년 7개월째
알래스카!!
Prudhoe
Bay
Wiseman
Fairbanks
Anchorage

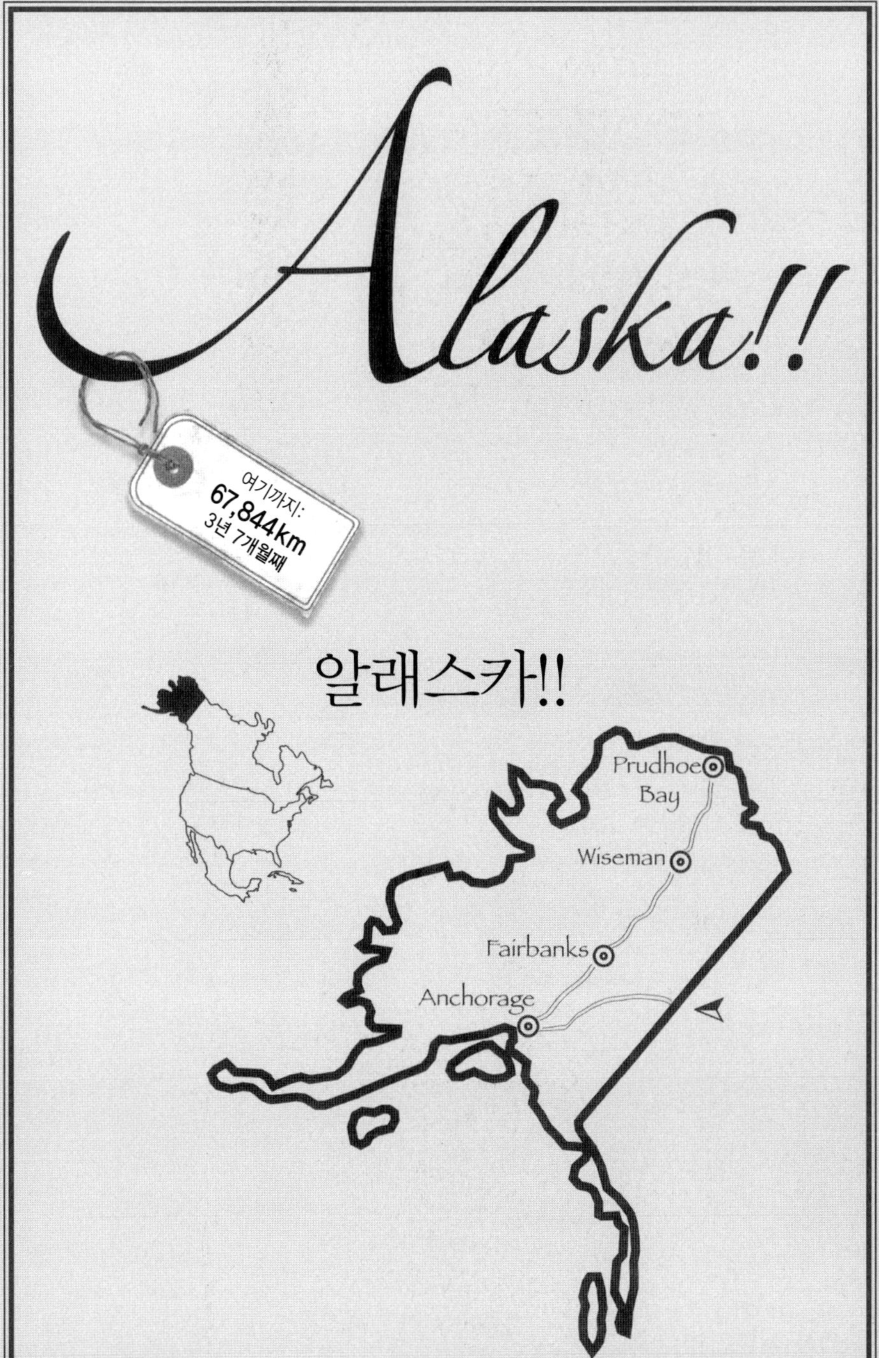

마지막 국경

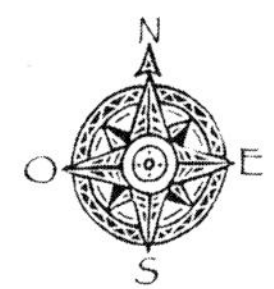

포도주 건배!

"저기…… 저기 있다. 드디어 도착했다! 도착했다!"

칸데와 같이 소리 지르면서 우리는 팜파와 함께 서로 껴안았고 그러는 사이 차가 중심을 조금 잃고 삐뚤삐뚤 갔다.

표지판에 적혀 있는 5백 미터가 영원한 거리 같았다. 도착해서 차에서 뛰어내리고 싶었다. 칸데는 벌써 알래스카 땅을 밟은 것처럼 마음이 붕 떠 있었다. 차에서 뛰어내려 달렸고 소리를 질렀다. 팜파는 내 팔에 안겨 웃으며 좋아하였다.

거기에 있는 몇 명의 사람들이 우리가 왜 그렇게 기뻐하는지 그 이유를 모른 채 우리를 바라보고 있었다. 한 사람이 그레이엄과 거기에 붙어 있는 포스터를 보고는 다른 사람들에게 보라고 손짓을 했다. 그러자 그들은 박수를 치고 우리와 포옹을 했다. 우리의 행복을 나누고 싶었다. 칸데를 찍기 위해 캠코더를 쥐었다. 그녀가 축구장에서 부르는 응원가 가사를 고쳐 부르기 시작했다.

"올레, 올레, 올레, 올레, 올레, 올레, 올라. 아르헨티나에서…….
알래스카에 도착했다. 멈출 수가 없었다, 올레……."

그녀를 촬영하는 동안에 볼리비아 카니발에서 본 천진난만한 칸데의 모습이, 여덟 살 때 알았던 그 어린 소녀의 모습이, 지금처럼 내가 사랑했던 그때의 모습이 보였다. 행복했다.

사랑에 꿈이 더해지면 행복이다.

가까운 곳에 차를 주차시켰다. 우리 주변에는 숲과 '알래스카에 오신 것을 환영합니다'라고 적힌 표지판뿐이었다. 거기에 있던 6명의 관광객들이 생각지도 않은 쇼를 보는 것처럼 우리를 따라왔다. 그동안 잘 보관해 온 멘도사 지방에서 생산된 적포도주 코르크마개를 땄다. 그레이엄 라디에이터에도 한 모금 뿌렸다.

여기까지 너무 힘들게 와서 가기가 싫었다. 물을 끓여 마테차를 마시고 있는데 더 많은 관광객이 다가와서 사진을 찍었다.

"축하합니다, 꿈을 이루셨네요!"

사진을 찍기 위해 멈춘 메노파 부부가 기쁜 마음으로 축하를 해주면서 자기들은 신혼여행 중이라고 했다. 그들의 밴에는 두 개의 포스터가 걸려 있었다.

'방금 결혼했어요.'

'알래스카가 아니면 죽음을!'

이 문구들은 우리 차에 더 잘 어울릴 것 같다는 생각이 들었다. 나는 아직도 신혼 같았고 이 일을 하지 않았더라면 죽었을 것 같았다.

환영합니다!

알래스카에 들어섰다. 지도를 보니까 이 주는 엄청나게 넓어서 수천 킬로미터나 되는 길을 돌아다녀야 하는데도 도로가 많지 않다는 것을 알게 되었다. 대도시인 앵커리지에 도착하는데도 거의 900킬로미터 를, 북극해까지는 1,500킬로미터를 가야 했다.

첫날은 토크에서 방을 하나 빌렸는데 그 집에는 눈썰매 끄는 개들 이 있었다. 집주인이 놀라운 이야기를 했다.

"전에 파타고니아에서 말을 타고 아르헨티나 사람이 여기까지 왔어 요. 그한테 방세를 받지 않았으니 당신들한테도 받을 수 없습니다."

또 다른 꿈이 이루어졌다는 말을 듣고 무척 감동하였다.

앵커리지로 가는 도중에 밴 한 대가 지나가다가 우리한테 신호를 하고는 앞으로 가서 차를 세우고 우리를 기다리고 있었다. 우리도 차 를 세웠는데 그들은 부부였다. 남자는 인사도 하지 않고는 그레이엄 앞바퀴를 가리키면서 말했다.

"이 타이어, 내 건데!"

"지금은 돌려드릴 수 없습니다."

내가 대답했다. 브루스 부부는 우리가 꿈을 이룬 것을 보고는 우리 를 껴안았다. 이들은 우리 꿈과 큰 연관이 있었다. 이 부부는 우리가 텍사스에 있을 때 타이어 5개를 사는 데 도움을 준 사람들 중 일부였 다. 이제야 이들을 만나게 된 것이다. 이들은 우리가 여행 중이라는 이야기를 퍼뜨리겠다고 말하고 헤어졌다.

앵커리지가 바로 앞에 있다

앵커리지에 들어가기 전부터 도로 위에서 데니스 부부가 우리를 기다리고 있었다. 이들은 1936년형 빨간색 포드 차 옆에 서서 손을 흔들며 우리를 맞이했다. 곧바로 사람들이 기다리고 있는 주차장으로 우리를 데리고 갔다. 거기에 있던 사람들이 우리를 포옹과 박수로 환영해 주었다. 신문사와 라디오 방송국에서도 나왔고 내일은 TV인터뷰가 예정되어 있다고 말했다.

더 놀라운 것은 아버지와 동생을 다시 만난 것이었다. 여기서 이들을 만나리라고는 상상도 못했는데! 우리가 공통적으로 갖고 있지 않은 것은 여행에 관한 취미였다. 지난번에 이야기를 나누면서 이들은 우리가 앵커리지에 도착하는 날짜를 알고 싶어 했는데 이제야 그 이유를 알았다.

조금 있다가 빨간색 포드 차에 다가갔을 때 스티커가 많이 붙어 있는 것이 보였다. 그중에서도 '우수아이아 – 알래스카'라고 쓴 문구가 눈에 띄었다. 데니스는 여행을 끝낸 아르헨티나 사람들한테서 그 차를 사면서 그들한테 그 스티커를 계속 붙이고 다니겠다는 약속을 했다고 말했다. 그 차 안에 들어가 앉으니 그들이 여행을 하면서 느꼈던 기분을 느낄 수 있어서 행복했다.

데니스 부부는 뭐든지 다 퍼주는 사람들이었는데 앵커리지에서 우리는 이들 부부 집에서 머물렀다. 텍사스에서 우리 메일을 받고 타이어 한 개를 기부한 이후로 메일을 주고받으며 알게 되었다. 이들 부부는 밤에 우리를 환영하는 축하 파티를 열어 올드카 클럽 회원 전부를 집으로 초대해 식사대접을 했다. 우리는 앵커리지에 머무는 동안 주지사의 환영카드를 받았고 주정부에서 주최하는 박람회에 참석해 달라는 초대를 받았다. 기꺼이 그 초대에 응했고 그 기간 동안 잘 곳에 대해 고민하기도 전에 데니스는 자기 모터홈과 냉장고와 식품저장고를 빌려주겠다고 했다.

꿈의 끝?

알래스카 박람회는 규모가 진짜로 어마어마했고 언론매체에서 우리의 참석을 알려서 우리한테 남아 있는 책과 수예품을 팔 수 있는 좋은 기회라 생각되었다. 또한 여러 사람과 만날 수 있는 기회가 될 것 같았다.

'아르헨티나에서 알래스카까지 여행 중'이라고 적은 포스터를 아마도 마지막일 거라 생각하면서 차에다 걸고 그 옆에다 우리가 지나온 길을 표시한 폭 1미터, 길이 2미터 되는 아메리카 대륙 지도와 사진 몇 장을 붙였다. 박람회에 온 사람들은 대부분 알래스카 주민들이었고, 관광시즌이 거의 다 끝날 때라서 관광객은 얼마 되지 않았다. 한 주민이 우리 있는 곳에서 보이는 산을 한 개 가리키며 정상에 쌓인 눈을 보라고 했다.

"첫눈이 내리면 겨울이 옵니다."

엄청난 인파가 꿈을 이룬 우리를 축하하러 몰려들었다. 그러나 우리한테 꿈을 끝낸다는 것은 알래스카가 끝나는, 다시 말해서 아메리카 대륙의 북쪽 끝까지 가는 것을 의미했다.

"북극해까지는 못 가고 대드홀스까지만 갈 수 있습니다. 길이 끝나는 지점의 몇 킬로미터 지역은 석유회사 사유지여서 일반인이 지나갈 수 없습니다."

참석자 중 한 명이 말했다. 우리는 믿을 수가 없었지만 다른 사람들도 다들 그렇다고 말하는 것을 보니 실제로 그런 것 같았다. 모두들 같은 말을 반복했다.

"북극해까지는 갈 수 없을 거예요."

그 회사에서 허락을 해주지 않을 뿐만 아니라 날짜 때문이기도 했다.

"1,400킬로미터예요. 600킬로미터는 아스팔트로 포장된 도로인데 페어뱅크스 이후 800킬로미터는 트럭이나 사륜구동 지프차만 다닐 수 있어요. 트럭들이 과속으로 달려서 돌들이 날아와 차유리가 깨질 수도 있어요. 게다가 이 시즌에는 길바닥이 얼어서 체인 없이 가면 위험해요. 그래서 얼음으로 뒤덮인 산길을 지나는 차량은 거의 없고 혹시 눈이라도 내리면 산사태를 방지하기 위해 다이너마이트를 폭발시키고서 길을 정리할 때까지 기다려야 합니다. 다시 말씀드려서 가다가 눈을 만나게 되면 며칠 동안 꼼짝 못하는데, 그때 대피할 곳도 없는 게 문제입니다."

대드홀스에서 일을 하는 오십쯤 된 한 남자가 숨도 안 쉬고 말했다.

"그 다음에 툰드라 평원이 나타나는데 거기에는 작은 나무조차도 자라지 않습니다. 찬바람만이 부는 허허벌판이죠."

"이제 여행을 끝내세요."

이 대화에 참여한 사람들은 마치 이제 할 수 있는 일이 아무것도 없는 것처럼 생각들 하고 있었다. 그들은 우리 생각과 감정을 모르고 있었다. 우리 여행은 북극해의 찬물을 만지는 것으로 끝날 것이다.

"우리는 여기에 있으려고 저 멀리서 수많은 난관을 통과해서 온 것이 아닙니다."

이것이 우리 대답이었다.

"우리가 말했던 곳에서 여행을 끝낼 것입니다."

지도를 가리키며 말했다.

"아메리카가 끝나는 곳에서요. 그렇지 않으면 1킬로미터 앞에서도 멈출 수 없습니다."

모두들 침묵을 지키며 어떠한 열광이나 희망도 보여주지 않았다. 그곳은 사유지라서 아무도 지나갈 수 없다는 것이 법이라는 것을 그들은 알고 있었다.

"내가 당신들을 못 지나가게 하는 사람이 아니길 바랍니다."

한 남자가 말했다.

"나는 당신들 여행 마지막 구간에 있는 회사인 브리티시석유회사(BP) 입구에서 경비원으로 일하고 있습니다. 나는 당신들한테 안 된다고 말하는 사람이 되고 싶지 않습니다. 지금까지 많은 사람들이 회사 정문까지 도착했습니다. 그들에게 지나가라고 말할 수 있는 힘이 없다고 말해야 하는 내 입장이 얼마나 비참했는지 아십니까?"

추억

박람회에 참석했던 많은 사람들이 우리가 여행하면서 겪은 이야기와 우리가 지금까지 지나온 여정을 신문에서 읽었지만 우리 여행에 대해서 더 많이 알고 싶어 했고 우리 입으로 하는 말을 직접 듣고 싶어 했다. 우리는 15명이나 20명씩 그룹을 만들어서 이야기를 들려주었다. 이야기가 끝나고 나면 칸데와 나는 교대로 한 사람이 질문에 답하고 책에 사인을 해주면 다른 한 사람은 팜파를 맡았다. 청중들에게 질문을 부탁하고 거기에 대해서 이야기했기 때문에 이야기할 때마다 내용이 달랐다.

"당신들은 남미에서부터 차를 몰고 여기까지 왔고, 오는 도중에 아기를 가졌습니까?"

"네, 부인. 우리 여행이야기를 듣고 싶으세요?"

모두가 내 말을 들을 수 있게 조금 크게 그녀에게 질문을 했고 그러자 많은 사람들이 몰려들었다.

"이리로 와. 여행이야기 시작하니……."

한 부인이 자기 아들에게 말했다.

"안녕하십니까, 대단히 감사합니다. 여러분들과 같이 여행을 하고 싶습니다. 우리의 여행이 많은 사람들의 여행이 됐으면 하는 마음입니다. 여행을 시작한 때부터의 이야기를 빨리 말씀드리겠습니다만 혹시 질문이 있으면 해주십시오. 저는 좀 내성적이라 말을 잘 못하니까 그냥 편한 마음으로 이야기하는 식으로 하겠습니다. 자, 시작하겠습니다. 여행은 2000년 1월 25일에 시작됐습니다. 처음에는 6개월 만에 알래스카에 도착할 생각이었습니다. 아시다시피 지금은 2004년입니다. 우리는 시간을 잘 지키지 못합니다."

모두가 웃었다.

"우리는 친구들과 헤어져 부에노스아이레스를 떠났습니다. 친구들은 대부분 우리가 미쳤다고 생각했습니다. 우리가 도착하리라고 생각한 사람은 겨우 몇 명이었을 것이고 우리가 알래스카에 있을 거라고 생각하는 사람은 아무도 없을 겁니다."

"왜 알래스카까지 올 생각을 하셨어요?"

"꿈을 위해서입니다. 우리가 서로 알고 나서부터 모험여행을 하고 싶은 꿈이 생겨났고 그 꿈은 우리와 함께 성장했습니다. 결혼을 하고 2년 뒤에 그 꿈을 이루어 보자는 이야기를 나눴는데 여러분도 알다시피 일, 집, 두려움, '그러나', 그리고 이런저런 핑계들이 계속해서 우리 출발을 지연시켰습니다. 결혼을 한 지 6년이 됐을 때 아기를 갖고 싶다는 생각이 간절해지기 시작했습니다. 그러나 '그러면 꿈은 어떻게 하지?'라는 질문을 하게 됐습니다. 그래서 먼저 여행을 시작하고 아기는 나중에 갖기로 결정했습니다. 그런데 보시다시피……."

그들에게 팜파를 보여주었다.

"우리는 두 개의 꿈을 동시에 이루었습니다."

그들은 다시 한 번 웃었지만 이번에는 감동을 받은 표정들이었다.

"그래서 이 여행을 왜 했느냐는 이유는 간단합니다. 그것은 우리의 꿈이었기 때문입니다."

"무엇이 가장 어려웠습니까?"

"시작이 가장 어려웠습니다. 출발하는 날 우리가 항상 가지고 있었던 두려움을 떨쳐야 했습니다. 그러나 우리는 그 두려움에서 완전히 벗어나지 못하고 아직도 데리고 다니지만 이제는 우리 길을 방해하지 않습니다. 집, 일, 가족, 친구들……. 그리고 이제는 우리를 기다리지 않지만 우리가 사랑했던 개 루시를 놔두고 떠난다는 것이 얼마나 힘들었는지 모르실 겁니다. 그래도 우리는 시작해야 했습니다. 당신이 인생을 향해서 가지 않는다면 당신에게 삶은 없습니다. 우리는 인생에서 삶을 끄집어내기 위해 출발하였고 시작하였습니다. 아르헨티나 지도 한 장과 6개월 동안 여행할 돈과 차만 가지고 구체적인 여정도 계획하지 않고 떠났습니다. 우리는 차에 대해서도 아는 것이 없었고 출발 전날 겨우 140킬로미터 시험운행한 것이 전부였습니다. 출발하자마자 바퀴 휠에 문제가 생겼습니다. 그 상태로는 떠날 수 없고 준비가 되어 있어야 하고 정비를 할 줄 알아야 한다고들 말했습니다. 그러나 언제 준비를 하고 어떻게 다 할 줄 알까요? 우리는 출발해서 안데스를 지나 칠레로 갔습니다. 세상에서 가장 건조한 아타카마 사막을 지나 볼리비아에 도착해 4,800미터 고지에서 열린 가장 전통적이고 화려한 카니발에 참석해 어린아이들처럼 재미있게 놀았습니다. 페루에서는 마추픽추와 티티카카 호수를 방문한 다음 다시 안데스를 건넜습니다. 고지에서 차는 아무 문제 없이 잘 갔는데 우리가 문제였습니다. 에콰도르에서는 최고로 잘 지냈습니다. 그것은 돈이 다 떨어졌기 때문이었습니다.”

“그런데 어떻게 최고입니까?”

한 여인이 놀라서 물었다.

“네, 그랬습니다. 새들은 부모가 음식을 주지 않을 때 나는 것을 배우는 것처럼 우리도 둥지를 떠나 다른 각도에서 세상을 보기 시작했습니다. 에콰도르에서부터는 밖에서 구경하며 돌아다니는 관광객이라는 태도를 버리고 찾아가는 지역마다 직접 체험하기 시작했습니다. 그것은 마술이었습니다. 돈이 다 떨어지자 사람들은 우리한테 문을 더 많이 열어 주었고 우리는 새로운 세상에 들어가서 직접적인 체험을 하고 새로운 풍습과 전통을 받아들이며 그들 속으로 들어갔습니다.”

나는 다시 지도를 보고는 이야기를 계속했다.

“에콰도르에서는 많은 이들의 도움으로 카누를 만들고 거기에 차를 싣고 브라질로 가기 위해 아마존을 따라 4천 킬로미터를 항해했습니다. 한 달간 원주민들과 같이 지냈습니다. 이들은 카누도 몰고, 우리에게 음식도 구해 주었습니다. 우리는 원주민 마을도 여러 군데 들렀습니다. 가는 곳마다 원주민들은 우리 차에 관심을 제일 많이 보였고 분명히 그들은 모든 차들이 그레이엄 같을 거라고 생각했을 겁니다. 육지에 들어서서는 밀림으로 해서 베네수엘라까지 갔습니다. 세상에서 가장 큰 국립공원에 들렀고 처음으로 카리브 해를 봤습니다. 콜롬비아에 가서는 우리의 두려움을 옆으로 제쳐놓자 그 덕분에 좋은 사람들을 많이 알게 되었습니다. 바란키야 항구에서는 파나마로 건너가는 배를 탈 수 있게 해달라고 부탁을 하자 무려 세 군데 회사에서 도와주겠다고 했습니다. 차까지 무료로 데려다 줄 회사를 우리가 선택할 수 있는 호사까지 누렸습니다. 우리가 선택하지 않은 한 회사 사장님은 자기한테 비행기 티켓이라도 끊을 수 있는 행복을 줄 수 없겠느냐고 부탁했습니다.”

우리 말을 들은 사람들은 놀라움을 금치 못하면서 자기들끼리 수군거렸다.

“거기서부터 중앙아메리카로 쭉 올라가면서 카리브의 많은 섬들과 해변을 방문했습니다. 코스타리카에서는 응급차를 타고 아기를 낳으러 갔습니다.”

“돈이 다 떨어졌는데 무슨 돈으로 여행을 계속했습니까?”

“아, 네. 그때부터 우리는 일을 하기 위해 온갖 궁리를 다 했습니다. 그래서 그림이라고는 한 번도 그려본 적이 없었던 칸데가 수채화로 새를 그리기 시작했고, 저도 한 번도 만들어 본 적이 없는 액자틀을 만들어 팔았습니다. 그 다음에는 수예품과 엽서들, 그리고 코스타리카에서는 우리 책을 만들어서 국제 도서전시회에서 선을 보였는데 그 전시회에서 베스트셀러가 되었습니다. 거기서 니카라과, 온두라스, 엘살바도르 등 여러 나라를 거쳐 왔습니다.”

“전쟁이 많이 일어나는 그런 나라들에 갈 때는 무섭지 않았나요?”

“국민들이 전쟁과 게릴라와 지진으로 고통을 받고 있는 니카라과, 엘살바도르, 콜롬비아에서는 우리가 부탁하기도 전에 사람들이 먼저 도와주려고 하였고 가진 것을 다 주려고 하였습니다. 그들은 많은 것을, 심지어 사랑하는 사람까지 잃었기 때문에 역경이 뭔지 잘 알고 있고 그리고 살아가기 위해서는 다른 사람의 도움이 필요하다는 것을 잘 알고 있기 때문입니다. 필요한 것을 다 가지고 있어서 다른 사람의 도움이 필요 없는 사람은 이런 것을 알 수 없습니다. 그러나 그들은 알고 있기에 가지고 있는 것을 우리한테 다 주었습니다. 북쪽으로 계속 여행을 했습니다. 여기 과테말라에서는 낭만적인 시간을 가졌습니다.”

내가 지도를 가리키는데 사람들이 웃었다.

“벨리즈에서 누군가가 우리 꿈에 동참하고 싶다는 것을 알게 되었습니다. ‘아름답고 사랑스러운’ 멕시코에서는 타코와 토르티야를 많이 먹어서 똥배가 나오기 시작했고 노스캐롤라이나에서 많은 사람들의 도움으로 팜파가 태어났습니다. 이 아이는 삼촌과 할아버지, 할머니가 많아서 우리가 필요할 때마다 사랑을 듬뿍 주었습니다. 태어난 지 한 달 되었을 때 소아과 의사가 허락을 해서 우리는 다시 여행길에 올라 캐나다 동부로 올라갔습니다. 그 다음에는 이 차가 태어난 디트로이트로 갔고, 거기서 66번 도로를 타고 로스앤젤레스로 가서 한 번 멈춘 다음, 태평양 연안을 따라 이제 걷는 아이와 함께 여기에 도착했습니다.”

“왜 이렇게 오래된 중고차로 여행을 하세요?”

“‘거리에 다니는 차들은 모두 중고차입니다’라고 쓰인 포스터를 중고차 매매센터 문 앞에서 읽었습니다. 이 차로 다니는 몇 가지 이유가 있습니다. 첫째, 저는 이 차를 보면 기분이 좋습니다. 둘째, 이 차는 단순합니다. 셋째, 이 차는 세련됐습니다. 전에 누군가 한 번 저한테 ‘일을 하려면 세련되게 하라’고 하더군요.”

“이 차는 고장 난 적이 없었습니까?”

“고맙게도 있었습니다. 그러나 다행히도 전혀 대책이 없는 곳에서는 고장이 나지 않았습니다. 고장이 날 때마다 해결이 됐습니다. 멕시코 푸에블라에서는 스타트 스프링이 부러졌는데 거기서 네 블록 떨어진 곳에 있는 올드카 박물관에서 전시되어 있는 차에서 그 부속을 분해해서 우리 차에다 달아주었습니다. 그리고 마리아치까지 불러서 파티를 열어주고 우리 책 출판에 도움을 주고 우리 사진과 여행한 장소가 표시된 달력을 7천 부나 만들어 여행하면서 팔라며 선물로 주었고……. 이 모든 것이 스프링 고장 때문이었죠. 토론토에서는 베어링 고장 때문에 믿지 못할 일들이 많이 일어났습니다.”

“부품들은 어떻게 만들었습니까?”

“그것은 수없이 들었던 질문입니다. 부품에 너무 신경 쓰지 말고 당신의 삶에 신경 쓰십시오. 인생에는 부품이 없습니다. 이 차 부품은 다 만들 수 있습니다. 할 수 없는 것은 시간을 뒤로 돌리는 것이고 잃어버린 삶을 되찾는 것입니다. 당신들은 모두 아름다운 추억들을 가지고 계실 겁니다. 확신하건대, 그중에서 가장 중요한 세 가지에서는 당신과 당신이 사랑하는 사람이 주인공 역할을 했을 것입니다. 생각해 보시면 그것은 첫 키스나, 첫 아이를 팔에 안았을 때나, 아버지와 처음으로 낚시 간 날……. 그런 아름다운 추억들은 물질적인 것하고는 거리가 멀 것입니다. 그런데 우리는 왜 아름다운 추억들을 쌓는 대신에 더 많은 물질을 가지고 지키려고 하면서 시간을 허비합니까? 우리는 떠날 때 부품에 대해서는 아무런 걱정도 하지 않고 이 순간을 찾아서 떠났습니다. 만일 우리가 부품에 대해 생각을 했더라면 걱정이 되어서 아마도 차를 한 대 더 가지고 왔을 겁니다. 우리가 필요하다고 생각한 것들을 다 가지고 왔더라면 우리는 가라앉았을 것입니다. 더 많이 가질수록 더 많이 가라앉습니다. 이 삶에서 필요한 모든 것은 길에서 다 얻기 때문에 가벼운 차림으로 걸어가야 합니다.”

“여행 중에 올드카 클럽들과 자동차기술자들이 우리를 환영해 주면서 우리 차는 조금씩 새 차로 바뀌어 갔습니다. 부품을 만들어 주고 부품도금을 해주고 엔진을 새것으로 달아주고 타이어까지 새것으로 교체해 주었습니다. 차 시트와 도색은 하지 말라고 두 번이나 말해야 할 정도였습니다. 그렇지 않으면 시간이 지체되어서 도착하지 못했을 것입니다. 차는 부에노스아이레스를 떠날 때보다 훨씬 더 건강한 상태에 있습니다. 우리도 이 차처럼 떠날 때와는 완전히 다른 모습이고 부부 사이도 많이 좋아졌습니다. 차에서는 겨우 20센티미터 떨어져 있어서 처음 한 달 동안은 답답해 죽을 것 같았는데…….”

나는 칸데를 바라보았다.

“사랑보다 더 아름다운 것은 없다는 것을 알게 되었습니다. 특히 아내와 함께 꿈을 이룬다고 생각하니까 더욱 그랬습니다. 만일 이 두 가지를 가지고 있다면 다 가지고 있는 것입니다. 그때 우리는 이 차에 들어갈 수 있는 것 이상은 필요하지 않고 그것보다 더 적더라도 괜찮다는 것을 배웠습니다. 적게 가질수록 더 많은 자유를 누리게 됩니다. 우리는 아름다운 대륙을 보려고 출발해서 그것을 봤고 아름다운 장소들을 마음에 담았습니다. 그러나 우리가 상상도 못했던 것을 만나게 되었는데 그것은 바로 신이 창조한 최고의 작품인 인간이었습니다. 우리가 만났던 사람들과의 추억은 가슴속에 간직했습니다. 진정한 인류를 형성하는 그 사람들은 우리가 어느 국경에서 왔는지, 우리가 어떤 신을 믿는지는 전혀 문제 삼지 않고 우리를 맞이하고 우리를 도와주고 자신들의 음식과 침대를 나누어 주고 더 주지 못하는 것을 미안해 하며 사과했습니다. 8백 가족 이상이 우리를 맞이하였고 그들은 전부 우리를 자식처럼, 친한 친구처럼 대해 주었습니다. 사랑하는 사람과 헤어질 때 느끼는 아픔으로 우리는 그들과 이별을 하였습니다. 우리 경험으로 볼 때 신은 인간을 만들 때 실수하지 않고 아름답게 만들었다는 것을 여러분께 분명히 말씀드릴 수 있습니다."

"당신들 종교는 뭐예요?"

신에게 그토록 감사를 드리는 것을 보고 한 아가씨가 물었다.

"우리를 맞이해 주었던 그 가족들은 우리를 미사와 여러 종교사원으로 초대했습니다. 거기서 주는 메시지도 우리가 믿는 종교 메시지와 같다는 것을 알게 되었습니다. 나쁜 종교도 없고 나쁜 신도도 없습니다. 마찬가지로 나쁜 나라도 없고 나쁜 국민도 없습니다. 신은 모든 사람들의 가슴에 있습니다. 다만 모습과 해석이 다를 뿐입니다. 각자가 신을 다르게 느끼지만 신과 그분의 메시지는 같습니다. 저는 아버지를 아버지라고 부르는데……."

팔에 손자를 안고 있는 아버지를 가리켰다.

"저의 한 형제는 타타라고 부르고 또 다른 형제는 대드라고 하고 제 여동생은 이름을 불러 페드로라고 합니다. 모두 아버지를 다른 이름으로 부르지만 우리 아버지는 한 분입니다. 이제 저는 모든 종교를 다

믿습니다.”

“간디가 말했어요, ‘나는 기독교인이고 힌두교인이고 무술만입니다.’”

한 사람이 말했다.

“당신들은 히스패닉이라서 그런 나라들을 여행하기가 쉬웠을 겁니다.”

다른 한 사람이 말했다.

“제 피부색을 보지 마십시오. 만일 신이 저한테 어떤 피부색을 원하느냐고 물었다면 모든 색깔을 다 섞어서 칠해달라고 부탁했을 겁니다. 제 눈을 보시면 제 심장이 당신 것과 같은 색이라는 것을 아실 겁니다. 라틴아메리카에 있을 때 많은 미국인들이 우리가 자기들 나라에 가면 라틴아메리카에서보다 환영을 덜 받을 거라고 말했습니다. 그러나 우리는 15개월 이상을 미국과 캐나다에서 보냈고 그 기간 동안 우리 돈으로 숙박비를 내고 잔 것은 20일도 채 안됩니다. 국경하고는 아무 상관이 없다는 것을 분명히 말씀드릴 수 있습니다. 신은 세상을 창조했을 때 경계선을 긋지 않았는데 몇몇 사람들이 우리를 종교적으로 갈라놓은 것처럼 몇몇 인간들이 우리를 갈라놓기 위해서 경계선을 정해놓았습니다. 민족주의자와 광신도는 국가와 종교에 아주 유해한 존재입니다. 사랑에 대한 질투심 같은 것이죠. 변명거리를 찾지 말고 살아야 할 이유를 찾으십시오. 그러면 그 이유들 중에서 당신들의 꿈이 있을 것입니다. 당신들 가슴속에는 꿈꾸는 사람이 들어 있습니다. 그를 옆으로 제쳐놓지 말고 기회를 주십시오. 우리는 다른 사람들이 할 수 없는 것을 한 것이 아닙니다. 우리는 꿈을 이루었습니다.”

1분 정도 말을 멈추었다가 지도를 가리키면서 말을 계속했다.

"우리는 집을 떠날 때 계획했던 2만 킬로미터를 훨씬 넘어 7만 킬로미터를 돌아다닌 후 이제 앵커리지에 있습니다. 우리는 아직도 마지막 종착지인 북극해로 여행을 계속하고 싶은 마음뿐입니다."

"그러나 북극해는 갈 수 없어요."

그런 이야기를 들으면 들을수록 거기에 더 가고 싶어졌다. 사람들이 책에 사인을 해 달라고 부탁하기 시작하는 사이에 칸데는 자기 이야기를 들을 그룹을 짜고 있었다. 곧이어 질문소리가 들렸고 차분하면서도 단호하고 즉흥적인 칸데의 답변이 이어졌다.

"어려움이 많았어요?"

"전에는 해결책에서 문제를 찾았는데 이제는 문제가 생길 때마다 해결책이 있다는 것을 알게 되었습니다."

"어떻게 길에서 아기를 가졌어요?"

아기를 안고 있는 부인 한 명이 물었다.

"주치의가 필요하고 출산할 곳도 알아야 하고 병원 가지고 갈 가방을 싸야 하고 아기 방도 꾸며야 하고 또 아기가 아프면 대책이 없기 때문에 나는 할 수 없었을 거예요."

"저도 당신과 같은 생각을 했습니다. 아기를 낳을 때 그럴 거라고 어렸을 적부터 항상 상상했어요. 그러나 꿈속에서 또 하나의 꿈을 이루는 것이 얼마나 아름다운 일인지 모르실 거예요. 행복이 두 배가 됩니다. 우리 아들은 태어날 때 우리가 인생을 위해서 한 일에 행복해하는 것과 우리가 항상 자기와 같이 있고 자기 부모가 살아가면서 꿈을 좇아가는 모습을 봤습니다."

"가장 어려웠던 것이 뭐였어요?"

"두려움이었어요. 모든 것을 관둘지 모른다는, 시작한다는, 무슨 일이 일어날지 모른다는 낯선 것에 대한, 위험에 대한 두려움이었습니다.”

“어떻게 그것을 극복하셨죠?”

“극복은 못했지만 지지도 않았습니다.”

“무기를 가지고 다니세요?”

“무기는 살상을 위해서 만든 겁니다. 그것을 가지고 있는 사람은 설사 방어용이라 할지라도 한번은 사용하고 싶은 충동을 느낄 겁니다. 무기가 없다면 그런 욕망은 생기지 않겠죠.”

“이제 여행을 끝내셨는데 앞으로 무엇을 하실 생각이세요?”

“여행을 더 하고 위험한 일을 더 하고 더 치열한 삶을 살고 아기를 더 많이 갖고 바다를 항해하고 이 산 저 산을 오르고 더 많은 사람들을 만나고……. 결국 우리는 삶의 순간들을 수집하면서 살아갈 것입니다. 어떤 순간들은 저절로 주어질 것이고 어떤 순간들은 우리가 찾아나서야 할 것입니다. 우리는 더 많은 꿈을 이룰 겁니다.”

“어떤 꿈을 더 갖고 계세요?”

“산으로 둘러싸인 시골에 살면서 아이들을 키우고 오두막을 지어서 전 세계 사람들을 다 맞이하고 그들에게 배우고 그들이 사는 곳 이야기와 영혼을 살찌우는 이야기를 듣고 싶어요.”

“당신들은 아르헨티나와 알래스카를 큰 다리로 연결했어요.”

“아니에요, 그냥 발자취 정도입니다. 다리가 되려면 더 많은 곳을 다녔어야 해요. 우리는 발자취 정도 남겼다고 생각하고 있어요. 모두가 출발해서 자신들의 발자취를 남겼으면 좋겠어요!”

“알래스카에 도착하는 데 4년이나 걸렸어요?”

한 젊은이가 놀란 표정으로 말했다.

"내게 놀라운 것은 4년이 아니라 4년간의 놀라운 여행을 시작하기 위해 30년 이상의 시간이 걸렸다는 거예요. 집에서 출발해 처음 며칠 간 여행하면서 나는 변명과 두려움 속에서 잃어버린 시간들을 깨달았 어요."

"다음 책도 쓸 겁니까?"

"네, 사람들이 꿈을 이룰 수 있도록 삶에 관한 글이 될 것입니다."

칸데가 대답하는 것을 듣다 보니 그녀에게 큰 존경심이 생겼고 우 리 두 사람이 참 많이 변했다는 것을 알게 되었다. 떠나기 전에는 세 상이 우리 위에 군림한다고 생각했는데 지금은 우리가 세상 위에 있 다고 생각하는 것이 가장 큰 변화다.

"여행이 끝나면 차는 파실 거예요? 가격이 많이 나가면 당신들 꿈 을 이루는 데 도움이 될 텐데요."

한 남자가 내 생각을 중단시켰다.

"당신은 사업하는 사람이고 저는 꿈을 꾸는 사람입니다. 저는 가진 것이 없습니다. 아내하고 이룬 가족밖에 없지만 세상의 모든 금보다 도 더 귀한 것입니다. 그리고 달성하였고 누구도 빼앗아갈 수 없는 꿈 보다 더 큰 재산이 무엇이겠습니까? 차는 팔지 않습니다. 언젠가 팜 파가 이 차 핸들을 몰고 알래스카에 다시 오든지, 아니면 세상의 다른 곳을 돌아다닐 겁니다. 저는 차는 팔 줄 알지만 그 돈으로 무엇을 한 지는 모르겠습니다. 돈이 있을 때는 돈이 저를 가졌습니다. 이제 돈이 없으니 제가 저를 가지고 있습니다."

현명한 메아리

"안녕하세요, 저는 데이브라고 하고 브라질인 한 명과 함께 파타고니아까지 여행하고 있습니다. 신문에서 당신들 여행 기사를 읽고 자료 좀 얻으려고 이렇게 찾아왔습니다."

"원하시는 것은 다 줄게요."

내가 두 젊은이에게 대답했다.

"국경을 넘으려면 뭐가 필요합니까?"

"운전면허증하고 자동차 등록증 그리고 여권만 있으면 돼요."

"우리는 사륜구동 지프차로 갈 생각입니다."

"차량은 아무 거라도 다 괜찮아요. 중요한 것은 차량 준비가 아니라 당신들이 얼마나 준비가 되어 있느냐지요. 어떤 차를 가지고 갈 것이냐라는 문제에 대해서는 다른 사람들한테 한 충고를 그대로 해줄게요. 복잡하지 않고 단순한 차량을 가지고 가십시오."

"돈은 어느 정도 필요합니까?"

"우리는 하루에 평균 20달러에서 25달러 썼습니다. 어떤 나라에서는 하루에 10달러면 충분했고 어떤 나라에서는 60달러가 필요했어요."

"차가 고장 나거나 아프면 어떻게 해야 하죠?"

"아무 어려움이 없는 여행이 아니라 힘들고 신념이 필요한 여행을 하기 바랍니다. 나쁜 일은 안 일어날 겁니다. 왜냐하면 우리도 그랬으니까요. 모든 일에는 다 이유가 있고 앞으로 겪겠지만 다 좋게 마무리됩니다. 당신은 어려움 속에 갇히지 않고 해결책을 찾을 것입니다. 어떠한 문제라도 다 해결책이 있습니다."

"우리가 알아야 하는 것 말고 또 더 겪은 일이 있습니까?"

“당신이 무엇을 하든 간에 당신 국가의 많은 사람들을 대표하는 대사라는 것을 잊지 마십시오. 무엇보다도 신념을 가지세요. 당신 자신의 소리에 귀 기울이면 당신이 능력 있는 사람이라는 것을 알 겁니다. 당신이 하는 일에 믿음을 가지면 사람들이 당신을 도와줄 겁니다.”

나는 그에게 우리가 배운 것을 이야기해 주면서 동시에 어떻게 그것들을 배웠는지 기억해냈다.

“핑곗거리를 찾지 말고, 꿈은 꿈일 뿐이라고 생각지 마세요. 자유로워지세요. 실패하면 다시 시작하면 됩니다. 사람들한테 많은 용기를 주고 당신 안에 있는 동심의 아이가 다시 자라게 하십시오.”

숨을 한 번 쉬고 계속 말했다.

“기적은 존재하고 당신은 혼자가 아니니 두려워 마십시오. 당신 혼자 힘으로 다 할 수 없고 당신을 기꺼이 도와줄 사람들이 수천 명 있으니 그들에게 도움을 요청하십시오. 이 세상에서 당신보다 더 중요한 사람도, 당신보다 덜 중요한 사람도 없다는 것을 꼭 기억하십시오.”

데이브는 내 말을 더 기다리는지 아무 말도 하지 않았다. 나는 계속했다.

“우리가 평생 살아가면서 겪게 될 일들 중에서 많은 것들을 여행에서 경험하게 됩니다. 인생은 여행이고 우리가 여행에서 배우는 것은 우리가 살아가는 데 많은 도움이 됩니다. 당신한테 일어나는 모든 일은 우연이 아니라 필연입니다. 모든 것의 조화 속에서 당신의 꿈은 이루어질 수 있고, 어떤 것도 그 꿈을 방해하는 것이 아니라 당신이 통과해야 하는 과정들입니다. 신호를 잘 보십시오. 당신과 내가 지금 여기에 있어야 하는 이유가 있을 것입니다. 당신이 만나게 되는 것들을 하나하나 유심히 살펴보면 그 속에 당신이 배울 것이 들어 있을 겁니다. 진흙처럼 되어서 그것을 즐길 수 있는 형태가 되고 절대로 비교하지……."

"그동안 여행하시면서 많이 배우신 것 같네요. 철학자가 말하는 것 같습니다."

"당신이 듣는 것은 내가 한 말이 아니라 내가 느끼는 것들의 메아리이고 길에서 우리에게 가르쳐 준 수백 명의 사람들의 메아리입니다. 사람들과 세상에 당신 마음을 여십시오. 내가 살아오면서 배운 최고의 선생님들도 내가 그들에게서 배운 것을 전부 다 알고 있지는 않았습니다."

"언제 출발하는 것이 가장 좋겠습니까?"

"지금 당장 하세요. 준비가 됐다면 시간을 허비하지 마십시오."

"우리가 잊으면 안 되는 것이 무엇이죠?"

"시작하는 겁니다. 꿈을 이루는 비밀은 시작입니다. 당신의 꿈을 시작하십시오."

"단지 그것뿐입니까?"

"네, 지금까지 당신이 살면서 쌓아둔 행운은 단 일 초 만에 잃을 수가 있습니다. 그러나 당신이 이룬 꿈은 절대로 잃지 않을 겁니다."

우리는 메일 주소를 서로 알려주고 우리 책을 선물로 주었다. 아르헨티나에서 다시 만날 것을 약속하고 포옹을 하면서 작별하였다.

"헤이!"

그가 가고 있는데 내가 소리쳤다. 뒤돌아선 그에게 내가 물었다.

"신념을 가지고 있어요?"

"네!"

그가 자신 있게 대답했다.

"그럼 당신은 성공할 것입니다."

느슨해질 때가 아니다

밤이 되어서 우리는 완전히 파김치가 되었다. 여행이야기를 들려주고 질문에 대답하느라 완전히 지쳐버렸다. 우리가 맞이한 사람들에게서 전해지는 신기한 에너지 덕분에 며칠 동안 그렇게 오랜 시간 서서 우리의 모든 것을 다 보여줄 수가 있었다.

박람회 폐막 이틀 전날 우리는 자동차 시가행진에 초대받았다. 마을 전체를 다 돌고 나서 메인 무대를 지나 3백 미터쯤 앞으로 가는데, 차가 우리를 알래스카까지 데리고 왔으니 이제 할 일을 다했다는 식으로 멈추었다.

"헤이, 그레이엄, 지금은 느슨해질 때가 아니야. 아직 다 끝난 게 아니잖아. 우리는 북극해까지 가야 해."

그의 게으름을 꾸짖었다. 그 자리에서 수리가 되지 않아서 데니스와 스콧은 차를 다시 박람회장으로 견인해 갔고, 다음 날 알래스카 자동차 클럽 회원인 스콧이 고쳐보려고 그레이엄 연료분배기와 기화기를 떼어 갔다. 이틀 뒤에 새것처럼 보이는 부품 두 개를 가지고 왔는데 자기 친구와 함께 고친 것이었다.

박람회에서 알게 된 사람들이 우리가 브리티시석유회사(BP) 사유지를 통과해서 북극해에 도착할 수 있게 해주려고 애를 썼다. 그러나 회사 측으로부터는 아무런 대답이 없었고 부정적인 소문만 돌아다녔다.

반면에 '거리의 무법자들'인 트럭운전사들 몇 명은 우리가 북쪽으로 갈 때 자기들이 가지고 있는 무전기가 도움이 될 수 있을 거라고 말

했다. 또한 사람들이 와서 우리가 차로 아르헨티나로 돌아갈 때 도움이 될 만한 연락처를 알려주었고 알래스카 전역에서 엄청나게 많은 초대를 해주었고 말이나 눈썰매나 비행기로 가는 편의도 제공받았다. 점퍼나 방금 짠 염소젖이나 어느 이탈리아 부인이 매일 밤마다 집에서 만들어 가져다 준 음식과 그 밖의 놀라운 선물도 수도 없이 받았다.

박람회가 끝나고 나는 아버지와 작별인사를 했다. 차 유리에 돌멩이 날아오는 것을 방지하고 배기관에 난 구멍들을 메우는 작업을 데니스와 함께 했고 칸데는 앞으로 필요한 물건들을 준비했고 꼭 가져가야 할 물건들만 남겨놓고 나머지는 치웠다.

BP로부터는 아무런 긍정적인 답장이 없었지만 우리는 목적지를 향해 출발하였다. 우리끼리만 간 것이 아니었다. 텍사스 출신으로 알래스카에 휴가 온 사람이 우리를 보고는 자기 소형 밴으로 같이 가기로 했다. 그 차는 사륜구동도 아니었고 상태도 썩 좋지 않았다. 우리는 니콜라스 에르난데스의 동참을 기꺼이 환영했다. 추위와 눈이 알래스카 사방에서, 특히 우리가 가는 북쪽에서 심하게 불어닥쳤다.

동물의 지능

이제 조금만 있으면 진짜로 여행이 끝난다고 생각하니 칸데와 나는 조금 이상한 기분이 들었고 끝나지 않기를 바랐다. 많은 사람들이 우리한테 이젠 피곤하지 않느냐, 집에 가고 싶지 않느냐고 물었는데 솔직히 말해서 안 그랬다. 가족과 친구들과 같이 있고 싶었지만 여행이 피곤하지는 않았다. 우리는 삶이 피곤하지 않고 즐거웠다.

페어뱅크스로 가다가 데날리 산을 보기 위해 멈췄다. 산에 쌓인 눈에 햇빛이 비치면서 웅장하고 신비스러운 장면을 연출했다. 여행 초반에는 시작한다는 두려움을 가지고 아콘카과 근처를 지나갔는데 지금 여행 끝자락에는 끝난다는 두려움을 가지고 데날리를 지나고 있다. 우리는 아메리카 최고의 두 거봉에게 인사를 한 것이다.

이틀 뒤에 페어뱅크스에 도착하니 도시 입구에서 거의 20대의 올드카를 가지고 나온 사람들이 박수로 맞이해 주었다. 윌리와 윌마 집에서 바비큐 파티를 벌였다. 팜파도 이들 부부의 손녀하고 신나게 놀았다. 이 집 주인은 우리가 북극해까지 가는 데 문제가 있다는 소식을 듣고는 우리를 도와주고 싶다며 BP에서 생산되는 석유제품을 운송하는 린덴 트럭회사에 전화를 걸었다. 그 회사 직원 한 명이 우리를 자기 회사 트럭에 태워서 바다까지 데려가 주겠다는 의견을 제시했다. 좋은 생각이었다. 린덴에서 BP허가를 받기 위해 연락했는데 거부당했다.

일요일이었지만 윌리는 카센터 문을 열었다. 그는 트럭 수리만 하면서 시간당 백 달러를 받는 전문가인데 주말에 우리 차를 수리하면 얼마나 달라고 할지 물어볼 엄두도 나지 않았다.

뭔가 특별히 부서진 것은 없었지만 윌리는 모든 것이 다 정상인지 확인하고 싶어 했다. 나사를 죄고, 기름을 칠하고……

식사 시간에 윌마와 칸데와 함께 레스토랑으로 갔다. 자기들은 몬태나에서 왔다고 했다.

"알래스카까지 오느라 힘드셨죠?"

윌마가 물었다.

"네, 조금요."

"이제 가시려면 조금 더 힘드실 거예요. 알래스카를 알게 되면 가기 싫으실 거예요."

그녀가 보는 것은 자기 세상의 부분이고 내가 보는 것은 내 세상의 부분이다. 많은 사람들이 나한테 뿌리를 내릴 장소를 찾고 있느냐고 물었다. 그러나 왜 내가 그래야만 하지? 삶의 포로들이고 항상 같은 경치만 봐야 하는 식물들은 뿌리를 가지고 있다. 나는 발을 가지고 있고 다른 곳들을 봤기에 뿌리를 내리고 싶지 않다. 뿌리를 가진다고 해서 나쁠 것은 없지만 날개를 갖는 것이 좋은 점이 더 많다. 뿌리는 내가 어디서 왔는지 보여주고 날개는 내가 어디로 갈 건지 알려준다.

"길에서 동물들 보셨어요?"

"네, 곰하고 새끼들은 많이 봤어요. 그러나 엘크는 수컷하고 암컷 한 마리씩밖에 못 봤어요. 나는 엘크가 무척 보고 싶었어요. 엄마가 그 동물을 왜 그렇게 좋아하셨는지 모르겠지만 나는 항상 그것들을 만나고 싶었어요."

"엘크는 똑똑한 동물이라서 지금처럼 사냥 시즌이 되면 사냥꾼들이 접근하기 힘든 곳에 있습니다. 암컷은 사냥이 금지되어 있는데, 암컷들은 이 사실을 알고 있어서 수컷처럼 도망가지 않습니다. 이 시즌에 길에서 그 동물을 볼 기대는 하지 마십시오."

나는 그 동물이 무척 보고 싶어서 커브길에서나 호수가 나타나면 그것들을 찾았는데 그의 말은 나를 너무 슬프게 했다.

"그러나 차에서 볼 수 없다면 공중에서 보면 되니까 따라오세요."

우리는 그의 밴에 올라탔다. 우리를 공항으로 데리고 가더니 거기서 자기들의 경비행기로 갈아타고는 일상적인 일처럼 시동을 걸더니 이륙을 해서 엘크를 찾아 비행했다. 하늘에서 본 알래스카는 매우 아름다웠다. 인간의 손길이 한 번도 닿지 않은 수많은 호수 위를 날았다. 대자연의 모습은 놀라웠다. 있다! 엘크가 있었다, 그것도 많이. 육로로는 도저히 도달할 수 없는 그곳에 엘크가 진짜로 많이 있었다. 윌리가 말한 것처럼 엘크들은 똑똑해서 사냥 시즌이 끝날 때까지 그 지역에 머물러 있어야 한다는 사실을 알고 있었다.

마지막 나무

더 이상 시간을 지체할 수 없어서 월요일에 다시 길을 나섰다. 니콜라스가 항상 우리를 따랐다. 우리는 추위 때문에 빌린 점퍼와 외투를 입었는데 북쪽으로 갈수록 추위는 더 심해졌다.

윌리는 안전을 위해서 우리가 느린 속도로 여행하고 있다고 적은 종이를 밴에다 부착하고 루프에 노란색 경광등을 달고 우리가 이 지역 트럭들하고 교신할 수 있도록 무전기도 설치했다. 이곳의 모든 차량들은 무전기를 다 갖추고 있었다. 아스팔트가 끝나고 비포장도로에 이어 황폐한 땅이 나타나면서 차도 사람도 보이지 않았다. 우리한테 알려준 바에 따르면 남은 800킬로미터를 가는 동안 주유소 한 개와 집 몇 채가, 그리고 거기서 몇 킬로미터 더 가면 와이즈먼이라는 조그만 마을이 나타날 건데 거의 버려진 그 마을에는 금을 찾던 사람들이 살았던 오두막이 대여섯 채 남아 있다고 했다. 일반인들에게 통행이 허용된 길이 끝나는 대드홀스까지는 길 사정이 계속 이럴 것이고 거기서 6킬로미터만 더 가면 북극해라고 했다.

돌과 웅덩이를 피하면서 가다 보니 페어뱅크스와 앵커리지에서 사람들이 우리한테 목적지까지 갈 수 없을 거라고 말한 것이 생각났다.

"당신들은 알래스카에 도착했습니다."

"이제 꿈을 이루었다고 생각하세요. 당신들은 많은 사람들이 올 수 없는 곳까지 왔습니다. 대드홀스에 온 것만으로도 무척 고마워해야 할 것입니다."

전부 다 우리한테 이제 여행은 그만하고 편안하게 쉬라고 했다. 그때마다 나도 그들의 말이 옳다고 생각하며 모든 짐을 다 내려놓고 싶었다. 그러나 내 속마음은 계속 투쟁하라고, 여기서 멈추지 말라고, 목적지에 도착하라고 요구했다. 그렇지 않으면 나는 항상 6킬로미터가 부족했다는 아쉬움을 가지게 될 것이다. 베네수엘라에서 만났던 알렉시스 몬티야가 했던 말이 머릿속에서 다시 울렸다. 마치 내 마음이 그 말을 한 번 더 나한테 들려주기 위해서 찾아낸 것 같았다.

"여행이 거의 끝날 때쯤 길에서 어려운 난관이 하나 더 생길 겁니다. 그것을 난관이 아니라 마지막 테스트라고 생각하세요. 다른 사람들이 대부분 실수하는 것처럼 마지막 순간에 포기하지 마십시오. 그 테스트를 통과하면 '꿈을 이루었다'고 말할 수 있을 겁니다."

어떻게 해야 꿈을 이룰 수 있을지는 모르겠지만 하여튼 방법은 있을 것이다. 가는 도중에 사진을 찍고 촬영하기 위해 차를 세웠다. 우리가 북극권에 들어간다는 것을 가리키는 기념탑에서 휴식을 취했다. 비록 흙과 자갈길이었지만 아무 문제가 안 되었고 트럭들도 우리 곁을 지날 때 호기심을 보이면서 속도를 줄여 줘서 아무런 방해가 되지 않았다.

니콜라스가 무전기에서 들은 이야기를 우리한테 해 주어서 웃었다.

"20세기 초에 나온 차가 지금 여기서 무엇을 하는지 누구 아시는 분 있습니까? '보니와 클라이드'가 대드홀스 은행을 털러 가고 있습니다"와 같은 말들 때문에 우리는 더욱 즐겁게 여행을 할 수 있었다.

온종일 424킬로미터를 달린 후에 와이즈먼으로 올라가니 페어뱅크스 클럽 소속이며 우리한테 오두막을 빌려줄 짐이 기다리고 있었다. 그는 아주 건강한 체격에, 흰 수염이 얼굴의 반과 목을 다 덮고 있었다. 이 아름다운 통나무집에서 정말 많은 선물을 받아서 마치 북극 중앙에서 빨간 옷을 입지 않은 산타할아버지를 만난 것 같았다.

짐은 우리가 북극해에 가고 싶어 한다는 것을 알고 우리를 위로해 주었지만 그의 말은 아무런 도움이 되지 않았다. 자기가 페어뱅크스의 윌리와 이야기를 했지만 아직 아무런 소식이 없다고 말했다. 그리고서 우리만 아주 아름다운 오두막에 남겨두고 자기는 길에 있는 야영장으로 자러 갔다. 밤에는 끔찍하게 추웠다. 그래도 밥을 먹고서 차를 몰고 나갔다. 우리 꿈을 이루기 위해서 어떻게 해야 할지 방법을 모색하였다. 나는 피곤한 줄도 모르고 온종일 오감을 길에 집중하며 문제를 생각하면서 차를 몰았다. 어떻게 해야 '수요일에' 북극에 들어갈까? 어떻게 한 회사가 대륙 끝의 주인이, 모든 것이 주인이, 길과 바다와 우리 꿈의 주인이 될 수 있을까? 우울한 기분을 떨쳐내려고 가장 잔잔한 수면으로 돌을 던져 물수제비를 떴다.

갑자기 물의 색깔이 바뀌는 것 같았다. 초록색에서 푸른색으로 그리고 다시 불그스레한 색깔로. 그 색이 움직였다. 마치 섬광 같았다.

고개를 들어 하늘에서 아주 신비로운 것을 보고 놀랐다. 가만히 있지 않고 떠도는 구름 같은 것에서 갖가지 빛이 뿜어져 나왔다. 칸데한테 알려주려고 뛰었다. 칸데는 자고 있다가 나하고 같이 나왔다. 우리는 경이로운 장면을 보고 서로 껴안았다. 말로만 들었던 오로라였다.

칸데는 다시 이불 속으로 들어가고 나는 차가운 바닥에 에너지를 달라고 부탁하면서 누웠다. 오로라 빛이 하늘의 자유를 즐기며 계속해서 춤추고 있었고 나는 다시 생각에 빠졌다. 시작은 어려웠다. 그러나 3년 7개월이 지난 지금, 가장 어려운 것은 끝내는 것이었다.

우리는 그저 꿈을 꾸는 사람들이라 지나갈 수 없었다. 우리한테만 들어오지 못하게 한 것이 아니라 우리보다 먼저 여기에 도착해서 바다에 도착하기를 소망했던 수천 명의 사람들한테도 그렇게 했다. 그리고 우리가 도착하기를 바라는 수백만 명의 사람들도 못 들어가게 한 것이다. 신문이나 라디오에서 우리 소식을 보고 듣고 싶어 하는 이 사람들은 언론 매체를 통해 우리를 따라오면서 지금 마지막 소식을 기다리고 있다. 이것은 사실이었다. 우리는 우리끼리만 있는 것이 아니고 꿈을 좇는 그냥 한 가족이 아니고 수백만 명의……. 그래서 우리가 꿈을 이루지 못한다면 수백만 명의 꿈이 이루어지지 못하는 것이다. 나는 언론사에 전화를 걸어 종착지가 없을 것이기 때문에 마지막 기사는 없을 것이라고 말해야 했다.

"BP는 수백만 명 사람들의 꿈이 이루어지는 것을 원치 않습니다. 왜 그러는지 물어봐 주십시오."

나는 다시 칸데와 니콜라스를 깨웠다.

"해결책이 있을 것 같아! 아니 벌써 가지고 있어! 우리는 바다에 도착할 수 있을 거야. 분명히 말하는데 우리는 도착할 거야. 우리는 그것을 원하는 수백만 명의 사람들의 대표이고 그것을 이룰 수 있는 도구를 가지고 있어. 내일 AP통신과 NPR(National Public Radio) 방송국에 전화해야겠어. 그들은 우리 여행이 끝나면 바로 취재하려고 기다리고 있어."

내 계획을 들은 그들은 잠을 이루지 못했다. 나는 모든 일이 잘 해결될 거란 확신을 가지고 편안한 마음으로 잠자리에 들었다.

우리는 수백만 명입니다

일찍 자리에서 일어나 유일하게 하나 있는 공중전화부스를 찾아서 전화기가 작동하기를 빌었는데 전화가 연결되었다. 먼저 BP에 전화를 걸어 항상 내 전화받기를 거부하던 담당자하고 말을 하려고 했다. 그는 우리를 통과하게 해줄 수 있는 유일한 사람이었다. 그러나 자동응답기 소리만 들려왔다. 그래서 뉴욕에 전화를 걸었다. 시차 때문에 그쪽은 벌써 아침도 한참 지난 시간이었다. AP통신에 내 사정을 이야기했다. 소식을 기다리고 있던 그들은 나한테 BP전화번호와 담당자들 이름을 물었다. 전화를 끊고 NPR방송국에 전화를 했더니 프로그램을 하나 준비 중이라며 똑같은 것들을 요구했다. 전화를 끊고 나니 한바탕 소동이 일어날 것 같은 생각이 들었다. 어떻게 결말이 날지 나는 모른다. 그것을 알기 위해서는 몇 시간을 기다려야 할 것이다.

또 전화기를 들었다. 이번에는 데니스한테 전화를 해서 AP와 NPR에 그의 전화번호를 알려줬다고 말했다. 새로운 소식이 생기면 그 방송국들에서 그에게 연락을 할 거라고 했으니까 내가 두 시간마다 전화를 걸 테니 상황이 어떻게 돌아가는지 알려달라고 부탁했다. 마지막으로 페어뱅크스에 전화를 했다.

"여보세요, 여보세요."

전화가 끊겼다.

"남은 돈이 없습니다. 다시 전화를 걸려면 새 카드나 동전을 넣으세요."

어떻게 해야 할지 난감했다. 동전을 넣는 구멍이 없었고 새 카드를 살 곳도 없었다.

"어떻게 하지?"

머리를 쥐어뜯으면서 나 자신한테 물었다.

칸데와 니콜라스한테 전화한 이야기를 알려주려고 달려갔다.

"소동은 일으켰는데 어떻게 되어 가고 있는지 모르겠네."

긴장되고 슬프고 조바심 나는 표정으로 말했다.

"제 카드 쓰세요."

니콜라스가 우쭐거리며 신용카드를 주는 모습을 보니 무척 재미있었다.

“공중전화지, ATM이 아니에요.”

“네, 그렇지만 전화카드를 충전할 수 있어요.”

“그럼 가서 해 봅시다.”

공중전화부스까지 걸어가는 데 30분이 더 걸렸다. 나무로 된 다리와 산속 길을 걷고 숲과 강을 지나야 했는데 그 물소리에 조금 위로가 되었다. 지나가다 보니 비어 있는 오두막들이 보였는데 대부분 여름에만 사용하였다. 겨울을 여기서 보내는 두세 가구는 사냥을 나갔는데 그것이 그들이 내년 여름까지 먹을 식량을 구할 수 있는 유일한 방법이었다. 니콜라스는 카드 비밀번호를 입력하려 했는데 실수로 잘못 눌렀다.

“에이, 잘못 눌렀어요.”

이렇게 말하면서 다시 눌렀다. 신경세포 하나하나가 다 곤두서는 것 같고 답답해서 부스에서 나왔다. 어떻게 되어가는지, 뉴욕에서나 앵커리지에서나 페어뱅크스에서 나에 대해 알고 싶은 것이 없는지 궁금했다. 그러나 전화부스로 다시 들어가고 싶지 않았다.

“전화번호가 몇 번이에요?”

니콜라스가 전화카드충전에 성공하고 나서 기쁜 표정으로 머리를 내밀며 소리쳤다.

데니스에게 전화를 했다.

“허먼, 이건 혁명이야. 양 사방에서 전화로 질문들을 했는데 아직까지 어떠한 해결책도 안 나왔어. 두 시간 있다가 다시 전화 줘.”

“두 시간! 이 부스 안에서 두 시간은 영원이야.”

끊고 페어뱅크스에 전화를 걸었다.

“허먼, BP에서 전화가 왔는데 차 특징 같은 것을 물어보는 걸 보니까 좋은 소식이 있을 것 같은데.”

윌리가 말했다. 칸데한테 소식을 알려 주러 갔다. 그녀와 여행 동반자와 우리 아들과 함께 강변을 걸으러 나왔다. 왜 우리는 항상 물가나 해변이나 절벽 가장자리를 여행할까? 왜 그럴까?

내일까지는 전화를 하고 기다려야 하니까 오늘은 여행을 할 수 없다. 어떻게 되어가는지 너무 궁금해서 다시 전화부스로 갔다. 데니스한테 전화를 했는데 받지를 않았다. 우편물을 찾으러 갔을지도 몰라서 10분 기다리고 있다가 다시 전화했다. 자동응답기 소리가 들렸다. 뉴욕에 전화를 걸어 기자를 찾았는데 자리에 없었다. NPR에 전화했더니 나하고 연락했던 기자는 이미 퇴근했다. 시계를 봤다. 그랬다, 뉴욕은 벌써 늦은 시간이었다.

지금 상황이 어떻게 돌아가는지 나한테 말해줄 사람이 없을까! 설사 우리한테 안 좋은 소식이더라도 듣고 싶었다. 무작정 BP에 전화를 걸었다. 자동응답기라도 받을 것이다.

“네, 사무실입니다.”

항상 똑같은 테이프 녹음소리였다.

“여보세요, 안녕하십니까?”

내가 전화했다는 것을 담당자에게 알리기 위해 자동응답기에 녹음을 했다.

“제 이름은 허먼 잽이고 지금 여행 중입니다.”

“여보세요, 아니, 도대체 당신 뭐하는 사람이에요? 여기가 푸르도만이라고 생각하세요? 여기가 뭐 피크닉 오는 야영장인 줄 아세요?”

내가 그토록 찾던 사람이 매우 못마땅하다는 식으로 전화를 받더니 따졌다.

"여기가 아무나 지나갈 수 있는 그런 곳이라고 생각합니까? AP통신하고 NPR방송국에서 전화가 오고 이 문제가 세상에 다 알려져서 내가 지금 곤란하게 됐습니다. 푸르도 만은 테러리스트들의 공격 위험성이 높은 지역이고 지금은 9·11테러 기념일을 이틀 앞두고 있는 날이라 나라 전체에 오렌지 경보가 내려진 상태입니다."

"수고하십니다. 만일 저희 집사람과 저희 아이와 저희 차를 보신다면 저희가 절대로 테러리스트가 아니라는 것을 확실하게 아시게 될 겁니다. 더군다나 저희는 세계에서 벌어지는 전쟁들의 책임자들도 아니고 그저 당신처럼 꿈을 꾸는 사람들입니다. 아르헨티나를 떠날 때는 두 사람의 꿈이었지만 지금은 안 된다고 하시면 수백만 명의 꿈을 거부하시는 겁니다. 허락해 주신다면 저희도 감사의 대가로 BP에 보답할 마음을 먹고 있습니다."

"BP는 당신들 도움 같은 것 필요 없어요, 당신들은 BP의 협조가 필요하겠지만."

"네, 잘 알고 있습니다. 그러나 저한테 그렇게 권력을 보여주실 필요는 없습니다. 모든 사람들을 통과시켜 주면서 권력을 보여주시지요."

"당신 차는 어떤 겁니까?"

그가 훨씬 누그러진 목소리로 물었다.

"1928년⋯⋯"

"안전벨트는 있습니까?"

"아니요, 없습니다."

"적어도 시속 60킬로미터로 달릴 수 있습니까?"

"아니요."

"그 차는 최소한의 규정도 지키지 못하고, 거기다가 들어가려면 운전시험도 통과해야 합니다. 차 없이 갈 수 있어요?"

"네, 할 수 있을 겁니다."

"좋습니다. 그렇다면 한번 검토해 보겠습니다."

시간이 되어서 데니스한테 다시 전화를 했더니 북극으로 갈 수 있는 만반의 준비가 다 되었다는 기쁜 소식을 알려주면서 푸르도 만에서 우리를 기다리겠다고 했다. 그리고 대드홀스 호텔에서 이틀간 묵을 비용도 다 지불했다고 했다.

브룩스산맥

다음 날 동이 트자마자 마지막 구간 여행을 시작했다. 짐한테서 무전기로 연락이 왔다.

"오늘 아침에 당신들이 CNN에 나왔어요. BP가 통과를 허락한 것도 알았어요!"

우리가 허락받은 것이 세상에 알려졌다니 우리 귀를 믿을 수가 없었다. 무척 기쁜 마음으로 북쪽으로 계속 가는데 길가에 곰이 나타나서 차를 세웠다. 벌써 다섯 번째였다. 우리는 거대한 송유관 옆을 따라갔는데 원유는 이 관을 통해 앵커리지에 도착해서 거기서 배에 실려 캘

리포니아까지 가서 수백만 대의 차에게 연료를 공급하였다. 그러나 지금 우리 차 연료탱크에 남아 있는 기름하고 예비로 가져가는 기름하고 합쳐서 얼마나 갈 수 있는지가 우리의 최대 관심사였다.

마지막 나무를 가리키는 표지판을 지나갔다. 내리고 있는 눈이 길을 덮었다. 툰드라에서 내리는 눈하고는 달랐다. 차 온도가 내려가기 시작해서 알바니에서 알게 된 친구 팜이 만들어 준 앞치마를 라디에이터에 씌었다. 우리는 외투를 너무 많이 껴입어서 칸데하고 나 사이에는 틈이 없을 정도였다. 팜파는 옷에다 모자에 감싸여서 완전 공이 되어 얼굴만 겨우 보였지만 행복해 보였다. 팜파는 차가 움푹 파인 웅덩이를 지날 때나 언덕을 오르내릴 때 매우 즐거워했고 그의 기쁨은 우리에게 옮겨졌다.

앞유리에 아주 어려운 문제가 나타났다. 브룩스산맥을 깎아지른 듯이 가로지르는 거대한 아티군패스(브룩스산맥을 넘어가는 지점)가 보였다. 사람들이 우리한테 불가능하다고 말한 것이 바로 저 장애물 때문이었던 것 같다.

차바퀴에 체인을 감으려고 내렸는데 장갑을 끼고는 할 수가 없어서 맨손으로 하니 단 몇 초 만에 손가락들이 얼기 시작했다. 그래서 한쪽에 체인을 감고는 다시 장갑을 끼고 조금 따뜻하게 한 다음 다시 장갑을 벗고 다른 쪽 체인도 감았다. 시간은 많이 걸렸지만 그래도 다 감았다. 우리는 긴장된 마음으로 중요한 시험 앞에 있었다. 체인을 감았는데도 차는 얼음 위에서 스케이트를 계속 탔다. 얼음과 길의 요철 때문에 차가 가지를 못하고 이리저리 꼬리만 쳤고 체인도 좀 헐거웠다. 그렇지만 조금씩 앞으로 나갔다. 산에게 올라갈 수 있게 도와달라고 부탁했다.

"자, 가자. 그레이엄, 힘내자! 여기서 멈추면 안 돼!"

칸데가 힘을 불어넣었고 밀어주고 싶은 마음에 얼굴을 앞유리에 갖다 붙였다. 하늘, 산, 길 그리고 차 앞유리는 내리는 눈송이로 하얘졌다. 뒤를 돌아보니 밴의 노란색 경광등 불빛이 거의 보이지 않았다. 낭떠러지로 떨어지지 않기 위해 길 중간으로 갔다. 건너편에서 트럭이 오지 않게 해달라고 그 어느 때보다 더 절실한 마음으로 기도했다. 만일 온다면 어떻게 피할 도리가 없을 것이다. 차가 지그재그로 갔고 올라갈 때는 오른쪽에서 왼쪽으로 갔다가 다시 오른쪽으로 갔다.

마침내 가장 높은 곳에 도착해서 차를 세우고 조금 쉬면서 정신을 차렸다. 가면서 따뜻한 커피를 마시려고 엔진 냄비에 물을 끓였다.

또 하나의 큰 시험을 치뤄야 했다. 내려가는 일이었다. 차에 올라 긴장의 끈을 바짝 조이고 마지막 목적지까지 데려다 줄 길의 흔적을 찾았다. 천천히 달려 툰드라의 평원에 도착하니 눈이 적게 쌓여서 차 속도를 내면서 북쪽으로 계속 달렸다. 이제 안정을 찾은 칸데는 날씨가 너무 추워서 뒷좌석에 치마를 깔고 거기에 팜파를 앉혔다. 여기서부터는 멕시코에서 설치한 소형 난방기 덕분에 따뜻하게 갈 수 있게 되었다. 길 위를 지나가는 엄청난 순록 떼를 구경하고 커피를 준비하려고 차를 세웠는데 물이 아직도 끓지 않았다.

산길을 달리고 나서 긴장을 푸니 하품이 나왔지만 그래도 긴장이 되었다. 주변의 길은 그야말로 황무지뿐이고 툰드라 평원 말고는 아무것도 보이지 않았다. 불안한 마음이 들어서 차를 멈추고 내려서 확인할 때도 엔진이 얼까 싶어 시동을 끄지 않았다. 가다가 근처를 지나가는 털이 아주 긴 거대한 버펄로 몇 마리를 한참 동안 구경했다. 이렇게 극한 환경에서 동물들이 살아가고 있다는 사실이 놀라웠다.

그 다음 휴식은 큰 갈색 곰 한 마리를 보기 위해서였다. 이런 곳에서 뭘 먹고 살까? 무척 멋있게 생겼고 거대한 털은 하얀 눈송이 장식으로 매우 아름다웠다.

대드홀스

온종일 운전을 한 다음 대드홀스에서 처음으로 집들이 보여서 경적을 울리며 축하하였다. 그것들이 이곳의 유일한 집들이라는 것을 도착하고서야 알았다. 거리에는 사람 한 명 다니지 않았고 여기서는 거주하는 사람도 없었다. 며칠씩 일하러 오는 사람들은 있었지만 그들도 밖에 돌아다니지는 않았다. 호텔을 찾아 꽁꽁 언 거리를 돌아다녔다. 호텔 문 입구 가까이에 주차할 만한 장소가 보였다. 브레이크를 밟고 기어 손잡이에 손을 얹고 마지막으로 천천히 기어를 바꾸었다. 여행 첫날 1단을 넣고 출발했을 때처럼 힘이 솟구쳐 올랐다.

팜파를 중간에 놓고 칸데와 나는 얼싸안았다. 날씨가 추워서 우리를 빼놓고는 모든 것이 다 언 것 같았다. 우리는 이 순간의 기쁨을 즐기며 잠시 그대로 있었다. 이제 내일이면 우리 꿈이 이루어진다.

호텔에서 두 사람이 나오더니 우리를 보면서 소리쳤다.

"도착했어요, 여행자들이 도착했어요!"

한 사람이 다른 사람들에게 알리려고 안으로 들어가더니 많은 사람들하고 같이 나오면서 사인을 받으려고 오늘 신문을 가지고 왔다. AP통신 기사였다. BP가 허락을 해서 우리가 꿈꾸던 북극에 도착했다는 내용이 큰 타이틀로 소개되었다. 이 기사를 읽을 사람들이 내일이 우리 모두가 꿈을 이루는 위대한 날이라는 것을 알게 될 거라 생각하니 가슴이 벅차올랐다. 우리가 들어간 호텔은 관광객을 위한 것이 아니라 석유회사 근로자들을 위한 공간이었다. 그들은 식탁에서 일어나 우리를 환영했다. 우리는 바로 식탁에 앉아 감자튀김을 곁들인 푸짐한 뷔페를 먹고는 방으로 가서 완전히 곯아떨어졌다.

조용한 밤에 눈이 떠졌다. 언제 잠이 들었는지 기억도 나지 않았다. 며칠간 긴장을 많이 해서 무척 피곤했던 모양이었다.

"다시 잠이 안 들 것 같아요."

칸데도 깨서 말했다. 그녀 심정이 이해가 되었다. 우리는 껴안았다.

"무슨 생각해요?"

"당신하고 똑같은 생각하고 있었어. 우리 기도할까?"

"하느님, 오늘은 부탁드리는 것이 아니라 감사드리려고 기도합니다. 오늘과 이 여행과 올해와 우리가 함께 이루어가고 있는 이 꿈에서 베풀어 주신 은혜에 감사드리고 싶습니다."

바다를 쓰다듬다

마지막 아침, 마지막 호텔에서, 우리 여행의 마지막 날, 마지막 장소에서 만감이 교차하였다. 우리 차가 어떻게 있는지 보러 나갔다.

올겨울 첫눈이 내린 어제 우리는 대드홀스에 도착했다. 우리가 도착해서 축하를 하며 사진을 찍으라고 대자연은 기다리고 있었던 모양이었다. 오늘 동이 틀 무렵부터 하늘에서 큼직한 눈송이들이 떨어지면서 우리 여행 동반자 위를 조금씩 조금씩 덮고 있었다.

운동장이나 거리에서 결승선에 도착하는 우승자를 축하해 주기 위해 뿌리는 종이조각들 같은 눈송이들을 칸데와 같이 감상했다. 호텔 리셉션 창을 통해 그레이엄을 봤다. 밖은 무척 추웠고 다른 차들은 전기 플러그에 연결되어 엔진 온도를 유지하고 있었지만 그레이엄은 전기를 연결할 플러그도 없었고 또 그럴 필요도 없었다. 우리 여행 동반자는 아직 따뜻했고 엔진은 맥박이 뛰고 행복해서 여기까지 왔던 길을 전부 다 되돌아보면서 우리처럼 어젯밤에 잠을 잘 수가 없었을 것이다. 이제 눈으로 완전히 뒤덮였지만 자기가 지나갔던 나라들의 상징인 국기들에는 아직 눈이 쌓이지 않았는데 그 색깔들 때문에 꼭 훈장을 받은 것 같았다.

창밖을 내다보고 있는데 뒤에서 한 사람이 다가와서 말했다.

"당신들끼리 이 일을 해내시다니 참 대단하십니다."

"아닙니다. 우리끼리는 할 수 없었을 겁니다. 많은 사람들이 동참하였고 도와주었기 때문에 가능했습니다. 사람들이 마음의 문을 열고 도와주면 어디라도 갈 수가 있고 어떤 불가능한 일도 이룰 수가 있습니다. 우리가 이런 일을 제일 처음 한 사람도 아니고 신의 보살핌 덕분에 마지막 사람도 아닐 겁니다."

감동

2003년 9월 11일 오후 3시, 찬바람이 불고 태양이 툰드라 평원을 비추고 있다. 오늘은 위대한 날이다. 미터기에 그동안 여행한 거리가 7만 킬로미터 이상으로 기록되어 있고 달력에는 여행한 날이 3년 7개월 17일로 되어 있다. 처음 계획은 3만 킬로미터에 6개월이었는데 큰 차이였다. 그러나 경이로움으로 충만한 하루를 사는 것이 진정한 삶이라는 것을 알게 될 때는 계획이 없다. 심장이 고동치는 동안 삶은 이어지지만 산다는 것은 경이로운 순간들의 연속이다.

알래스카 박람회에서 우리가 BP에 들어가는 것을 막는 장본인이 되지 않기를 바란다고 말했던 바로 그 사람이 푸르도 만에 들어가는 문 입구에서 기다리고 있었다. 그는 우리를 픽업해서 바다까지 데려다 주었다. 몇 미터 앞에 바다가 보였다. 차에서 내려 행복한 기분에 뛰면서 노래를 불렀다. 눈물이 흘러내렸다. 팜파의 팔을 들어올리고 우리 세 사람은 껴안았다. 믿을 수가 없었다. 꿈을, 우리가 살면서 꾸었던 큰 꿈을 이루었다.

"여행을 끝낸 기분이 어때요?"

경비원이 물었다. 참 어려운 질문이었다. '끝났다'라는 단어가 주는 어감이 좋지 않았다! 우리는 끝내는 것을 원치 않고, 이렇게 멋진 여행을 끝내고 싶지 않다. 새로운 곳에서 새로운 친구들을 만나는 일을 멈추고 싶지 않다. 매일매일 새로이 시작하고 다른 곳에서 아침을 맞이하고 어떻게 길을 갈까 생각하면서 살아가고 싶다. 다른 길을 시작하고 돈도 좀 벌고 뭔가 새로운 것과 뭔가 다른 것을 배우고 매일매일 새로운 주인공과 만나 이야기를 나누고 잠잘 곳을 찾고 다른 장소에서 아침을 맞이할 수 있는 곳을 구하고 삶을 다시 시작하고……. 우리는 끝내고 싶지 않았다.

그러나 이 사람 말이 옳다. 길은 여기서 끝이 났고 앞에 보이는 것은 바다뿐이다. 수평선은 지금까지 차 앞유리에 나타났던 스릴러 영화처럼 어떤 일이 벌어질지, 다음에는 또 어떤 무서운 장면이 나타날지 모르는 그런 길이 아니다. 이제 길은 없다.

그동안 경험했던 신비로운 일들과 여행에서 함께 한 고마운 사람들이 눈앞에 떠올랐다. 왜? 그들을 만났을 때 그들은 문을 열고 차에 올라 우리와 함께 했기 때문이다. 그래서 그들은 지금 내 마음속에 있고 그들이 즐거워하고 웃고 축하하고 펄쩍 뛰는 모습을 본다. 우리 차가 자기 이발소 옆에서 멈춘 걸 보고는 손님 머리를 깎다 말고 뛰어나온 카를리토스, 새까만 피부에 밝고 순진한 미소를 지으며 이 세상에서 가장 귀한 차를 정비하는 것처럼 우리 차를 돌본 기술자 훌리오, 수예품 만드는 노하우를 전수해 준 에두아르도, 우리를 자기 친자식처럼 예뻐해 준 아그네스……. 당신, 그리고 그와 그녀…… 모두가 여기에 있다.

"여행을 끝낸 기분이 어때요?"

아직까지 답을 듣지 못한 그 사람이 다시 물었다.

"끝내니까 다시 시작하고 싶은 마음이 드네요. 하나의 길을 끝내니까 바로 여기서 또 다른 꿈이 시작되는 것 같네요. 마음이 활력과 이야기로 가득 찹니다. 불가능해 보였던 꿈을 이루면 행복할 텐데 오늘은 그렇지 않네요. 우리가 이 여행에서 가장 잘한 일은 시작한 것이고 이제는 집으로 돌아간다는 생각이 듭니다."

'집으로 돌아간다'는 말이 참 낯설게 들렸다. 한 번도 집을 그리워하지 않고 항상 집에 있는 것 같은 느낌이 들어서 그런 걸까?

누가 손을 잡는 느낌이 들어서 보니 팜파였다. 벌써 15개월 된 팜파는 보석을 모으는 사람처럼 돌멩이를 모아서 우리한테 보라고, 자기처럼 우리도 그 돌들을 보고 즐기라고 주었고 우리는 이 여행에서 얻은 가장 값진 기념품처럼 그것을 주머니에 간직하였다. 내 입에서 말들이 쏟아져 나왔다.

"우리 아들 팜파, 내 인생에서 몇 년 동안 내 주머니는 보석과 행운으로 가득 찼다. 지금 이 순간 너한테 이것을 다 주고 싶다. 오른쪽 주머니에는 아직도 바닷물에 젖은 모래와 파도 거품과 소라가 들어 있고 왼쪽 주머니에는 평화의 소리를 들을 수 있었던 산속과 사막의 고요함이 들어 있다. 뒷주머니에는 물과 흙과 공기를 넣어놨는데 상쾌함과 따뜻함과 향기를 느끼기 위해 섞지 않았다. 또 다른 주머니에는 나에게 열기와 사랑을 주고 길을 같이 걸어 준 햇빛과 별과 구름을 보관하였다. 돈은 너무 무겁고 시끄러워 같이 넣을 수가 없어서 그것에 대한 추억은 없다. 하나 더 있는 비밀 주머니에는 편지 한 통과 입맞춤과 꽃 한 송이를 보관해 두었는데 이것들은 너한테 주지 않고 내 사랑 칸데한테 주려고 내 마음속에 간직하였다."

북극해의 차가운 물에 손을 담갔다. 자갈 위에 앉아서 아무 말도 하지 않고 조용히 있었다. 손가락을 다시 바닷물에 적시며 몇 방울 먹었다. 내 모습을 유심히 보고 있던 칸데도 자기 손과 팜파의 손을 적셔서 입으로 가져갔다. 이제 우리도 여기의 부분이 되었다. 전 미주대륙의 일부분이 됐다는 느낌이 들었다.

북극해까지:
70,341km
3년 7개월 보름째

집으로 가는 길

어떻게 집으로 돌아갈 것인가?

내린 눈 때문에 길들이 그레이엄이 지나갈 수 없는 상황이 되었는데 다행히도 칼라일 운수회사에서 비용을 받지 않고 푸르도 만에서 앵커리지까지 차를 운반해 줬다. 대신에 우리는 니콜라스의 밴으로 페어뱅크스로 갔다가 거기서 다시 앵커리지로 갔다.

한 달 반 동안 알래스카 전역을 돌아다니며 여러 학교를 방문해 학생들에게 꿈은 이룰 수 있다는 희망을 주기 위한 취지로 꿈에 대한 강연을 하였다. 또한 다른 사람들, 예를 들어 알래스카 개썰매 대회에 참가하는 어느 가족하고도 이야기를 나누었다. 그들은 자기 개들을 우리 차에다 묶고는 마치 썰매를 끄는 것처럼 우리를 견인하였다. 그레이엄은 10견력(犬力)의 차다!

아르헨티나로 돌아가는데 도움의 손길이 넘쳐흘렀다. 토트회사는 자기들 카페리로 시애틀까지 데려다 주겠다고 했고 텍사스 휴스턴에 있는 또 다른 선박회사는 거기서 아르헨티나까지, 그리고 한 항공사는 마이애미에서 콜롬비아까지 항공편을 제공하고 싶어 했다. 그러나 린덴회사가 아주 놀라운 제의를 해왔다.

"린덴이 알래스카에서 아르헨티나까지 당신들 차를 운반해 주겠다고 해요."

페어뱅크스에서 윌리가 전화로 알려줬다. 단 1분도 허비하기가 싫어 그 즉시 차로 거기까지 갔다. 차에서 내려 열렬한 환영을 받았다.

"감사합니다, 대단히 감사합니다."

"저희가 감사드려야죠."

왜 그렇게 호의를 베푸는지 이유도 모른 채 대답했다.

"아닙니다. 당신들 꿈에 저희도 동참시켜 주서서 감사드립니다."

믿을 수가 없었다. 그들은 상업적인 목적이 전혀 없었고 언론이나 광고에도 관심이 없었고 심지어 차에다 회사로고가 찍힌 스티커 부착 정도도 요구하지 않았다. 단지 우리 꿈의 일부분이 되고 싶을 뿐이었다. 우리는 부에노스아이레스까지 어떻게 돌아갈지도 모르고 차가 집까지 도착하는 데 시간이 얼마나 걸릴지도 모른 채 그레이엄과 헤어졌다. 그러나 조금만 있으면 우리 모두가 집에서 다시 함께 모일 것이기 때문에 행복했다.

스콧이 자기 마일리지를 희생했다. 자기 부인하고 스코틀랜드 다녀

온 마일리지를 합쳐서 우리한테 샌프란시스코행 비행기 티켓을 끊어
주었다. 알래스카에서 받은 사랑에 큰 감동을 받고 눈물을 흘리며 그
들 모두와 헤어졌다. 샌프란시스코에서 한 달 동안 머물면서 아버지
는 손자하고 즐거운 시간을 보냈다. 이제 떠나면 언제 다시 만날 수 있
을지 기약이 없었다.

이번에는 비행기를 타고 아르헨티나로 출발했다. 3년 이상 걸린 일
을 12시간 만에 했다. 아르헨티나에 내리니 공항에서 가족들이 열렬
하게 환영을 해줬다. 영원히 지속될 것 같은 기쁨 속에서 서로 포옹을
했다. 우리가 떠났을 때처럼 차가 도착하면 그때 친척들하고 같이 파
티를 하고 싶어서 그들에게는 우리가 도착했다는 연락만 하였다.

불가능은 없다

차를 그렇게 오랫동안 국외로 내보냈다고 부과된 벌금과 재입국비용
을 합치니 거의 9천 달러나 되었다. 그만한 돈이 없어서 도움받을 곳
을 찾아봤다. 정치권에 있는 사람들을 찾아다녔고 전 관세청장과 부
통령한테까지 가서 부탁해 봤지만 아무런 도움을 받을 수가 없었다.

개인적으로 세관에 찾아가서 통관국장에게 직접 서류철을 내밀었
는데 그가 원칙적으로 서류를 처리하는 것을 보고는 일말의 기대도 할
수가 없었다. 차는 오는 중이었고 도착하더라도 이런 행정적인 문제
가 해결되지 않는다면 항구에서 기다려야 했고 그렇게 되면 벌금과 재
입국비용뿐만 아니라 창고 임대와 컨테이너 보관에 따른 비용도 지불
해야만 했다. 서류 작성을 시작한 지 한 달이나 넘어 세관에 가서 지
금 서류가 어떻게 되어가고 있냐고 물어보았더니 서류를 어디로 보냈

느지 기억을 하지 못했다. 이 사무실 저 사무실로 가서 두꺼운 서류철에서 우리 것이 어디로 갔는지 찾아보았지만 허사였다.

"낼 것은 내야 합니다."

한 직원이 말했다.

"혹시 자동차가 압류당한 것 아닌지 확인해보세요."

다른 직원이 말했다.

"벌금 일부는 면제받을 수 있을지 몰라도 세금하고 그 밖의 다른……."

세 번째 직원이 은근히 겁을 줬다. 마지막으로 사무실 한 군데를 더 들러 조그만 창구를 통해 서류번호 1800-03에 대해 문의하였다.

"확인해 보겠습니다."

한 직원이 두꺼운 서류철에서 찾아보더니 아무 말도 하지 않고 다른 사무실로 갔다가 돌아왔다.

"들어오세요. 과장님이 이야기 좀 하고 싶어 하십니다."

"이렇게 만나서 반갑습니다."

과장은 반갑게 맞이했다.

"바로 지난주에 당신들 서류가 해결됐습니다."

"어떻게 결정 났습니까?"

우리는 불안한 마음을 감추지 못하고 물었다.

"음…… 서류번호 1800-03이라…… 2003년 12월 3일 시작해서…… 2003년 12월 23일 부에노스아이레스……. 당신들이 읽는 것이 더 의미가 있겠는데요."

그것을 받아서 읽었다.

"1928년 차량을 가지고 관광목적 외에 알래스카까지 도달하겠다는 목적을 이루었다는 특별한 상황 하에서 부인 차량은 정인 사람을 따라야 한다. 따라서 체류기간을 통보받은 날부터 20일까지 연장한다. 서명, 페드로 히론딘."

"무슨 말인지 설명 좀 해주시겠습니까?"

"앞으로 통보받은 날로부터 20일 이내에 아무런 벌금이나 세금도 물지 않고 차를 찾을 수 있다는 뜻입니다. 차가 도착하는 대로 연락드리겠습니다."

놀란 표정으로 그를 바라봤다. 그는 우리한테 어떤 문제나 비용이 발생하지 않도록 필요한 모든 것을 제공하였다. 세관에서 나오기 전에 이런 결정을 내린 담당자에게 고맙다는 인사를 하러 그의 사무실을 찾아 노크를 했다.

"들어오십시오."

"페드로 히론딘 씨?"

"네, 전데요, 무엇을 도와드릴까요?"

"저희는 올드카 여행자들인데 우리 문제를 해결해 주신 데 대한 감사인사를 드리러 왔습니다."

"그러실 필요 없습니다. 그냥 제 할 일을 했을 뿐입니다. 법률 안에서 정해진 대로 했을 뿐입니다."

그의 말에 다시 한 번 놀랐다. 점잖고 겸손한 그의 말투에서 인품이 드러났다. 그 덕분에 차를 찾을 수 있을 것이고 언젠가 책이 나온다면 그를 잊지 않을 것이다. 그러나 그는 어떤 법을 적용할 것인지를 알아야 하는 자기 업무를 수행한 것뿐이라고 했다.

"고맙습니다, 페드로 씨."

애정과 존경의 마음으로 그의 눈을 바라보면서 말했다.

처음으로 다시 돌아가다

2월 18일, 위대한 동반자 그레이엄을 만나러 항구로 갔다. 최근 4년 동안 매일 함께 생활하다가 그를 못 보니까 무척 그리웠다.

항만회사 엑슬로간은 아무 비용도 받지 않았을 뿐만 아니라 방송국 카메라와 사진기자들까지 불러서 우리를 맞이하였다. 우리 차가 들어 있는 컨테이너로 갔다.

칸데도 팜파를 안고서 같이 컨테이너 문을 열러 갔다. 거기에, 항상 그랬던 것처럼 당당한 모습으로 거기에 그레이엄이 있었다. 그레이엄은 다시 한 번 자기가 자랐던 땅을 밟았다. 차에 입맞춤을 하고 손바닥으로 두드려 주는데 주위에 있던 사람들이 모두 우리의 재회를 박수로 축하해 주었다. 곧바로 배터리를 연결하고 연료 탱크에 가솔린을 가득 채우고 기화기에는 조금 부어 준비를 한 다음 시동을 거니 그레이엄이 앞으로 나갔고 이를 본 기자들과 가까이에 있던 사람들은 놀랍다는 반응을 보였다. 그러나 우리는 전혀 놀라지 않았다. 우리는 그가 항상 출발준비가 되어 있고 지금 많은 사람들과 함께 올드카 시가행진을 해서 이 도시의 중심인 오벨리스크까지 가고 싶어 하기 때문에 반드시 움직일 거라는 것을 알고 있었다. 축하행진이 끝나고 집으로 돌아왔다. 4년 전에 우리 셋은 떠났고 이제 넷이 되어 돌아왔다. 차를 주차해 놓고 행사 때문에 지쳐서 자리에 누웠다.

"칸데……."

"왜요?"

"우리가 차로 간다면?"

내가 물었다. 밤이라 불을 끄고 누웠다. 서로 잘 자라고 키스를 하고 이제 잠을 자야 하는데 누가 이 질문을 듣고 잠을 잘 수 있을까?

칸데와 허먼은 꿈을 좇아서 아직도 이 신비한 세상을 여행 중이다.
그녀는 그림을 그리고, 그는 글을 쓰고, 팜파는 여러 곳에서 태어난 동생들과 논다.
아르헨티나에서 태어난 테우에, 캐나다에서 태어난 팔로마,
호주에서 태어난 왈라비.
한편 그레이엄은 이들을 데리고 새로운 흔적을 남기며 가고 있다.
그들은 자신들의 여행이 끝나면 농장을 구입해 오두막을 짓고
당신과 같은 사람들을 맞이할 꿈을 꾸고 있다.

우리는 당신과 함께 꿈을 좇아 알래스카까지 여행을 했습니다.
연락 주세요 : tresamericas@argentinaalaska.com
www.argentinaalaska.com

콩나물시루 같은 전철 안에서 꾸벅꾸벅 졸며 일터로 가는 사람들의 고단한 표정, 하루 일과를 마치고 늦은 밤 전철을 타고 퇴근하는 사람들의 지친 모습을 오늘도 본다.

팜파야, 네가 정말 부럽고 우리 주변에도 너처럼 행복한 아이들이 많이 있었으면 좋겠다. 동생들하고 건강하게 자라길 바란다.

비가 지겹도록 많이 내린 지난여름, 한 번씩 찾아오는 허리 통증이 번역작업 때문에 더 심해져서 매우 힘든 하루하루를 보냈지만, 칸데와 허먼 부부의 여행이야기를 들으며 가슴 벅찬 기쁨을 맛보았다.

가진 것이 별로 없어 지금까지 사랑하는 우리 아들딸에게 잘해주지 못한 아빠였는데, 오랜만에 너희한테 이 책을 선물할 수 있게 되어서 신에게 감사드린다. 리나와 대니에게 이 말을 꼭 전하고 싶다.

"Os quiero mucho!"

아름다운 삶을 살아가는 사람들의 이야기를 번역할 수 있는 행운을 준 도서출판 작은씨앗 김경용 사장님과 편집부 직원들께 고마움을 전한다.